口袋沒你想得那麼簡單

從功能配件到文化象徵，小小口袋如何裝進性別、權力與身體政治

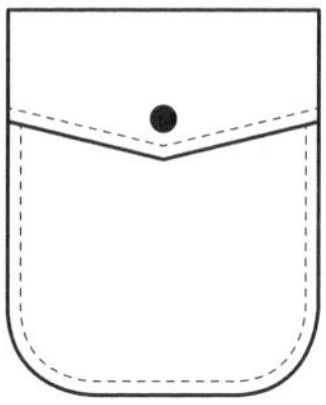

POCKETS

An Intimate History of How We Keep Things Close

漢娜・卡爾森——著
譯——洪世民

獻給我的父親：勞勃．卡森，謝謝您當我的第一位讀者，
也獻給我的女兒：凱倫和伊莉莎，
謝謝妳們在我蒐集這些故事時，當我的聽眾。

在《口袋沒你想得那麼簡單》這本書中，我盡力援用設計師、製造商和專家學者用來凸顯身分或執業的術語。隨著書中內容步入現代，我也盡力呈現世人對於性別流動與表現的理解有何進展。成衣業至今依然區分男女裝，但所有口袋的歷史（如同這一部）都免不了彰顯這個事實：強迫人們用性別二元化的方式與世界交流，會帶來材料上的限制，以及結構上的不平等與不一致。

CONTENTS

序
INTRODUCTION

匆忙離開後，我拍拍全身上下，檢查口袋，看我有沒有藏了什麼有用的東西。這個場景是拉法葉街，九一一後的紐約市，而我無從分辨這場日正當中的疏散行動只是場演習，還是更嚴肅的東西。「遵照指示**馬上離開**」意謂多數參與員工週會的女性，已經把手提包、錢包或背包留在她們剛剛放置的地方：塞在桌子底下或掛在椅背上。我掃視稀疏的人潮，發現自己不是唯一一個站在那裡遲疑不決、茫然不知接下來該怎麼辦的人。

我身上穿的是我有限薪水和矛盾抱負所允許的衣物，考慮到二十一世紀辦公室服裝所受的限制，其功能算是多得出奇。我相信我已營造出某種氛圍，那既受到我欣賞的那些同事（一副滿不在乎，「這只是我白天的工作」的人）的外貌影響，又希望成就那些雄心勃勃、「這是我真正職志」之人所展現的優雅。但我穿的東西，作工都沒有特別好：如今被視為「休閒時尚」的東西，通常是靠各種穿搭捷徑來實現。拜全球流行的快時尚所賜，服裝，尤其是女裝，現今重視時髦的新穎效果，勝過周延的設計和審慎的作業。褲子的迷你口袋是後來加上的，而針織上衣太過柔軟，無法提供任何收納空間。

我的同事（同樣身處職涯上升期，穿著考究的外套）此時不再畢恭畢敬地低頭察看手機，八成已經決定找個比較熱鬧的地方等待。他的數位助理塞在左邊胸口，流線型皮夾安穩待在右後側，裡面一定夾著一張提款卡和地鐵月票；他走了。在轉身離開人行道的群眾前，他朝我挑了挑眉毛，問我需不需要借二十塊錢。

一如這位先生，有些男士從不吝於出借他們口袋裡的「資產」。有些會在晚上外出時騰出空間放鑰匙和唇膏。但多數情況下，「口袋深」的人似乎沒有意識到自己與生俱來的好運。我們很難體察一直擁有的事物，所以那些享用可靠實用型口袋之人，往往忽視它的存在。事實證明口袋是如此可靠，以至於一個男人可能會把衣物通通留在岸上，只為趕快下水裸泳，然後糊里糊塗地期望他的口袋，以及口袋裡的東西，仍能完好如初、為他所用。

就算不太可能，但這樣的疏忽至少發生過一次，且由一個老是想著倉促離開和補給不足的人，為後代子孫記錄下來。那次疏散演習的多年後，我已離開商業出版社，去教服裝史和物質文化（人類製造的東西，也是我們會與之互動、有助於定義我們的事物），這時我邂逅了丹尼爾·笛福（Daniel Defoe）的《魯賓遜漂流記》。笛福對口袋的假想，即同時代人口中「惡名昭彰的錯誤」[1]，助我豁然開朗：為什麼當時我站在紐約市的那條人行道上，會感覺如此格格不入。

笛福原本讓他舉世聞名的船難者被沖上荒島時，身上只有一把刀、一支菸斗和一點菸草。不希望他的主角因為如此微薄的身家陷入絕境，笛福策劃了一場營救：[2]趁失事船隻在岸邊還沒完全沉下去，魯賓遜上船仔細搜查一番。甫下定決心，便脫光衣服游了過去，而一上甲板，他很高興地發現一堆有用的無主寶藏，包括不少挺過暴風雨的水手餅乾。把那些實在的補給品塞滿口袋後，魯賓遜游回岸上，盤算著要怎麼搶救剩下的食品和木工工具。儘管現今讀者大多渾然未覺「他光著身體游回岸上，口袋裝滿餅乾的知名段落」[3]，當年可是茶餘飯後的笑料。根據一七二五年的《倫敦日報》，在《魯賓遜漂流記》首次出版多年後，笛福的連貫性問題「仍為大眾津津樂道」。

笛福的謬誤之所以受到如此關注，或許是因為它喚起了從輕鬆古怪到略帶色情幽默的各式聯想，但對我這樣的人來說，它也可能引發更根本、與口袋本身有關的問題。到底什麼樣的東西叫口袋？為何擁有一個口袋，人們就會對它產生如此不合情理的依賴與期待？

口袋，以多種細微但重要的方式，有別於它們更有名望的親戚：幾千年來世界各地民眾用於各種特定用途的精巧袋子。書包、藥袋、捐款袋、時尚名媛包（族繁不及備載），它們可用無數種方式攜帶：掛在肩膀、圍在脖子、頂在頭上、拎在手上或綁在腰帶上。口袋，這種在合身或訂製服裝界相對晚的創新，當然不是運送必需品的唯一方法。然而，人們是如此渴望衣服一定要附個小袋子——牢牢縫入一個永久性的褶層，這正是口袋廣為採用的主因。

十九世紀的散文家兼史學家湯瑪斯・卡萊爾（Thomas Carlyle）相信，人類穿衣服只為少數幾個原因，口袋正是其中之一。對人類這種「最弱的兩足動物」[4]來說，衣物的功用並不像眾多神學家所言，是為了遮掩我們的裸體，而是要彌補緊緻肌膚不幸的缺陷。卡萊爾一八三六年出版的《衣裳哲學》（*Sartor Resartus*），是世上最早嚴肅探討衣物社會角色的著作之一，他在書中指出這個明顯的事實：人類不是有袋動物。[5]沒有口袋（或旁邊不大可能有船），人類將無法攜帶那些讓他們得以行動與創造、進而成為人類的工具（依卡萊爾所言）。[6]

除了動物分析，卡萊爾的讀者也被這個概念逗笑：有些生物天生配備安全的小容器。有袋動

圖 1

袋鼠！我知道你沒在睡覺，
可是你口袋裡的小朋友在偷看。

莎莉．史蓋奇《適合年輕博物學家的動物字母書》（*An Alphabetical Arrangement of Animals for Young Naturalists*），K 頁，一八二一。

圖 2

凱蒂和福瑞迪與穿工作裙的工人說話。

瑞伊（H. A. Rey）繪，艾咪．佩恩《凱蒂沒口袋》（一九四四）插圖。

圖 3

《魯賓遜肖像》（Ritratto di Robinson）。佩里柯利的魯賓遜畫像，除了呈現他的模樣，也用圖文一一介紹這位船難者的實用工具。剪刀、鋸子、指南針、刀子像影子般漂浮其上，長度和寬度都與他一致。

圖利奧．佩里柯利（Tullio Pericoli）繪於一九八四年。

物要到一七七〇年詹姆斯．庫克船長（James Cook）結束新南威爾斯的航程，才為歐洲人所知。他在報告中描述了一種奇妙的動物，光靠兩條後腿就能跳得很遠，後代則舒服地偎依在一個「極深的矩形育兒袋裡」。[7]隨著眾人歡迎這個看似可親的生物進入百獸王國，從政治漫畫到字母書、乃至哲學論文的作者，都談論了口袋和育兒袋的相似之處。讀了莎莉．史蓋奇（Sally Sketch）一八二一年字母書的K頁，孩子會學到一種人造物品，實際上可視為人類的外接部位（圖1）。不久後，智者和自詡為智者的人都注意到，口袋儼然被人類吸納了。比如有人這麼驚呼，「沒口袋的人是怪胎！」[8]

比較多疑的評論家則指出，有袋動物和人類之間，還是有些耐人尋味的差異。如果配備「口袋」，讓字母書中的「小朋友」從裡面「偷看」的是母袋鼠，[9]為什麼看似得到自然賦予「口袋壟斷權」的人類卻是男性？這些評論家尖銳地強調，男人的西裝口袋多得像蜂窩一樣，女性卻常發現自己一個都找不到。為凸顯這方面的荒謬，艾咪．佩恩（Emmy Payne）一九四四年童書《凱蒂沒口袋》（*Katy No Pocke*）裡的袋鼠媽媽就（違反生物法則）沒有育兒袋，因此展開漫長而艱辛的旅程去「找一個」（圖2）。[10]凱蒂把兒子福瑞迪帶在身邊，讓他吃力地跟上，來到城市後，遇到一個看似「滿身是口袋」[11]的工人，這位全身裝滿工具的男人親切地把他的工作裙送給凱蒂。於是，凱蒂可以像她本來就該的那樣，毫不費力地載著兒子到處跑了。[12]

誰有口袋、誰得去「找」口袋，只是這本書的其中一個主題。雖然僅是衣服的一個不起眼零件，口袋卻大大透露了日常生活的組織規劃，包括權力分配不均。明明是衣服一個相當簡單的功能性元素，口袋的分配卻要視性別而定，這不只是個好笑的奇怪慣例，也不只是類似男士襯衫鈕釦在右、女士鈕釦在左的那種神祕傳統。儘管霸道專斷，鈕釦在左起碼不會妨礙任何人早上穿衣打扮。口袋分配不均的問題就比較嚴重了，因它直接造成的損害，至今依然令人忿恨難消。

我們如何靈活運用擁有的口袋（不論有十幾個或寥寥無幾），則是另一個值得關心的主題。我們的「隨身清單」是怎麼決定的？而它又是如何隨時間演變？你可能覺得福瑞迪被安置在凱蒂的其中一個新口袋——或是有一把小鋼鋸在魯賓遜的口袋——並不意外。真正引人入勝的，是那些獨特的小東西，也就是口袋裡的雜物。關於他人收藏習慣的問題，產生了數不清的列表與清單，而揭露**他口袋裡有什麼或她錢包裡有什麼**的資訊，更是透露那人熱情、抱負和焦慮的內幕情報（圖3）。而當褲子口袋裡的東西是手時，那種好奇心可能會變成公然冒犯。因為褲子的口袋，如詩人霍華德・內默羅夫（Harold Nemerov）所言，是撩人地「設置在性欲的位置」，[13] 其用途曾受到那些致力維護文雅行為標準的人士過分關注。但究竟是在哪些條件下，某些手插口袋的姿勢竟成為哪種迷人的優雅或離經叛道的象徵呢？

我們拿口袋做什麼，跟我們如何製造口袋一樣重要，而從設計的觀點來看，口袋在作用上是獨一無二的。它們是整件衣服裡，唯一不為穿衣任務貢獻一己之力的功能部件。不同於拉鍊、繫帶、鈕釦和皮帶環，口袋不會幫助我們穿衣、脫衣，或調整衣服的合身度。甚至可以說，從古到今，衣服已被改變來配合口袋。最起碼，衣服已經挪出空間給這些狡猾的搭便車路人了。

自從近五百年前第一批口袋併入男人的馬褲，裁縫師已將口袋縫入每一個你想像得到的位置，最勤勉的當屬三件式西裝，從外套的胸前內側到燕尾的尖端都看得到口袋的蹤影。在現代藝術博物館（Museum of Modern Art）首次探究服裝的展覽中，建築師貝爾納・魯多夫斯基（Bernard Rudofsky）在一件裝置標出口袋在男性全身上下的分布情形，意在以視覺呈現他所判定二十世紀中葉的口袋過剩現象。附帶的目錄裡，魯多夫斯基運用X光的手法透視服裝表面，

圖 4

《二十四個口袋》（24 Pockets）。

貝爾納・魯多夫斯基繪，刊載於《衣服是現代用品嗎？探討當代成衣》（*Are Clothes Modern? An Essay on Contemporary Apparel*，一九四七）。

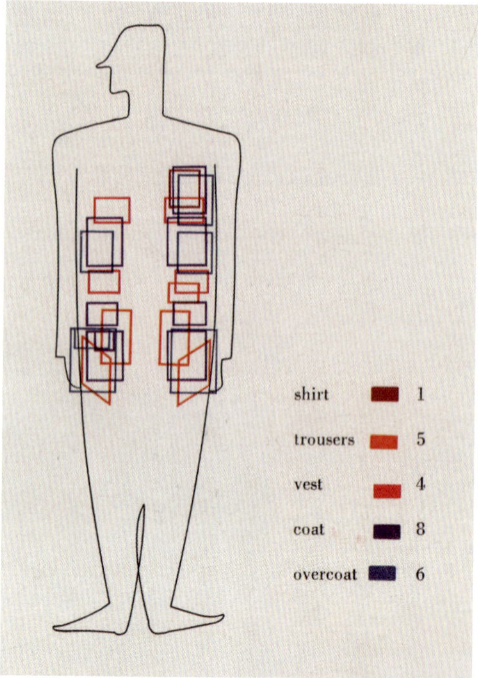

顯示口袋會成雙成對，也會單獨出現，且有不同的形狀和軸向排列（圖4）。彩色圖解清楚呈現，口袋的位置會隨著不同衣物在軀幹各處游移。絕大部分聚集在胸口及大腿附近，且似乎跟右撇子與左撇子的比例相關。穿了褲子、襯衫、背心、外套和大衣的男性，可能有二十四個「層層相疊」的口袋任他使用。[14]

隨著口袋數量激增，它們發展出各種專門的用途和形式，且一如數量，口袋的多樣化也是我們與口袋相處日久的明證。例如，吊袋（bellows pocket）已大到可以裝載貨物，盜獵者的口袋則巧妙地將非法獵物掩藏在腰背部。寬大的信封式護手袋（hand-jammers）可禦寒和避免社交尷尬，迷你的票夾口袋（ticket pocket）則犧牲彈性換來迅速確實的取用。或許只有受過訂製男裝語彙訓練的裁縫師可以告訴你，為什麼翻蓋內收的雙滾邊口袋（double besom pocket）比加了襯料且有鈕釦垂片的貼袋（patch pocket）來得正式，但任何非專業人士都有夠多的穿衣經驗，知道口袋既是裝飾品、也是機能裝置。有些有戲劇化的外觀，有些則設計得低調不招搖。它們可能門戶大開隨時可用，也可能用翻蓋、壓扣或鈕釦防禦，把自己關起來。設計師將口袋精心製作成各種最異想天開的形狀，模仿網球網、五斗櫃抽屜和散開的撲克牌。而他們又是如何藉此回應女性要求「口袋平等」的吶喊呢？[15]

正因鍾愛口袋，所以需要修正穿著的意義，承認我們已經透過一系列隱蔽的隔間，實現了自給自足的感覺。自在，對多數人來說，是由一大堆個人財物承保的——那些允許我們暗中照顧自己、或隨時隨地提供實際與情感幫助的小物品。我們依賴口袋來保護和防衛，但這個功能卻可能導致不信任和恐懼。在政府與公民發生敵對衝突之前，通常有這麼一句話，「把你的手放在我看得到的地方！」我們甚至在絕望時也會仰賴口袋，像維吉尼亞・吳爾芙（Virginia Woolf）在緩緩走進湍急的歐塞河之前，就先拿河畔的石子裝滿口袋，以確定自己會淹死。

口袋會隨著衣服和物品演化，且持續演化。未來，如果可將導電線料織入袖子、編寫程式來啟動開鎖功能，完全消弭鑰匙的需求，那我們還需要口袋嗎？人們一直夢想著先進、開明的世界，讓曾經不可或缺的設備變得多餘。但反過來說，就算我們把口袋塞得滿滿過日子，隨身攜帶的東西也未必派得上用場。「你口袋裡有船嗎？」威廉・高汀（William Golding）名著《蒼蠅王》（*Lord of the Flies*）裡的雷爾夫（Ralph）就曾這樣問，[16]而這個流浪的孩子只能繼續凝視地平線，不知救贖是否終會到來。顯然，有些物品無法調整大小供緊急使用（手機也沒有「幫我造一艘船」的APP）。然而，在殷勤周到地提供便利裝備之際，服裝製作者其實非常清楚，衣服和物品的夥伴關係牢不可破。當口袋被深思熟慮地納入，它顯然會持續努力預測人類的需求，[17]並擴充人類的能力。只要有口袋在身邊，我們永遠不會真正孤單。就算莫名覺得無依無靠，也只能獨自應對。

CHAPTER

1

口袋的起源

「貼身、私密」

馬克．吐溫將口袋列為史上最實用的發明。他親眼見證過蒸氣船、電報和橫貫大陸鐵路崛起，口袋似乎是令人意外的選擇。但當他夢到自己「變成中世紀的騎士遊俠」[1]之際，深切懷念的就是口袋。

吐溫的中世紀幻想令他焦躁不安；一天他從夢中驚醒，立刻拿起為了記錄夢境而放在床頭櫃上的筆記本，寫下那場噩夢的細節，「盔甲沒有口袋。沒辦法管理某些人性的需求。沒辦法抓癢。傷風感冒了——不能擤鼻涕——不能拿手帕，也不能動鐵袖子。」[2]一如任何優秀的喜劇演員，吐溫很快將他的個人經驗化為令人難忘的滑稽模仿。眼見騎士文化在十九世紀末死灰復燃，眾人開始對牛仔和強盜貴族等人物放蕩不羈的男子氣概阿諛奉承，心煩意亂的吐溫希望「暗中打擊騎士遊俠這種胡鬧行徑」。[3]他辦到了，同時也寫下公認史上最早的穿越時空冒險故事之一。[4]

在《誤闖亞瑟王宮》（*A Connecticut Yankee in King Arthur's Court*）一書，當嚴肅務實的漢克．摩根被送回十三個世紀以前亞瑟王時代的英國，他無可奈何地答應去做其他騎士在做的事，也整裝出發去「找聖杯」。[5]在一個反映其夢境的場景，吐溫提醒讀者，那些身穿閃亮鎧甲、揮舞彩色旗幟的騎士並非所向無敵，也不能像坊間插畫常描繪的那樣來去自如（圖1）。被層層金屬束縛，摩根和任何被包在導熱材料裡的人一樣汗如雨下。而滿身大汗的騎士，又進一步被他不能穿透的盔甲表面削弱了能力：當他想拿手帕擦汗，才想起自己不可能帶手帕。「把做出一整副盔甲、卻一個口袋也沒做的那個人吊死吧。」[6]摩根在極度痛苦中咒罵道。

這位康乃狄克美國佬在盔甲裡蒙受如此嚴峻的磨難，讓他想出一個「可恥的」辦法[7]：今後他將要求王國的騎士們隨身攜帶某種袋包。馬克．吐溫盤算讓騎士借用所謂的女性配件，是另一種暗中破壞「鐵漢」形象的手法。[8]吐溫很清楚（他的藏書室收藏了大量服裝史的書籍，且一一

圖 1

《熙德紀事》（*The Chronicle of the Cid*）克萊門斯家族（Clemens family）版的封面。此為十二世紀史詩的一八八三年版。題字「祝克拉拉・克萊門斯耶誕快樂／一八八四／爸爸贈」。

作註）[9]，那種袋包在中古時期是相當普遍的服飾特徵，男女都會帶。然而，希望藉由比較中世紀與現代生活來達到目的，吐溫遮掩了一個更有趣的問題：當初為什麼會有人同意拿袋包換口袋呢？

要鑑定出這類交換的驅動因素出乎意料地困難。我們比較容易受到與特定人物有關的起源故事吸引，尤其是創新者的性格、獨創性和環境水乳交融的故事。厄爾・特百（Earl Silas Tupper）就是一例：[10]這位大蕭條時期在杜邦公司打零工的修補匠，到鄉下拜訪女性親戚，進了廚房，得知她們需要保存所有殘羹剩菜——於是發明了特百惠（Tupperware）塑膠容器。但大部分的故事可沒那麼令人滿意。有些書籍承諾揭露平凡物品的非凡起源，[11]從泡泡糖到呼拉圈到水滾會嗶嗶叫的茶壺不等，結果往往得承認其確切來歷不得而知。物品愈古老、愈普遍，就愈難判定是由哪個人創造，或確切的創新過程為何。要探究服裝的任何元素時即是如此。例如，我們知道有對應鈕孔的鈕釦在中古歐洲廣為使用，[12]因為那時它們開始在王室的服裝紀錄中被提及。但究竟是誰擁有那個靈光乍現的剎那——**我可以設計一件不必寬到從頭上套下的衣服！**抱歉，我們永遠不會知道。

不過，這些似乎出自共識且自動傳播開來的物品，其根源仍值得我們試著去追溯。它們象徵著某種鴻溝。我們已不可能毫釐不差地回想，在某些新玩意兒問世前，人們是怎麼過日子的；自從那些東西出現，我們和世界都變得不大一樣了。那位康乃狄克美國佬堅決認為，盔甲需要口袋是極其荒謬的事（口袋似乎與盔甲的保護功能相對立），但這也暗示了，我們是如何與那些視為理所當然的事物糾纏在一起。

♣早期口袋的獨立生活

一部世界服裝史的概論指出，嵌入式口袋是在歐洲裁縫傳統背景下出現的一種怪東西。自古以來，口袋不用於包住、圍住或繫在身體上的披掛式服裝，[13]例如，印度的托蒂（dhoti）或紗麗（sari），也不用於東南亞、非洲和太平洋島嶼各地穿的裹身裙。換句話說，在重視布料自織布機取下後之完整性的文化傳統中，通常不會設計口袋。穿那種衣服的人要嘛攜帶包包、要嘛將多餘的布料摺疊在腰帶上做成臨時的口袋，例如，長及腳踝的藏袍會用一條長飾帶綁在腰際，[14]如此形成的空間就可以收納有用的物品；或是「羅馬竇」（sinus），[15]即托加長袍（toga）裡吊帶狀的褶層——羅馬皇帝奧古斯都曾下令搜索那裡，看有沒有夾帶武器。

在多數文化，以及一大段西方歷史中，人們會將日常所需的工具和零碎小物或多或少安全地塞到衣服周圍，通常是塞進腰帶裡，還是吊在繫於腰帶的袋包或囊袋裡——馬克．吐溫送袋包給騎士，以便將之女性化，並連帶貶低他們，就是這樣的例子。要是吐溫真的回到過去，他的策略會以慘敗作收：中世紀的腰帶和掛袋可是眾人嚮往的配件，是品味與財富的標誌，甚至是性吸引力的指標。誠如「愛神」在一二〇〇年一本受歡迎的中世紀手冊中提醒他的讀者，試圖博取未來情人青睞的男性追求者，「沒有優雅，什麼都不是。」[16]這位愛神建議盡可能依你的收入穿最好的衣服，但可以在手套或腰帶之類的飾品上大方花錢，而且務必要用一只「絲袋」裝飾一番。

他們真的這樣裝飾了。袋包成為身分地位和虛張聲勢的象徵，[17]而身分地位和虛張聲勢正是貴族的勇士理想所不可或缺。十四、十五世紀有插圖的手稿中，充斥著描繪高貴地主及年輕時髦豪俠的圖像，而這些男士一再炫耀由刺繡絲綢、天鵝絨或細緻皮革精心製成的袋包。有些用浮雕花

圖 2

薄伽丘《十日談》一四一四年版的插畫。

紋裝飾，有些釘上珠寶。有的狀似囊袋，有的縫在金屬骨架外面，有的可能包含精巧的扣環和內部隔層。固定在圍住腰部或臀部的帶子上，很多袋包內含一道狹縫，可以紮牢並展示匕首。某一本薄伽丘《十日談》（*Decameron*）插圖版裡的男性人物，就佩戴了插著匕首的袋包（圖2）。事實證明，腰帶和袋包的組合是男裝必不可少的對比：讓束腰外衣在腰部或臀部收緊，更而誇張地表現肩寬。一三四二年，佛羅倫斯史學家喬凡尼・維拉尼（Giovanni Villani）抱怨，這些配件讓男人看起來活似被肚帶勒緊的馬，扣環華麗的腰帶和垂懸擺動的袋包擠壓著突出的大肚腩。[18]

女性也會把袋包繫在腰帶上，但女性佩戴得比較低，大約懸吊在大腿中央，可能在長袍外面或裡面。薄伽丘插畫裡的那位女性就把袋包掛在長袍裡，且掀起長袍刻意展現，顯然有挑逗的意味（圖2）。據中世紀詩人所言，腰帶和袋包的配置具有強大的性吸引力。喬叟（Chaucer）《坎特伯里故事集》（*The Canterbury Tales*）裡的朝聖者米勒，就很欣賞美女艾莉森的腰帶，[19]描述了腰帶如何纏繞她曼妙的身材，和走路時袋包如何在其兩腿間來回擺動。有好幾百年的光景，如何佩戴你的袋包會因男女的穿著而異，但袋包本身並不屬於哪一種性別。

圖 3

在格陵蘭島一座泥炭沼發現的其中一件諾斯人的服裝，放射性碳定年法測定年代在一一八〇至一五三〇年之間。

圖 4

英王愛德華三世女兒喬安的塑像，在他的墓旁哀悼，雙手伸入長袍裡的口袋狹縫。

西敏寺，一三七七年。

口袋在中世紀開始使用，但當時仍和衣服分開，且顯然是不起眼的配件。「口袋」（pocket）這個詞是借用法文的「poche」，[20]意思為「小袋子」，中世紀盎格魯—諾曼語的音調比較刺耳，發音如「poke」。再加上表示「小」的字尾「-ette」，它的意義很單純，就是「小袋子」。早期的口袋有林林總總的用途。喬叟的《坎特伯里故事集》記錄，襯裡塗了蠟的口袋是煉金術士必備的器皿。[21]威廉·柯普蘭（William Copland）在他一五五二年寫草本療法的著作中提到，若要「止血止瀉」，可將藥劑包裹在小袋中，繫於「患處」。[22]不過，多數情況下，平常的口袋都是由人隨身攜帶。[23]跟任何袋子一樣，它們可能換手，或落入敵人手中。一五三〇年一張大報上，有個懼內的丈夫就深知箇中滋味：他盛氣凌人的妻子把他的口袋和劍奪走，逼他洗衣服。[24]

把口袋固定在衣服裡，以免落入敵人之手，起初並非實用的主意。直至十二世紀，兩性都還穿著寬鬆長袍或束腰外衣。前工業時代，布料本身就是相當昂貴的投資，因此歐洲的裁縫師一如全球各地的同行，盡可能充分利用每一寸布料。當時，布料遠比勞力來得貴。[25]到了十四世紀，裁縫師開始認真實驗比較複雜的工法。[26]講究剪裁的衣服，相對於垂墜的衣服，需要將珍貴的布料裁剪成較小的形狀，再將這些形狀縫合，形成緊密貼合軀幹和四肢輪廓的衣著。那些接縫可能有些部分不會縫合，在格陵蘭島諾斯人墓地出土的一批罕見的中世紀服裝，就可清楚看出這種策略。[27]八件完好如初的衣服中，有四件在前面和側面布料間的接縫處有狹縫（圖3）。這些狹縫都用縫邊針法（overcast stitch）仔細潤飾，確保開口不會散開，且在男性及女性服裝中都看得到。[28]這些位於側面接縫處的小開口高度在臀部附近，便於讓手伸進衣服裡面的袋子。穿衣者可能會把手放在這些開口裡，就像（圖4）這座小塑像一樣：這座雕塑應該是英王愛德華三世（Edward III）的女兒喬安（Joan），置於其父在西敏寺的墓室附近。

就算歐洲裁縫師逐步發展這些編造技法，中世紀的衣著習慣仍不利於將口袋整合進服裝中。製作外套、束腰外衣和罩衫的優質羊毛布料，往往會拆卸、翻面再製，一再重複使用。[29]因為洗衣過程包含在岩石上拍打衣物（有效的肥皂尚未問世），鈕釦之類的拴扣物都被做成可拆裝的立腳扣（shank）以避免損壞。中世紀的裁縫師會周到地避免使用，任何可能不利於重複使用或保養的元素。而這些重複使用和保養的習慣並不失美學和品味。裁縫師會援用鈕釦和領結（用帶子穿過小孔眼）等閉合物品，來製作合身和修飾身材的衣物，但中世紀的服裝仍相對少用飾品，也依然獨尊布料表面的完整性。在這種情況下，嵌入式的口袋可能會成為麻煩的附加物。

♣馬褲：「沒有比這更安全的倉庫」

要到裁縫技術來到更有信心、甚至生氣勃勃的階段，口袋才開始變得合情合理。口袋的構想會出現，似乎是拜馬褲所賜——一種被認為僅男性能穿的服裝。

男裝要到十四世紀初才開始明顯地展現腿部。（儘管長褲歷史悠久，源於歐亞草原策馬奔馳的游牧民族，[30]且最遲在西元前一千年就有人使用，但在中世紀的歐洲，穿褲子的習慣已經消失了。）有些服裝學者推測，是板甲（plate armor）的發展，促使人們轉向更緊身和分叉（兩條腿分開）的服裝。[31]為了保護盔甲底下的身體，裁縫師學會縫製布墊來緊密包覆四肢（圖5）。一開始，這些名叫「緊身褲襪」（hose）的衣物，看起來頗像連褲襪（tights），但其上半部，從腰到膝上，最後與下半部分開，自成獨立的衣著，稱為「短罩褲」（trunk hose）或馬褲（breech）。女裝沒有仿效。雖然緊身馬甲（bodice）變得更緊，炫耀乳溝和小蠻腰，但女裝仍保留罩裙。男裝的這種轉變給男女之分推波助瀾，最終產生現今我們依舊熟悉的褲裙之別（圖6）。

馬褲以各種款式在歐洲各地出現，可能像僵硬、渾圓的南瓜，或下垂、蓬鬆的燈籠褲。這種服裝是男性特有，以至於夫妻爭奪婚姻主導權的權力鬥爭，也可類比為裙子與馬褲間的鬥爭。無數民謠都描述了「為馬褲奮戰」[32]這個主題（後來換成這個問題：家裡誰穿褲子？），甚至畫了男

圖 5

隨著武器在十五世紀發展，像束腰外衣的鎧甲無法再保護身體，但為了更有效地偏轉子彈與射擊物，鎧甲匠發明了板甲。不同於垂墜式的鎧甲，板甲相當合身，且需要特別設計的襯墊墊在底下。

《騎士和手持頭盔長矛的淑女》（The Knight and the Lady with Helmet and Lance），Master E. S.，德國，十五世紀中葉。

圖 7

一幅民謠木刻畫描繪俗稱的「馬褲爭奪戰。」

《已婚男子的控訴：誰娶了潑婦而非聖徒》（The Married Man's Complaint: Who Took a Shrew Instead of a Saint），一五五〇年代前後。

圖 6

當代用於識別男女公共廁所的國際圖像，依舊強調褲子／裙子的區別。

性和妻子名副其實為馬褲「拔河」的插圖（圖7）。隨著馬褲承接了父權的象徵意義，這種服裝也履行了一些非常現實的職責：馬褲不僅高雅地遮蓋臀部，也提供了多采多姿且多少有用的物事。

為做出飽滿、渾圓的馬褲，裁縫師在裡面塞滿馬毛、裁縫廢料、絎縫內襯，甚至棉墊（bombast）。這也算是物質特性轉化為比喻的例子：「bombast」一詞後來引申為「誇大其詞」——拜馬褲裡膨脹的棉墊所賜，浮誇的（bombastic）男人才得以昂首闊步、趾高氣揚。批評家大肆嘲弄那些穿著「跟桶子一樣大的馬褲」在街上大搖大擺的時髦男士。[33]根據清教徒菲利普·史塔布斯（Philip Stubbs）等評論家的說法，輪廓和大小是流行的關鍵，而任何人，包括僕人和學徒，都可以穿上漂亮的馬褲炫耀一番。[34]有鑑於此，數百年來幾乎只著眼於物質的禁奢令（例如，規定騎士或一般男士的緊身上衣可以佩戴多少金銀），開始轉向形式問題。一五六〇年代初，英國王室通過一系列法令，來限制「褲管大到無法無天、令人髮指」。[35]一五六二年一項法令明文規定，裁縫師不得使用超過一又四分之三碼的布料，且允許他們最多嵌入一層內襯。[36]明知這項法令，一五六四年一部戲裡的年輕僕人仍無視規定，在他們的褲管裡塞了大約七碼長的布。他們因為甘願承受這樣的負擔而被嘲笑；一個名叫葛林姆的角色，將那群年輕人的馬褲比作騾子馱負的水袋，暗示這樣的服裝「除了沒屁股的人以外，對誰都沒好處」。[37]葛林姆不知究竟該把那些僕人的動機歸咎於自負，抑或他們只是創造一個可以攜運「別人東西」的空間來提供服務。[38]

像這些僕人如是的時尚受害者，不僅會受人譏笑，還會面臨政府的嚴格監視：城門旁的哨兵會檢查過路者是否遵守禁奢令。[39]諸如此類的搜索網通常不會為難貴族，但無權無勢者便首當其衝了。一個名叫理查・沃爾文（Richard Walweyn）的僕人就是一例，他連同他「巨大的褲管」一起在一五六五年一月被扣留。[40]他的褲子被脫掉、取出內容物、掛在長矛上隨風飄動（令人不安，就跟倫敦橋上那些斷頭一樣），「很適合讓民眾觀看且視為愚蠢至極的實例」。[41]另一名工作者，名為托馬斯・布雷德蕭（Thomas Bradshaw）的裁縫師，則被迫穿著違規的馬褲遊街回家：[42]馬褲的一邊被扯破，他得一路拖著它的內裡走，另一邊則完好如初。這種當眾羞辱的作用在於減少那些逾越身分的暴發戶，揭露他們的虛榮其實是廢料和破布組成。

男人的馬褲裡，塞的可不只有廢料和破布。另一則關於政府監管馬褲的軼事，述說一個無名嫌犯被送上法庭——也是因為穿了「違法的馬褲」[43]——卻沒有受到懲罰的故事。他被赦免是因為他的馬褲內含一樣新奇東西，名叫口袋。當這位犯人向法官請求饒恕時，他把手伸進縫於馬褲內側的袋狀口袋，開始挖出非比尋常的收藏。那個場景猶如馬戲團的滑稽劇，一個接一個的小丑從一部小車裡魚貫而出、沒完沒了：他陸續抽取出兩件床單、兩條桌布、十條餐巾、四件襯衫、一支刷子、一面鏡子、一把梳子、一頂睡帽和「其他用品」。[44]很快地，法庭「滿地都是」他的物品。[45]然後嫌犯向法官陳情，解釋說他「沒有比這更安全的倉庫」可以保管其財物。[46]他坦承被那麼大的重量壓著，自己的馬褲感覺像是「直立的監獄」。[47]但他也稱讚口袋的效用：它們可充當「房間來貯存我的物品」。法官被他的表演逗得哈哈大笑，放他離開，叫他不要「改動倉庫裡的擺設，趕快把他的東西從庭上拿走，愛怎麼存放就怎麼存放」。[48]

就算稱不上倉庫，像這份紀錄描述的早期口袋，也比我們今天熟悉的信封狀容器更堅固、更寬敞。服裝史學家珍妮・阿諾（Janet Arnold）在對現存十六世紀寥寥無幾的服裝樣本進行分析時，記錄了一條年代可溯至一五六七年、由瑞典伯爵兼政治家斯萬・史圖爾（Svante Sture）所有的男性緊身褲，縫了一個很像簡易束口袋的東西（圖8）。[49]阿諾把這個早年的口袋版本稱為「口袋包」，表示它具有過渡性質。但十六世紀的人叫它們口袋（我在這裡也是）。這樣的口袋會繫在腰帶，或吊在腰帶晃來晃去。史圖爾的口袋深三十公分，其他口袋可能深到五十公分。它們可能由亞麻布、硬帆布或更耐用的皮革製成。有些用綁繩封口，有些可能打摺、縫到側面的接縫。在這種早期的結構裡，口袋未必容易取用，就像（圖9）這幅同時代民謠木刻畫中的市井小民，就得用上兩隻手

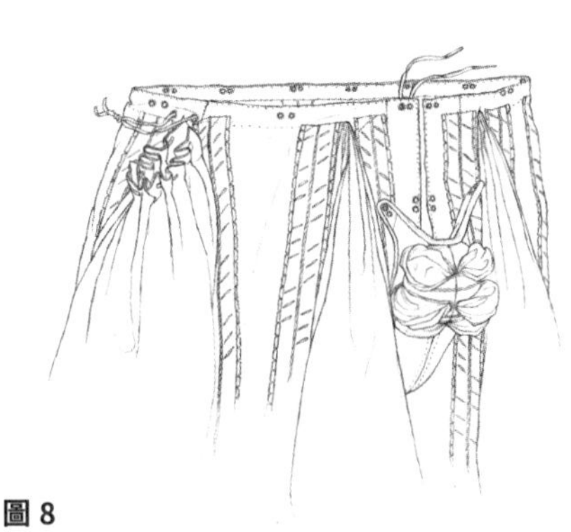

圖 8

綁繩的「口袋包」位於褲管右側；遮陰布（codpiece）在前面中央跟褲子繫在一起，作用類似褲子的門襟。有一種常見的論點主張，遮陰布也形同一種口袋。

一五六七年斯萬・史圖爾所穿緊身褲的素描，珍妮・阿諾繪。

圖 9

在這幅民謠木刻畫中，這位男士顯然要費一番手腳，才能拿取固定在馬褲裡面的「口袋包」。

《農人的預言》（The Plow-Mans Prophesie），一五五〇年代前後。

才能鬆開口袋的綁繩，伸入取物。

不過，早期的口袋使用者仍舊欣賞口袋的特性——如果戲劇裡熱情洋溢的敘述可做為衡量標準的話（那甚至足以跟法庭上的供述比美）。就像那位把全部家當統統塞進口袋裡的嫌犯，劇作家會蓄意誇大口袋的範圍和規模。十六世紀末一部喜劇裡的小丑弗里斯科（Frisco），希望身上穿的是荷蘭人大得惡名昭彰的袋狀褲，而不是英國自家人的。他騙了三個倒楣的對手後，擔心會被毆打，遂發狂似地找地方躲。「噢！要是我有荷蘭人的褲子，」他大叫，「就可以爬進那些口袋裡了！」[50]根據莎士比亞的描寫，凱撒（Caesar）的氣勢是如此不凡，能將「月亮裝進口袋帶著走」。[51]不管怎麼看，想像裡的口袋大小都不固定。從倉庫到避難所，乃至天空，口袋的邊際似乎會因應環境而拓展。

♣遮陰布「像口袋」？

早期口袋的一個準替代品是遮陰布：生殖能量和男子氣概的象徵。[52]從「cod」這個表示「陰囊」的俚語衍生而來，遮陰布是一塊三角形、可拆卸的織品，用帶子連同緊身褲在鼠蹊部綁在一起，作用類似現代褲子的門襟（圖8）。不同於保守低調的門襟，遮陰布常明顯突出，而當遮陰布成為時尚必需，批評家指出男人似乎更熱中於拿麥稈塞滿遮陰布來達到顯著的效果。女人也注意到了。彼得·艾鐸利（Peter Idley）在一四五〇年代出版的慈父勸告書中，提醒其子留意女性的好奇心和厚臉皮。他特別譴責女性在教堂裡一邊拋媚眼、說閒話，一邊稱讚男人暴露的穿著，希望一睹遮陰布裡面的東西有多「突出」。[53]當時流行浮誇招搖的遮陰布：一四九〇年代亨利·梅德沃（Henry Medwall）劇作《富爾根與盧克雷》（*Fulgens and Lucres*，英國現存最早的通俗白話劇）裡的貴族豪俠康尼里烏斯（Cornelius），就穿了顯眼的遮陰布。康尼里烏斯一角被人介紹是「新派時髦男士」，[54]非得有「如此碩大的遮陰布」不可。這句台詞不包含舞台指導，因此「如此碩大」有多大，演員可以即興演出。

後來的遮陰布是在堅硬的骨架上建構，有時會在內部留下空穴。這個空穴讓早期的現代史學家聯想到，遮陰布會當成口袋使用。例如，根據一六一九年出版的一本參考書，「解開」之後，遮陰布便「讓出空間給繫在內側襯衣和遮陰布之間的亞麻布袋，這些袋子用來收納隨身攜帶的一切物品」。[55]義大利畫家維托爾·卡爾帕喬（Vittore Carpaccio）在一五一〇年畫作《風景裡的年輕騎士》（Young Knight in a Landscape）中描繪的人物，就在沒辦法穿盔甲時，穿著塞得滿滿的遮陰布做為保護，而在位於遮陰布**外頭**、看來像口袋的東西裡，這位騎士放了一份摺成四分之一的文件，另外還看得到一個帶紅色的四分之一圓形，可能是印章（圖10）。然而，把遮陰布當成容器的證據少之又少。[56]而且大多數強調置物功能的說法，都是在男人開始取笑那種「過分表現我們羞恥部位」的明顯渴望時才出現的。[57]其他人甚至反對這種見解：切薩雷·維塞利奧（Cesare Vecellio）問，真的有人會想把果子存放在「如此可愛的密室」裡，然後當眾解開自己的遮陰布，拿

圖 10

《風景裡的年輕騎士》，維托爾・卡爾帕喬繪於一五一〇年。

圖 11

右側站立的男性穿著蓬亂的緊身褲，側面接縫處的口袋開口用明線勾勒輪廓，且用鑲邊和鈕釦加強。

《女性的虛榮：褶領》（The Vanity of Women: Ruffs），據信為馬爾頓．德．沃斯（Maerten de Vos）所做，一六〇〇年前後（局部）。

圖 12

女性顧客掀起裙子試穿臀筒，露出一個用細繩懸掛的袋包，這種懸掛方式和中世紀女性攜帶袋包的女性相仿。

《女性的虛榮：面具和撐墊》（The Vanity of Women: Masks and Bustles），據信為馬爾頓．德．沃斯（Maerten de Vos）所做，一六〇〇年前後（局部）。

給別人嗎？維塞利奧（他是藝術家和作家，花了幾十年光陰編纂一部規模浩大的目錄，羅列世界各地的時裝）在一五九〇年覺得這種舉止「不文明」，[58] 也代表世人開始倒過來反對這種配件。事實上，認為遮陰布具有多種用途的想法，可能是在事後回頭拐彎抹角地解釋，為什麼遮陰布可以使用達一世紀之久。[59]

口袋的爭議顯然比遮陰布來得小；口袋攜帶的東西當然也比較多。可惜令人洩氣的是，對於到底是什麼原因，促使他們在製作服裝時致力於發展口袋的可能性，裁縫師一直三緘其口。十六世紀流傳至今的裁縫師手冊少之又少（大部分在西班牙印刷），內容都沒有提到口袋，也沒有特別強調新的風格或技法。[60]沒有解釋，沒有評論，口袋就這樣悄悄出現在裁縫師的費用清單，且通常被分開列出。一五八一年，威廉·皮特爾（William Petre）的裁縫師，寄給他製作藍色威尼斯式緊身男褲的帳單，提到用了半碼的亞麻布來做口袋。帳單上也包含「幫他另一條褲子做（兩個）皮口袋」的附加費用。[61]就像這裡的情況，口袋可能損壞而視需要更換。一五五〇年代——服裝百科全書常指出口袋在這時發明——口袋仍是一股新興趨勢，離普遍還很遠。在少數存留於博物館收藏的緊身男褲中，有些有口袋，有些沒有。[62]例如，珍妮·阿諾分析的那件斯萬·史圖爾的褲子，是和他兒子的褲子一起埋在鐵製保管庫裡被發現的。阿諾指出，老史圖爾穿的是「長輩穿的保守套裝」，一個兒子穿時髦的天鵝絨服裝，另一個兒子則穿「耐穿的」皮革和羊毛製獵裝。但有口袋的是父親的保守短罩褲，兩個年輕人的衣物裡都沒有口袋。

綜觀十六世紀，隨著併入服裝的口袋愈來愈普遍且合乎預期，它們也開始為裝飾所召喚。在一六〇〇年荷蘭的一幅諷刺版畫中，陪同女人去店裡的男顧客穿了馬褲，而馬褲的口袋有鑲邊，還有鈕釦點綴（圖11）。有些女性也將口袋固定到長袍的裙襬上，可能位於裙衩（placket，即裙子的開口）。英國女王伊莉莎白一世（Elizabeth I）的服裝紀錄顯示，她在幾件比較休閒的禮服和斗篷上縫了口袋。[63]但這些絕非裝飾用，多數女性傾向仰賴經試驗證明好用的方法，繼續將袋包懸掛於腰帶上，就像圖12這位正在試穿臀筒（bumroll，即臀圍撐墊）的女性顧客。衣服脫到一半時，懸掛的袋包清晰可見。

♣口袋與致命的政治

雖然當初口袋納入男性馬褲的動機至今尚不明朗，但對口袋的反應與適應情況確實出現在歷史紀錄中。多項法令企圖限制某些原本設計來放在口袋攜帶物品的製造與流通：例如小型手槍。或許基於充分的理由，歐洲各地焦慮的統治者開始擔心可「暗中挾帶」的口袋手槍（亦稱「口袋匕首」〔pocket dags〕）的潛在破壞力。[64]一五四九年某個冬夜，一陣戲劇性的警鈴乍響：[65]一名不速之客侵入亨利八世繼承人愛德華六世的寓所，被愛德華所飼養幼犬激動的吠叫嚇到，遂從口袋裡掏出一把槍射擊。短短七天後，愛德華六世便頒布公告，在國王周圍建立隔離區，之後又三令五申。由於擔心真的遇到刺客，他宣布不論國王住在哪裡，方圓三英里內，任何人都不准攜帶口袋手槍。

手槍從原本好幾英尺長，到如今能塞進口袋，是輪式槍機（wheel-lock，或稱簧輪裝置）的發展所賜，[66]這也是十六世紀初最重要的技術創新之一。老式的軍用火器是笨重的槍枝，士兵需停下動作，用雙手點燃火繩來引燃火藥。反觀「簧輪槍」可以事先上膛，[67]並用單手任意發射，動作效率奇高且出人意表。這種手槍除了顛覆軍事戰鬥的規則，也因便於狩獵和射擊運動而備受喜愛，[68]使得擔任軍職的貴族在承平時期也愛不釋手。他們投入巨資購買和收藏這種器械，會用寶石裝飾，也常加以展示或當禮物送人。

在英國冒險家及私掠船長馬丁・弗羅比舍爵士（Sir Martin Frobisher）一五七七年的畫像中，[69]他緊握手槍，一副準備行動，打破當時菁英肖像畫的禮節慣例：多數紳士只會把手按在入鞘的劍或禮服劍（rapier）上，且大多穿金戴銀（圖13）。[70]弗羅比舍明白「最偉大的豪俠」脖子會戴「最深的褶領」，腰際也會佩戴「最長的刀」[71]——任何男人的外表都和榮譽及行使暴力的能力密不可分。（我們至今仍會說——雖然現在比較少了——穿著得體的人看起來很「銳利」〔sharp〕。）但弗羅比舍的肖像又比多數男人進一步凸顯這種能力，因為他的手指確確實實扣住手槍的扳機。把槍放在他尺寸可觀的威尼斯男褲側面，畫家和主人翁似乎都很明瞭口袋手槍造成的威脅。

與此同時，各國開始限制手槍的所有權，並規定其使用條件。[72]儘管統治者相信像弗羅比舍這類菁英的忠誠可以信賴，卻擔心那些年收入低於一百英鎊的人會武裝暴動。[73]他們不僅顧慮自身安危，也想要維護社會祥和；偏偏英格蘭只有一個弱小的執法組織，來阻撓為非作歹的鬧事者，[74]因此城市暴力是當時的重大問題。以君主的名義，且經議會同意，印製了各式各樣的公告，在公共儀

圖 13

馬丁·弗羅比舍爵士（一五三五？－一五九四）肖像畫。這位私掠船長兼探險家一手握著一把短槍管的簧輪手槍，另一手則靠在劍柄上。

科內利斯·克特爾（Cornelis Ketel）繪於一五七七年。

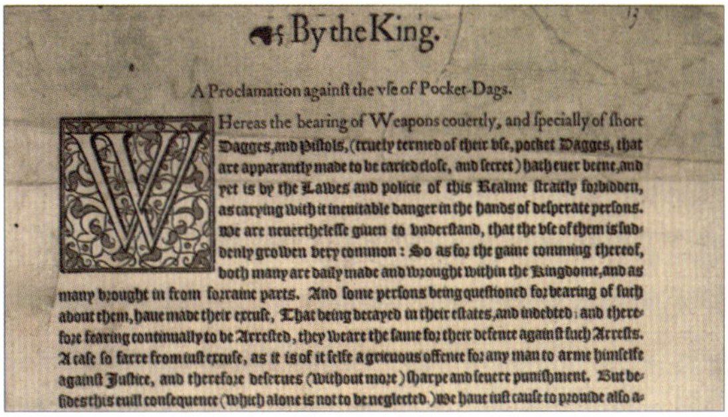

By the King.

A Proclamation againſt the vſe of Pocket-Dags.

Whereas the bearing of Weapons couertly, and ſpecially of ſhort Dagges, and Piſtols, (truely termed of their vſe, pocket Dagges, that are apparantly made to be caried cloſe, and ſecret) hath euer beene, and yet is by the Lawes and policie of this Realme straitly forbidden, as carying with it ineuitable danger in the hands of deſperate perſons. We are neuertheleſſe giuen to vnderſtand, that the vſe of them is ſuddenly growen very common: So as for the gaine comming thereof, both many are daily made and wrought within the Kingdome, and as many brought in from forraine parts. And ſome perſons being queſtioned for bearing of ſuch about them, haue made their excuſe, That being decayed in their eſtates, and indebted; and therefore fearing continually to be Arreſted, they weare the ſame for their defence againſt ſuch Arreſts. A caſe ſo farre from iuſt excuſe, as it is of it ſelfe a grieuous offence for any man to arme himſelfe againſt Iuſtice, and therefore deſerues (without more) ſharpe and ſeuere puniſhment. But beſides this euill conſequence (which alone is not to be neglected.) we haue iuſt cauſe to prouide alſo a-

圖 14

《禁用口袋匕首公告》，詹姆士一世公布於一六一三年。根據詹姆士一世的這項法令，唯有鋌而走險的人才會挾帶口袋匕首，也就是小型手槍。

式上大聲宣讀，並張貼給民眾觀看（圖14）。女王伊莉莎白一世注意到她的臣民「活在恐懼之中且面臨生命危險」，宣布所有槍枝的長度皆不得短於四分之三碼。在「承平時期」，任何不到那種長度的槍枝都只有一個目的，「執行惹人注目的搶劫和可怕的謀殺」。[75]一五七九年一項規定更新了禁令的條文，提到小手槍「一般稱作口袋匕首」，且禁止製造、進口和販售任何「可能藏在任何口袋裡或人體周圍類似地方偷偷挾帶的槍枝」。[76]伊莉莎白一世的繼承人詹姆士一世（James I）陰鬱地說：「口袋匕首名實相副……顯然是製造來貼身、祕密攜帶的。」

在英國，政府最終完全禁止口袋匕首，[77]不論持有人的階級地位為何（但政府得不時重新頒布禁令，顯見禁令形同虛設）。同一時代，法國元首卻選擇不同的策略，著眼於「男子周圍」那些可疑的地方——即口袋本身——而非藏匿裡頭的危險物品。亨利三世於一五六四年頒布一項法令，限制男人褲子不能那麼誇張。[78]並且明文禁止在褲子裡縫製特定長度的口袋——想必是為了避免藏匿大型槍枝。當然，限制口袋大小而非管制手槍本身乍看是種奇怪的策略。但這種策略卻在十九世紀末的美國重獲青睞，有好幾州的立法機關試圖完全禁止，男性褲子新出現的後口袋或「座位口袋」，稱其為「手槍口袋（pistol pocket）」。[79]

圖 15

《暗殺沉默者威廉》（The Assassination of William the Silent）。霍根伯格的寫實描繪包括按時間順序的重要時刻，[85] 這起了新聞報導的作用。不過正確度有限，因為它仰賴二手紀錄和道聽塗說。

弗蘭斯・霍根伯格（Frans Hogenberg）繪於一五八四年（局部）。

儘管成效不彰，近代初期和現代的管制作業仍表明一種政治觀點：口袋可能導致致命的暴力。據詹姆士一世的說法，口袋手槍是「可憎的……製造危害和殺人的工具」。他不僅哀悼他安和樂利的王國已「被血污染」，[80]還判定隱蔽的武器缺乏男子氣概——這是我們現代人也許已經失去的一個苦惱面向。詹姆士在給兒子的勸告信中，概括敘述了一名統治者該有什麼樣的服裝儀容和言行舉止，還特地區分了可見和隱蔽的武器。他告誡兒子只能佩戴那些「俠義、高貴的」武器，而他指的是「禮服劍、劍和匕首」。[81]國王預期在宮裡群集於他身邊、或在自家莊園裡安居的貴族會攜帶武器。武器本身不是問題。是「隱瞞自身意圖」這件事破壞了長久存在的社會契約，標誌著騎士精神全面崩解。因此口袋使這種惱人的轉變變本加厲。約翰・弗萊切（John Fletcher）及菲利普・馬辛格（Philip Massinger）一六一九年劇作《鄉土風俗》（*The Custom of the Country*）裡，好辯的吹牛大王杜阿爾特（Duarte）在街上碰到他的死對頭阿隆佐（Alonzo）時就要求，「把你的口袋匕首拿出來。」[82]他指責阿隆佐是最糟糕的那種懦夫：膽小如鼠，不敢帶劍公開捍衛他的榮譽；反而淪落到普通罪犯的水準，口袋裡放了小型武器，準備拿出來「殺人」。[83]

只有極少數人是仰賴口袋進行卑鄙計畫的殺人犯或強盜。但早期這種拿口袋來暗藏武器的做法確實引起騷動，連帶把口袋拖進政治辯論，也影響了早期口袋的表現方式。人們相信英勇該讓所有人看見，這正是為什麼首度有政治領袖被人用手槍成功刺殺後，會出現一些令人透不過氣的評論。[84]一五八四年，奧倫治親王威廉（Prince William of Orange，英國伊莉莎白一世的盟友、西班牙的敵人）遭一把簧輪槍刺殺。刺客假裝要從口袋拿出一封信給威廉（圖15）。評論家不斷回顧這個奇怪的細節：[86]這名毫不起眼的殺手，性情陰沉、身材嬌小，卻成功執行一場驚人的襲擊，甚至可能打破英格蘭和西班牙均勢。人們可以在口袋放置帶來底氣的物品。口袋裡塞著一把槍，勇氣無須張揚。

♣犯罪與新技術：「迅速潛入你的倉庫」

當國家將口袋視為威脅，其他人卻從中發現了機會。口袋對於罪犯實在是難以抗拒的誘惑，強烈到隨著口袋出現，以至於某類的竊賊需要更換名稱，並學習新技能。從中古時代開始，「扒

圖16

《厭世者》。畫中的厭世者戴著風帽，遺世獨立——他沒有注意到扒手，而這才是布勒哲爾的重點。東西被偷，基本上是這個厭世者的錯，他全心全意惦念自己的事情，以至於沒有注意到開闊空間裡的竊賊。

彼得·布勒哲爾繪於一五六八年。

手」（cutpurse），就用來稱呼直接從受害者身上奪取貴重物品的小偷。在彼得·布勒哲爾（Pieter Bruegel）一五六八年的畫作《厭世者》（The Misanthropist）中，牧地裡的一個小偷輕易抓住老人的錢袋，用刀從繩子上割下來（圖16）。[87]不過大部分的扒手都喜歡埋伏在群眾中，讓日常的推擠和喧囂遮掩他們的行動。伸進口袋涉及更親密接觸與更高的風險。如實呈現罪犯與受害者關係的轉變，第一批扒手在多采多姿的黑社會行話裡被稱為「潛水夫」（diver）。在約翰·鄧頓（John Dunton）一六八五年的寓言《良心發現後的吶喊》（*An Hue and Cry after Conscience*）中，天真的敘事者採訪了一位「潛水夫」和其他黑社會人物，竟從字面意義理解這個稱號。他問那個小偷，他的工作是不是「跳入水中」。（「請直說，」他懇求。）潛水夫不情不願地回答，他的工作是「不知不覺潛入你的倉庫……舉起你的貨物」。[88]這位潛水夫沒有割斷繩子，而是跳進了私密的空間。

根據羅伯特·格林（Robert Greene）一五九一年的犯罪方法調查，潛水夫比扒手更受人敬重。他也「自認格調高尚」，甚至因為「不屑」被誤認為扒手而不肯隨身攜帶切肉的刀子。[89]「手很靈巧。」潛水夫和扒手必須擁有出色外科醫師的手法和技術，格林這麼說。[90]娼妓也被認為具有扒手的專業技能，以及親密地「潛入口袋」的完美藉口。彼得・阿瑞汀（Peter Aretine）一六六一年猥褻小書《巴爾多祿茂市集怪聞》（*Strange News from Bartholomew-Fair*）的敘事者是名「流浪妓女」，當她「潛入」專心逛街顧客的口袋，會設法讓它們「像剛打掃的房間一樣乾淨」。[91]作者認為這位妓女能突擊成功，是因為她相當適應顧客的私人空間。洗劫別人的口袋是名副其實的入侵私密部位。

♣口袋：社交事務？

隨著口袋戲劇性地問世，它們似乎遠離了技術史學家喬治・巴薩拉（George Basalla）所稱的「前身」器物：小袋子或「袋包」（purse）。[92]巴薩拉主張，所有人造的東西都有前身，而新的東西「從來不是純粹理論、獨創性或憑空幻想的產物」。[93]他補充說，假如我們更注意連貫性而非驚人的創新，就可以重建「一張由工藝品相互連結成華麗、浩瀚的網絡」，[94]像一份從現有文物涵蓋到所有已消失文物的文物家譜。這張物品關係網，更能解釋我們創造的事物和身邊事物的多樣性。在這份家譜上，口袋將被定位成袋包的一條分支。儘管口袋和袋包有諸多共通點，它們的近似處卻掩飾了細微調整的重大意義。[95]把袋子接到馬褲上看起來像是即興的「應急」，卻創造了一種比公開使用的袋包更隱密、更私人的工具，而這種工具的用途和意義都是當初無法預見的。

* 編按：cutpurse 字面意思即「割袋子」。

袋包對一個人的整體外觀相當重要，且是一種可拆卸的附屬配件。歷經數千年的發展，袋包因為接觸了金、銀而取得特定的聯想。從《聖經》裡的猶大開始（他不名譽的袋包裡裝著三十枚銀幣，是其背叛的印記），袋包就承受了某種重擔。無論放在裡面的是何種物品，袋包始終是種容器，且讓人首先聯想到的是金錢，進而代表這個人的地位財富或缺乏地位財富。在寓言和諷刺文學裡，袋包可能代表與人們如何看待本身資源有關的綜合特質，從慷慨、貪婪到一毛不拔。

一如袋包，提到口袋，也可能聯想到金錢（移民故事常以某種版本的「他來這裡，口袋只有兩塊錢」開頭，即為印證）。不過，至少跟袋包相比，一個人會放進口袋隨身攜帶的東西，金錢往往是最不有趣或最不會被人議論的一種。真正會啟發人們想像的，似乎是讓口袋有別於與其前身的特色，也就是整體結構。一旦人們把東西放入自己的口袋，那樣東西便消失了：被籠罩，被吞沒，且不知有多深。這種「口袋把它的內容物吞下去」的概念，顯現在「口袋」一詞率先被使用或擴充的幾個慣用語中，而其中許多利用了英文這種語言一個備受喜愛的怪癖，即說話的人會把名詞當動詞用。根據《牛津英語辭典》，片語「to pocket up」一開始指的是，人壓抑使用武器和克制衝動。[96]一個人打消為維護榮譽而備戰（比如掏出口袋裡的手槍）的念頭，選擇忍氣吞聲、避免決鬥。這個詞之所以引起共鳴，可能是因為貴族很難在宮廷裡對他們感受到的輕蔑做出適當的回應：曾經完全獨立自主的貴族，現在愈來愈仰賴統治者賦予他們地位和特權。安東尼·史塔福（Anthony Stafford）在一六一一年悲嘆貴族權力喪失的文章中寫道，宮廷的貴族必須「卑躬屈膝」。[97]他得在面對敵人時表現得泰然自若、「靜如止水」。[98]他絕對不能顯露真實的情感，必須「舔偉大君主的腳」。[99]因此，紳士「必須忍受許多屈辱，才能邁向偉大」。[100]你也許可以隨身攜帶榮譽，但來到宮廷，你必須吞下自尊來維護榮譽。

如今，貴族的聲譽建立在各種與他做為戰士的驍勇或氣勢無關的特性上。你選擇顯露什麼，又選擇保留什麼，涉及一種全新的算計——一種新型服裝——以及你對於日常遭遇可能需要隱藏或掩飾什麼的認知。如同早年的行為書籍解釋，在社交情境最重要的事情是，想想你要留給別人何種印象，並把你獨處時做的事情，跟你在眾人面前做的事情分開。行為書籍把口袋視為私密空間，且建議讀者不要當著其他人的面，從自己的口袋裡把信拿出來讀。[101]就跟今天查看自己的手機一樣，在大庭廣眾下退回去做個人的事情，暗示那個人覺得和眼前這些人作伴很無聊。

因為口袋被視為人體的準延伸，放在裡面的東西也被認為特別能透露個人特質。在戲劇和文學中，探索口袋裡的東西證明，是一種難以抗拒的速記法、一種估量他人的方式。莎士比亞《亨利四世》（*Henry IV*）有個著名場景：哈爾王子（Prince Hal）批評愛吹牛的福斯塔夫（Falstaff）說一套做一套。而不管福斯塔夫說得多冠冕堂皇，哈爾只需搜一搜他的口袋便知道：一塊包著絨布忘了吃的糖果，「沒用的酒店帳單，（和）妓院的收據」，在在證明這位騎士生活放蕩。這種揭露口袋的舉動很可能洩漏一個人有多表裡不一：他向世界展現的樣子，與他設法隱藏、遠比外表混亂或矛盾的內心之間，隔著多遠的距離。你的口袋「會說話」嗎？《暴風雨》（*The Tempest*）的安東尼奧（Antonio）問。如果會，它們會說你「撒謊」嗎？[102]托馬斯・德克（Thomas Dekke）在一六三〇年一部喜劇裡說，你可能穿著「綾羅綢緞」，但「破損的口袋」裡既沒有「銅板」、也沒有「良知」。[103]

對多數人來說，防止口袋破損更常是出於必要性。隨著放進口袋裡的必需品愈來愈多，人們開始對這種「可攜帶的倉庫」產生新的依賴感。口袋就像某種水庫，可以容納那些對於保持個人平靜非常重要的物品，從硬幣、手槍到「妓院的收據」。口袋最終能流行開來，說明人們逐漸意識到：一個人的安全感需要許多幫手支持。約瑟夫．霍爾（Joseph Hall）在他一五九八年的諷刺文學著作中說，那些一心一意往上爬、「仍凝視自己口袋裡玻璃」的豪俠，[104]倘若沒有諸如小鏡子和手帕這種上流社會的工藝品，好像就不知道怎麼過活了。之前，人們拿袖子擦鼻涕，但沒什麼辦法親眼見證擦得好不好。或許正因如此，馬克．吐溫筆下那位騎士才會因盔甲糟糕的設計而感覺被出賣——被剝奪了口袋，他便懷念起隨身攜帶那些儼然與其形影不離的物品，有多令人安心。

那麼，口袋和袋包為何就是無法並存於男性服裝呢？中世紀樣式的袋包於一五六〇年代再次流行，[105]清楚顯示紳士可以同時在腰際容納袋包、匕首和劍，又穿著可能附有口袋的馬褲（圖17）。但隨著口袋在未來五十年日益普遍，它們也催生出某種程度的效忠。到了十六世紀末，袋包逐漸被歸類為過時的鄉村時尚。只有穿著自家紡織外套的「樸素鄉下人」，才會佩戴袋包或「腰間綁著囊袋」，羅伯特．格林這麼說。[106]隨著十六世紀過去，城裡的紳士就很少還攜帶袋包（或囊袋）了。若說男士的袋包只是褪流行，那麼值得注意的是，這種流行也慢慢經歷了復甦。男性一直習慣攜帶手提包，例如，可算是廣義行李的公事包，但在袋包滅亡之後大約要過四百年，時尚先鋒才開始嘗試一種新潮卻受爭議的設計：[107]即專為男性打造、近期被稱作「男用包」（murse，即 man purse）的袋包（圖18）。款式從女性氣質的手提包（clutch）、高腰包（fanny pack）到運動型斜背包（messenger bag）……各式各樣，但佩戴這類包包仍像是一種社會實驗。注意到「奢華男包市場」在二〇一九年擴張，[108]一位試用這種包包的時裝線記者緊張地說：「這在像我這樣的男人身上效果如何？……我撐得起來嗎？」但對其他許多人來說，沒有實驗的必要。事實證明，男裝的口袋令人滿意極了，能忠實地保守穿著者的祕密。在歡迎他們的口袋裡，男人捨棄公開展示，換來私人避靜，一個屬於他們的祕密領地。

圖 17

萊斯特伯爵羅伯特・達德利（Robert Dudley, Earl of Leicester）肖像。這位伊莉莎白女王的顧問，佩戴了一個袋包，露出一條潔白醒目的亞麻布手帕。在一五六〇年代短暫出現於男人的袋包後，手帕深受口袋歡迎，並有了一個很長的複合名：「口袋手帕」（pocket-hand-kerchief）。手帕是少數被認為，即便放在口袋裡也應露出來給人看到的東西（「懷表鏈」也是）。

史蒂芬・范・德・梅倫（Steven van der Meulen）繪於一五六四年前後。

圖 18

Dior x Sacai 系列，二〇二二年春季。

洛伊德（Brett Lloyd）攝影

CHAPTER

2

口袋的普及

容納「百位工匠的手藝結晶」

圖 1

在兒童版的《格列佛遊記》中，這位流浪者醒來時，身在小人國。

喬納森・史威夫特《格列佛遊記：小人國及大人國遊記》（*The Adventures of Captain Gulliver, in a Voyage to the Islands of Lilliput and Brobdingnag*）的插畫（一七七六）。

第一批於十六世紀縫入男子馬褲的口袋相當受歡迎，而這股熱情隨後發展成自我延續的動力。裁縫師想盡辦法要在空間允許處多加幾個口袋。在女人繼續仰賴傳統方法攜帶日常生活物品的同時，男士享用著形形色色與三件式西裝一起發展的新穎口袋。

三件式西裝的基本格式：外套、領帶、長褲在十七世紀末出現。當時，和現在一樣，人們會穿這套服裝去商務會議、出庭應訊及婚喪喜慶。雖然一再有人預言它會被淘汰，西裝卻歷久不衰，如今更被視為一種社交及美學兼具的成就為人討論，是和莊重、責任及公德連在一起的制服。然而，讓多位目睹其興起的評論家投以關注的，卻是西裝的實用優勢（和少許不切實際的優勢）。

十八世紀的文化評論家之中，或許沒有人比喬納森・史威夫特（Jonathan Swift）更能證明，口袋是西裝的一個重要特徵，也是積極進取的現代人不可或缺的附屬品。史威夫特筆下的非正統主角，冥頑不靈的旅人格列佛（Lemuel Gulliver）所穿的西裝，在這本史威夫特承認是為「惹惱世界」而寫的書中，獲得特別的評價。[1]在《格列佛遊記》的頭幾頁，格列佛意外被沖上小人國的海岸時，小人國人民既好奇又戒懼（圖1），而他們明智地決定搜他的身。小人國人民本身的衣服「簡單樸素，融合」歐亞風格，[2]而他們很可能從來沒見過像格列佛的套裝那樣，有那麼多縫隙。當兩位法院指派的官員進行搜身時，他們得以非常親暱的方式認識格列佛，要不是這兩位在他諸多口袋（他們找到至少十個）手腳並用爬進爬出、一進口袋就不見蹤影、對發現的東西摸不著頭緒的勇敢小人那麼滑稽可笑，這種親暱可能令人驚惶不安。

小人國官員把在格列佛口袋搜到的東西列成長長一串清單，而那清楚表明他已為涉足未知土地做好準備，足以媲美任何嚮往殖民的人。擁有指南針、望遠鏡和日記本，格列佛可以觀察眼前的風景，測量和「推算」其特性，[3]並寫下日誌和詳盡的紀錄。他的懷表不斷滴答作響（小人國官員說那彷彿是「他崇拜的神明」），[4]促使他更加勤勉。大量的金幣、銀幣和銅幣，暗示格列佛的冒險已獲得充足資金，可視需要行賄。[5]如果金錢無法排除阻力，格列佛口袋裡也帶了一把刀、兩把槍、一堆子彈和大量火藥（放在防水的容器裡，不會受潮）。一套餐具確保無論當地風俗習慣為何，他都能優雅地用餐；剃刀、手帕和梳子則讓格列佛能夠打理儀容、保持形象。要是精神委靡，吸幾口深及小人膝蓋、讓他們費勁穿過時直打噴嚏的鼻菸，就能使精神專注。

以此等豐富的存貨，史威夫特徹底嘲諷了這位旅人的偏見和誤解（以及全世界都可掠奪的想法）。[6]但他也凸顯，男人對冒險的需索，更別說積極的公共生活，有多大程度是拜其服裝提供的便利所賜。那樣的支持確實程度不一。十八世紀男人的口袋深淺，因階級和環境而異，也沒有「和兄弟的口袋互通有無」。[7]嵌入式口袋固然將在格列佛的時代成為男性標準，但在純手工製作的衣服裡，採用口袋的進展斷斷續續，且外觀和數量相差甚遠。奇怪的是，男人在口袋方面持續領先，並沒有讓女性停下來思考。不同於今天，女性對這種失衡幾乎沒有表達惱怒——似乎也不覺得有任何不便；她們繼續享用其他方法來保護她們的日常必需品。

♣有口袋的西裝的興起

三件式西裝的架構，要到史威夫特撰寫《格列佛遊記》前不久才合併，[8]很多人覺得這種新時尚戲劇性地突破了傳統。這樣的突破並不常發生，[9]而服裝史學家對其成因莫衷一是，不知政治壓力、社會重整，或是單純但普遍的渴望新事物，哪一個比較重要。不過就西裝的例子，確實有這樣的共識：人們普遍對於當代時尚的漫無節制感覺不快，又羨慕東方長袍（卡夫坦〔Kaftan〕）的素雅。就像小人國的衣服，三件式西裝可視為一種強調跨文化借用的混合物，而這種混合物從過去到現代，一直在催生新的形式——包括這個例子裡的新型口袋。

西裝演變成三件式這件事，有好幾項因素起作用。在一六四〇到六〇年代間，很多人同意緊身上衣（doublet）加馬褲的組合太過火，變得荒謬至極。[10]緊身上衣（主要的外套式服裝）固然曾堅固耐用，但已不再硬挺，連尺寸都縮小了。縮短的上衣在腹部留下間隙，露出肚臍附近的襯衫，於是，馬褲不

圖 2

這幅諷刺畫嘲弄在法國時尚達到高峰時，穿著截短的緊身外衣和寬大襯裙褲的英國紳士。

《英式滑稽》或《英國紳士的習慣》（The Habit of an English Gentleman），一六四六。

再能綁或鉤住上衣，結果就是垂到臀部周圍。偏偏在這段時間，馬褲已經膨脹到簡直與襯裙無異，且若遵照法國流行，還會拿好幾碼長的緞帶裝飾。穿著這類服裝的時髦紈褲子弟，如圖2這幅一六四六年漫畫裡的「英式滑稽」，顯得雜亂不堪。在一六六一年一本提倡時尚改革的小冊子裡，身兼英王查理二世（King Charles II）顧問的日記作家約翰．伊夫林（John Evelyn）抱怨道，男人穿著用緞帶裝飾的襯裙褲，看起來宛如五朔節花柱（maypole），像是「搶劫」了鎮上所有緞帶店似的。[11]

在這段對於男性服裝愈來愈不悅和不滿的時期，查理二世表明他有意推出「一種新的服裝時尚」。[12]我們很少能夠明確指出，一種新風格在何年何月何日落地生根，但西裝的起源卻可回溯到某一天，即一六六六年十月十五日星期一，國王和一些朝臣實踐他的詔令，穿著他們的新服裝上宮廷幫約克公爵（Duke of York）慶生。[13]目擊者指出，國王身穿一襲莊重、內斂、「有男子氣概」，[14]且從一開始就被理解是從東方引進的服裝，眾人一致認為那是在拒絕默許衣著由法式風格支配。查理把他的緊身上衣和襯裙馬褲改成「一件走波斯風格的合宜背心……決心永不改變」。[15]當天也在場的伊夫林這樣認同地寫道。

背心本身就是個值得注意的創新，多層次的概念也是。長度及膝的背心外面，國王還穿了一件及膝的外套。這套服裝如今被公認是三件式西裝的最早版本，[16]與緊身上衣加馬褲的觀念截然不同。三件式西裝是沒有用帶子或鉤子把上半身（緊身上衣）和下半身（馬褲）接起來，而是由多個部分重疊的部件組成，提供穿衣者視覺更一致的線條。這套服裝，雖然伊夫林認為和波斯關係密切，地理範圍實則寬廣得多。各種版本的「卡夫坦」——寬大的長外套，分成一系列多層次的裡大衣（undercoat）和外大衣（overcoat）——不只在波斯，更是遍及土耳其和中亞文化；而歐洲人

圖 3

這幅民謠插畫描繪一位較穩重的紳士（一六七五）。這位男士穿著早期的三件式西裝，外套上有兩組用鈕釦裝飾的垂直口袋狹縫。

《邱比特對忠貞的克里敦的善意》（Cupid's Kindness to Constant Coridon）或《美麗的希薇亞被箭射傷》（Fair Silvia Wounded with a Dart）。

圖 4

這位鄂圖曼高階軍官把手放在外層卡夫坦的口袋開口裡。外層卡夫坦有可拆卸的袖子，掛在背後，露出內層卡夫坦的對比圖案。

《土耳其禁衛軍統領阿嘉上尉》（Aga Capitaine, general des Jannissaires），尼古拉斯・德・尼古拉（Nicholas de Nicolai）作，收錄在《東方旅行期間製作的服裝版畫》（*Costume Engravings Made during Travels in the East*，一五八七）。

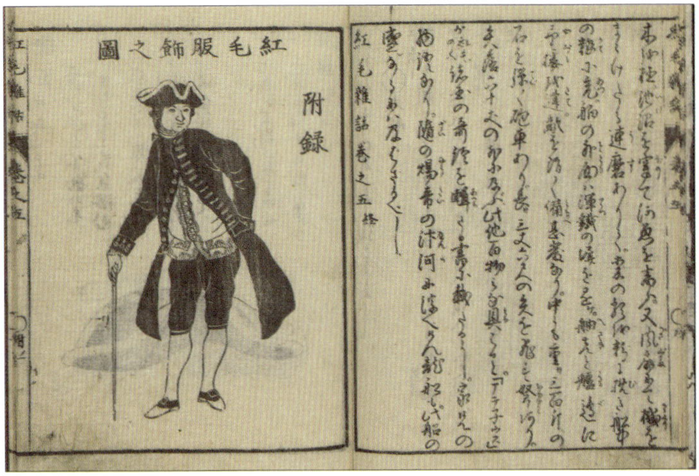

圖 5

森島描繪了荷蘭人（日本人稱「紅毛」）所穿的服裝。

森島中良著作《紅毛雜話》的插圖頁，一七八七年。

曾在拜訪鄂圖曼帝國顯要，以及服裝書籍、旅遊指南、舞台上和化裝舞會上，都看過這種衣著令人驚豔的例子（圖4）。這種借用的形式，長期受到歐洲人仰慕，也為查理提供端莊的長版外套。據評論者的說法，國王和朝臣的外表都比較低調而莊重了。伊夫林更盛讚：西裝是「宮廷裡最優雅、有男子氣概又有用處的風尚」。[17]

隨著口袋從馬褲遷移到外套和馬甲背心（waistcoat）——口袋就是從這時開始認真擴散——這種「實用的樣式」將變得更有用處。仿效卡夫坦，最早的西裝外套也包含就位在腰部下方的垂直口袋開口。有時外套左右兩側都會設置兩組垂直的口袋，沒有封口，且周圍用鈕釦裝飾（圖3）。[18] 我們仍不清楚這些西裝外套口袋的最早版本，是否繫著口袋包（pocket bag）。十六和十七世紀的卡夫坦通常沒有併入或縫入口袋包——[19] 例如，收藏於伊斯坦堡托普卡匹皇宮（Topkapi Palace）、公認和蘇萊曼一世（Sultan Süleyman）統治時期相關的卡夫坦，都沒有這種東西。（卡夫坦上的口袋開口，一如中世紀初期歐洲長袍側縫的口袋開口，是讓穿著者搆得到繫在腰間的包包。）大約十年後，裁縫師對這種垂直配置的口袋狹縫覺得不滿意，遂將它們移至現在世人比較熟悉的水平位置。如此放置後，裁縫師便可輕鬆增添信封狀的口袋包，平貼於身體。

很快地，沒有人記得西裝起源於卡夫坦，開始視為西方的產物。例如，西裝正是森島忠良在他一七八七年出版的《紅毛雜話》中，為讀者詳解的日常生活用品之一。[20][21] 江戶時代，日本讀者大多無法直接了解外國服飾和風俗，森島的書率先對出島上荷蘭居民的日常生活提供相當廣泛的描述。當時日本實行鎖國政策，禁止對外貿易，僅給予荷蘭人（對傳教沒那麼大興趣）一個範圍狹小的貿易前哨站。森島自稱取得一整套荷蘭人服裝，用素描畫下其顯著特徵，包括帽子、外套、馬褲、長襪、鞋子和腰帶。（圖5）當時的日本讀者可能會將個人物品塞進和服的腰帶或袖子裡，而森島為他們解釋「口袋」一詞的意思，他指出，在荷蘭人的衣服裡，「有好幾個可以放東西的部位」。[22]

在《紅毛雜話》中，森島也指出「（荷蘭人的）服裝系統，看來好像無貴族與非貴族之分」。[23] 雖然到了十八世紀，在歐洲各地和英語世界的美洲，多數男人確實都會穿某種基本形式的西裝，但森島在出島並未看到具代表性的社會階層橫斷面。然而，要是他造訪任何歐洲港口，就會見到各社會階層間存在莫大的服裝差異，而差異取決於一個人是否自由和他的階級（或他自稱已爬到的階級），以及從事何種勞動。西裝的剪裁很重要。西裝外套剪裁如能順著紳士的肩膀輪廓而下，一路來到脊椎中央，就代表裁縫師花了時間精確測量他的身體。若是有哪裡縐成一團，甚至裂開，便暗示那是未受訓練的生手製作，或是用某種方式取得的二手貨——搞不好是流當品或偷來的。布料也很重要：若是光滑的絲綢和天鵝絨，或是染成鮮豔深色的柔軟羊毛，就表示穿的人資源充裕。質地愈粗糙、色彩愈不鮮明（若呈自然色或色彩黯淡，通常表示用了易褪色的染料，一經洗滌就迅速褪色），價值愈低。

十八世紀，與口袋的分布、配置和裝飾有關的細節，竟成為各方評論的主題，且多到令人驚訝。裝飾華麗的宮廷西裝在這時達到財富與權力的顛峰，是為了正式覲見和其他正式場合而穿，口袋也成了備受關注的部位（圖6）。專業設計師創造葉狀的平面刺繡圖案，這些圖案會纏在口袋翻蓋周圍，更華麗的版本還會繡成外套的滾邊。或者，口袋、衣領和袖口也可能用金屬飾帶勾勒，[24]並借用標準的軍事圖案。在圖7這幅一七六〇年代的肖像畫中，單鑲邊和雙鑲邊完美對稱，且整齊劃一地勾勒出這位無名紳士的西裝邊緣，營造權威的氣息。

尤其在西裝漸漸變得低調樸素後（或是跟女士的裙褶和荷葉邊相比確實如此），西裝上口袋的微小細節就更加重要。希望留在時尚圈的人必須注意式樣風格最細微的變化，包括「口袋的各種扇形飾邊（scallop）」[25]（換句話說：口袋翻蓋是一條或兩條弧邊）。一件出自一七六〇年左右的紅色特級羊毛西裝，就展現了裁縫師為細微末節付出多大的努力（圖8）。口袋翻蓋加了藍色塔夫綢做成的內襯（外套也有藍色塔夫綢內襯），[26]而內襯在翻蓋邊緣收邊，讓它看起來像剃刀般細膩的滾邊線。就算是非常質樸素淨的西裝，也可能因為穿上裝飾性的馬甲背心而活潑起來——馬甲背心直到一八四〇年代都還調皮地堅持色彩和精美。一七六五年一款紳士背心口袋的設計，包括生意盎然的小花和葉子，與邊框圖樣相呼應。刺繡採用粉彩色和寶石色，在米色絲綢背景的襯托下非常顯眼（圖9）。

絕大多數的西裝外套和馬甲背心，既沒有達到這種專業水準，也不是用細緻質料製成。與富人使用的細緻羊毛和絲綢形成對比的，是大批帶有條紋、格子和斑點花樣的廉價亞麻布。[27]圖10是一件無襯裡的條紋亞麻布工作外套（在這段期間亦稱為「有袖的馬甲」），據信曾為羅德島的約

圖 6

刺繡密集的法國宮廷西裝，約一八一〇年。

圖 7

《穿綠西裝的男性畫像》（Portrait of a Man in a Green Suit）。

龐培歐．吉羅拉莫．巴托尼（Pompeo Girolamo Batoni）繪於一七六〇年代。

圖 8

男士特級羊毛西裝外套上的口袋局部照片。兩顆可扣上的鈕釦和扣眼，擋住了一顆不可扣上、藏在翻蓋中央正下方的鈕釦。

荷蘭，一七六〇－一七七〇。

圖 9

圖畫，紳士馬甲口袋上的刺繡圖樣。

法布里克．德．聖．魯夫（Fabrique de Saint Ruf）製（設計師），一七八五年前後。

圖 10

約瑟夫・諾伊斯的外套，藍色條紋亞麻布製，為十八世紀典型的工作服。臀部口袋翻蓋一高一低，或許是千奇百怪的穿用狀況所致。雖然扣眼是匆忙縫成，但裁縫師不是外行人：條紋精確地在所有主要接縫處交會。

圖 11

《舊斗篷、舊西裝、舊外套》（Old Cloaks, Suits or Coats）。

馬塞盧斯・拉隆（Marcellus Laroon）繪，刊於《倫敦城的吶喊》（*The Cryes of the City of London*），一六八七。

圖 12

美國報紙常用木板印刷來給協尋逃亡者的尋人啟事加插圖。圖中這位逃亡者穿著短版的雙排釦及臀外套和長褲。

喬治布魯斯公司（George Bruce and Co.）出版之《喬治布魯斯公司鑄造的印刷類型與裝飾樣本》（*A Specimen of Printing Types and Ornaments Cast by Geo. Bruce & Co.*）的插圖。

瑟夫・諾伊斯（Joseph Noyes）所有，上面有兩個翻蓋開口袋（slash pocket），巧妙地以粗陋的質料營造裝飾效果。翻蓋用同樣的布料做成，但是採橫紋剪裁，呈現出水平條紋，而與外套的垂直條紋形成對比。甚至連鈕釦上面布料的條紋排列，看來也呼應了這個條紋的主題。

但並非所有西裝外套都明顯地用口袋裝飾。一份倫敦樣式型錄所描繪的小販，其西裝就沒有任何口袋的翻蓋（圖11）。這號人物戴了三頂他要販售的帽子，但其他要賣的二手衣物，並不比他身上非常樸素的外套和背心精緻。藝術家很可能是在行使藝術自由，來強調小販的衣衫襤褸。但雇主和奴隸主有時也會在張貼的尋人啟事上（希望找回逃離他們強迫僱用的僕人和奴隸）提到，沒有口袋這件事。一七六七年，當契約學徒詹姆斯・艾克斯萊（James Axley）逃離維吉尼亞威廉斯堡法院，一名法院官員提到艾克斯萊的皮馬褲——俗稱十八世紀的牛仔褲——全身沾染松節油，而他穿著一件「灰色的布外套，沒有口袋，也沒有翻蓋」。[28]

其他勞動者，不管自不自由，完全不穿西裝，而且穿不流行的褲子（暗示其無產階級的地位）搭配通常取得時已經做好、長度及臀的短外套（圖12）。水手是第一批可能購買某種「成衣」的從業人員；[29]他們會買「水手服」（slop）——特別寬鬆且作工不良的長褲和外套——穿來度過漫長航程。這種衣服不保證有口袋。被奴役者所忍受的衣物也不保證有口袋。[30]很多奴隸主利用新興起的成衣業，向製造商下大筆服裝訂單，並指定使用最便宜的布料。製造商可能會為了節省額外的勞動力和費用，而不在外套上縫口袋。不過也有例外。在維吉尼亞一座農場主納撒尼爾・伯韋爾（Nathaniel Burwell），聘請裁縫師約翰・格萊姆斯（John Grymes）製作三十五套服裝給工人穿；[31]伯韋爾多花了六先令幫衣服放置口袋。有時這種衣服是農場主人或工頭太太做的，但到了十八世紀後半，奴隸服裝的製作逐漸由奴隸自己接手。一七七〇年一封奴隸主寫的信提到，他的男性奴隸「選擇拿走布料，讓妻子或姊妹為他們裁縫」。[32]可以想見，如果自己的衣服是由家庭成員而非奴隸主製作，就能避免各式各樣的侮辱——包括口袋之類的特徵。在一九三〇年代進行的訪談中，夏德．霍爾（Shad Hall）回憶他的前奴隸主不幫奴隸做口袋，不只是想厲行節約，也是一種先發制人的管理策略。當時還是男孩的他，「第一條褲子沒有口袋，這樣（他和其他孩子）要偷雞蛋就沒那麼容易了。」[33]

然而，十八世紀的社會角色相當混亂（獲取二手物資或贓物的管道也夠多），[34]以至於衣服常用來跨越界限。想要附庸風雅的人——或是迫切希望被視為自由人——通常知道怎麼操控外表和感知。[35]北卡羅萊納州一個名叫史戴普尼（Stepney）的逃亡奴隸就是這樣的人。[36]憑藉「對髮型的知識」，[37]他顯然很能跟上流行，而把頭髮「編成辮子、翻到後面，其他時候則綁尾巴」，或許是在諷刺白人戴假髮也綁尾巴的髮型。一七九四年八月，史戴普尼的奴隸主張貼了追捕的尋人啟事，據他所言，史戴普尼「狡猾又精明」。啟事上指出史戴普尼的外套樣式時髦，因為它有「黑色天鵝絨的披肩、袖口且口袋有翻蓋」。當然，如果主人的描述太容易讓你被認出，那麼引人注目的穿著就未必適合逃跑。不過，對希望「偽裝成自由人」的逃亡者而言，像查爾斯頓這樣的國際港口城市，恰好提供了可乘之機——[38]這類城市擁有技術日益嫻熟的流動性勞動力，其中有自由勞工、契約勞工，也有奴隸勞工。在這樣的環境，奴隸主未必能仰賴膚色來辨別奴役狀態，因此一套什麼部件都有的西裝，就可以產生重要的欺騙效果。

根據奴隸主詹姆斯．華克（James Walker）所言，一個名叫伊頓的逃跑者，[39]大費周章地在一七七〇年逃離維吉尼亞威廉斯堡一座農場前夕，修改他的衣服。伊頓「把他的棉外套染成褐色」，[40]把原本看來像劣質未染色白羊毛的東西改成深色，使那看起來像是另一種紡織品（更重要

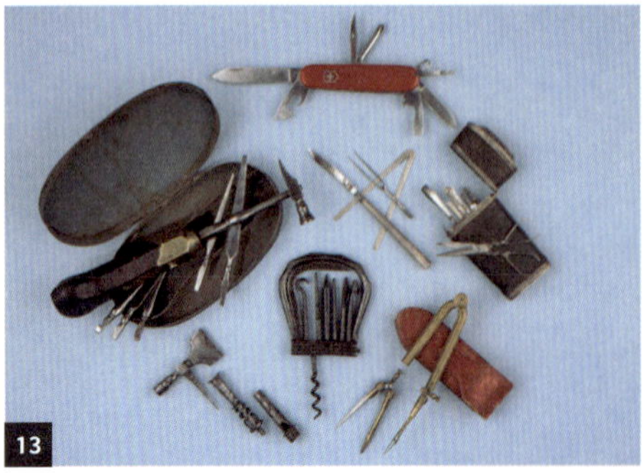

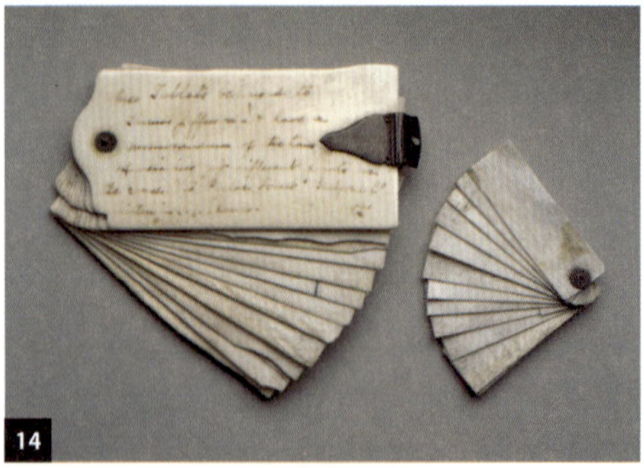

圖 13

口袋工具組，從上方順時針依序為：現代版的瑞士刀（當比例尺用）；工具組的小盒子（左邊刀、叉和摺疊尺是其內容物）；口袋圓規和附了一支旋轉鋼筆／鉛筆的套子；卡扣式的口袋工具；槍枝用工具（關節部分分離）；以及理查・丁利（Richard Dingly）販售的一件口袋工具組（榔頭擱在上面）。丁利活躍於一七六八到一八〇五年。

圖 14

湯瑪斯・傑佛遜的象牙口袋記事本，蒙蒂塞洛。

的是，不是專門製作奴隸服裝的布料）。伊頓也在「上面加了口袋和袖口」，表示他了解時尚。另一位在一七七二年逃離維吉尼亞農場的迪克，[41]則穿了一件「河狸毛料的短外套」——一種廉價、有長絨毛的羊毛紡織品，而他進行了「相當大的改造」。迪克給外套加了襯裡，讓它質地更堅固且更保暖，還在外套表面加了水平方向的「開口袋」。透過縫紉，逃亡者擴充了逃亡的空間，同時也批判性地將鄙陋的奴隸服——無口袋的外套——改造成較為高貴、世俗的裝束。

除了暗示通曉世事，一個人若穿著由專業人士或熟練的業餘愛好者製作、作工還算精良的西裝（就算是買重新整理過的），也和他們攜帶的工具維持井然有序的關係。併入男士西裝裡的口袋，是專門設計來將隨身物品分門別類的：多個西裝口袋讓辦事有條不紊的男人，可以仔細區分他直接擁有的物品。例如，置於外套口袋內部的手風琴形狀隔層，[42]提供了進一步隔離不同收藏品的空間。配置在西裝各處，某些口袋有特定的用途。長大衣（greatcoat）的側邊大型口袋，對放置文件特別實用。[43]表袋（fob pocket，腰帶上的小空間）雖小，卻是保護完善的地方，適合放銅板或懷表。根據《牛津英語辭典》，「fob」是「詐取、欺騙、哄騙、戲弄」的意思，[44]而在這個例子，要騙的對象是竊賊；位在腰帶上，這種極小的口袋很難搆到，也不大可能在對方不知情的情況下順利破壞。連《格列佛遊記》裡的小人國搜查官都沒辦法爬進格列佛的表袋裡，因為格列佛的肚子緊緊貼著表袋。

竊賊本身也有欺詐的口袋來暗藏違禁品。郵務員兼小偷提摩西·

圖 15

描繪口袋套的紙牌。

一七〇二年前後。

圖 16

醉醺醺的治安官倚靠著一根柱子，外套口袋裡挾帶一隻酒瓶。

《改過自新的治安官》（The Reforming Constable），一七五〇年前後。

羅賓森（Timothy Robinson）在一七二九年八月二十七日，被指控偷取裝滿金錢的信件，他設計的「私密口袋」差點沒被發現。[45]根據「老貝利」（Old Bailey，英國中央刑事法院的俗稱）的紀錄，羅賓森在與雇主對質時，刻意誇張地掏出所有口袋以示清白。雇主並不滿意，繼續「摸索他的口袋」，很快「感覺到一塊凸隆，但不得其門而入」。最後，他們把整件外套剪開來拆解，發現其中一個口袋後面巧妙隱藏了一個暗袋。羅賓森想要否認外套是他所有，但「其抗辯已不可信」，於是羅賓森被判有罪，並流放殖民地。

隨著口袋日益普及，製造商和零售商開始考慮攜帶的便利性，將有用的器具縮小。手槍固然是最早也最惡名昭彰的口袋大小之物，但大多數的工具並沒有引發那麼大的爭議。這股對小巧器具的渴望，鼓勵民眾製造更小的鉸鍊和彈簧，而這也造就了更準確的懷表和指南針。像這樣的機械升級，也鼓舞了精巧工具組的發展：具備可更換的頭和刀片，固定在旋入式的柄上（圖13）。美國總統湯瑪斯・傑佛遜（Thomas Jefferson）在一封寫給朋友的信中，熱情洋溢地探討各種可透過「微型科學」來實現的計算，包括確定緯度，「我有一個口袋型的六分儀，就它微小的刻度而言，準確得令人咋舌。」[46]傑佛遜被當代人暱稱為「行走的計算機」，[47]他隨身攜帶的物品包括口袋大小的秤、繪圖儀器、溫度計、測量羅盤、水平儀和地球儀。他用這些裝置來記錄溫度、風向、天氣、鳥類遷徙和其他季節性變化，例如，花卉的外觀，從早到晚都把他的觀察所得記錄在容易擦掉的象牙記事本上（圖14）。回到家後，傑佛遜會把他的筆記轉成較永久的紀錄。[48]如果傑佛遜是行走的計算機，那他的西裝就好比行動實驗室。

儘管象牙寫字板相對結實，許多裝置在縮小後就變得比較脆弱了。因此，保護用的蓋子或套子幾乎跟裝置本身一樣重要。一副一七〇二年的紙牌幫口袋套打廣告：可為藝術愛好者保護六分儀、繪圖圓規等儀器（圖15）。[49]口袋小酒瓶如果是玻璃做的，可能會穿上一件保護皮套，那對隔開物品和使用者非常有用，因為使用者很可能會忘了照顧它，就像圖16這位醉醺醺的治安官，在夜間巡邏時把酒瓶藏起來一樣。有時候，製作精美的容器正是引誘你把東西放進口袋的魅力來源。用寶石裝飾的盒子，俗稱「étuis」（口袋必需品之意），不管看起來或拿起來都令人心滿意足。這種必需品從書寫工具到衛生用品（如掏耳勺、鑷子、香水瓶）什麼都裝。鼻菸盒——裝了粉狀、有香味而被認為具有藥效的菸草——也是用珍貴的材料製成，如銀、瓷、龜殼等。吸鼻菸可要進行一整套儀式：取菸粉和吸鼻菸都講究方法——最好是用右手的食指和拇指輕輕捏一下。注意儀式規則的人士指出，人們甚至可以透過表現「粗心、輕蔑、慎重（或）粗魯的捏」，[50]來表明自己與鼻菸提供者的關係。

但即便是樸素或手工製作的口袋盒，也可以保護貴重的手工藝品，包括各種形式的身分證明，如護照和自由人的文件。從一七九六年一項法案開始，美國水手開始攜帶「海員保護證書」，證明其美國公民身分，以免被英國海軍徵召。[51]美國一些州也額外要求黑人水手攜帶自由人證件（或自由證明書〔Certificates of Freedom〕），[52]來聲明他們在法律上為自由之身。所有諸如此類的文件，皆僅包含對持有者的描述，或加蓋小型官印或關防，其實很容易偽造或轉手，美國黑人政治家弗雷德里克・道格拉斯（Frederick Douglass）就用這招借了朋友的海員文件，登上開往費城的火車。當車掌叫他出示文件時，道格拉斯「做水手打扮」，[53]平靜地拿出文件，掩飾心中在此欺騙關鍵時刻的焦慮。他在自傳中寫到他若無其事地「從我的水手深口袋裡取出我的海員保護證書」，[54]彷彿他已經是個自由人。

紙本身是可消滅的；雖然自由人的文件有各縣法院的登記簿背書，是具法律約束力的文

圖 17

約瑟夫・崔默爾為自由文件（維吉尼亞州規定要帶的自由證明）手工製作的馬口鐵盒子，可放進口袋隨身攜帶。

一八五二。

件，但個人的副本卻容易遺失、失竊和毀損。一八五二到一八六五年居住於維吉尼亞的約瑟夫・崔默爾（Joseph Trammell），為解決這些固有的缺點，用馬口鐵精心製作了一個小口袋盒，上面有凹槽供滑蓋使用。[55]他在盒子裡放置自由文件，並透過盒子令人安心的重量，以及在口袋裡撞來撞去的感覺，便知道文件是否還在那裡（圖17）。[56]

人們需要攜帶各種重要程度不一的紙類文件（包括紙幣），特別是印刷資訊，這種需求催生出形形色色的小型口袋書（pocket book）。「口袋書」包羅萬象，通常是表面平坦、皮革裝訂的盒子或套子，有時包含印刷資料，像是年鑑、帳簿或便箋本。手風琴狀的紙容器可以固定一端或兩端來放置零散的紙張，使用方式與今天的皮夾非常類似。「口袋書」這個名詞常令人混淆，部分原因是口袋書現在指的是體積大得多的女用多層手提包。但在二十世紀之前，「口袋書」涵蓋任何長得像書、可放進口袋隨身攜帶的容器。

這個詞也形容體積袖珍的真正書本，而這種袖珍書很快就因適用於幾個出乎意料的情境被大肆宣傳：例如，《士兵口袋聖經》（*The Soldier's Pocket Bible*，一六四三）的編纂者就解釋，書中方便的小標題有助於「在士兵不方便攜帶整本聖經時，滿足對聖經的需求」。士兵在「戰鬥前、戰鬥中、戰鬥後」都可以求助於這種「實用」的書。[57]迷你地圖和各種袖珍本的指南，有時稱作「跟我走」（Go With Me），為各種人士提供資訊和實用的建議：旅客（用另一種語言列出交通費用和常用語）、商人和小販（重量及各種度量衡的換算表）、需要查詢公共場所禮貌用語和其他禮儀規則的社交焦慮者。口袋書可以拿來打發時間和炫耀學識——不妨想像一位和藹可親的紳士，掏出口袋版的莎士比亞大聲念給旅伴聽。[58]節本和彙編是口袋書的主要形式；這種書本的目的不在閱讀，而是參考。口袋版也帶有令人安慰的物理限制：你需要知道或記住的東西，應該都能裝入你隨身攜帶的小小容器裡。

當男性穿衣者以大致有序的方式，將各種代表身分、度量衡、信仰和罪惡的工具分配在全身上下，西裝就變得更像是附有抽屜——甚至是鎖上或騙人抽屜——的壁櫥或五斗櫃，而不只是蔽體的衣物。在法國，家具製造商洞悉抽屜和口袋之間的連結，將「vide poche」（空口袋）添加到十八世紀不斷增長的家具類型中。「vide poche」是一件私密的臥房家具，通常是一張桌面邊緣加高或底下有祕密抽屜的桌子，晚上可以把從口袋取出的小東西放在這裡。

只有少數人問，這些口袋是否真有必要。勞倫斯・史特恩（Laurence Sterne）在他一七六八年出版、廣受歡迎的旅行小說《感傷旅行》（*Sentimental Journey*）中調侃，現在裝備齊全的人都必須搜查口袋。小說敘事者的僕人拉福羅（La Fleur）堅持自己有某封信，於是拍了拍口袋示意——這種動作將在未來幾世紀變得人盡皆知。因為拉福羅不想讓索取那封信的女人，或他的雇主（早就該把信寫好了），或他自己（他為什麼會答應為一個連基本禮節都不懂的人工作？）失望，他開始找那封信。「噢，對。」拉福羅這麼回應滿心期待的L女士，我放在這裡，一邊先找他左邊的口袋，然後「換另一邊……搜遍每一個口袋，一個又一個，全身上下，連表袋都不放過」。「奇怪！」他驚呼。「見鬼了！」不一會兒又喊，「我可真粗心啊。」[59]當他在把口袋所有物品攤在地上，仔細檢查過後——當然沒有那封幽靈信——他這樣勇敢地責備自己。

史威夫特就沒耐心這樣徹底搜索了。不論是由倒楣的觀光客、還是野心勃勃的商人冒險家進行，這樣的搜索都是某種自欺欺人的證據。在《格列佛遊記》裡，三件式西裝上過多的口袋，充分透露這位旅人對自己的準備工作過於自信。當這位主角離開小人國繼續旅行，陷入一次又一次的困境，卻始終相信他的口袋能幫其解圍。而雖然他執著地保護它們，卻從未真正擁有其需要的東西。格列佛藏在「祕密口袋」裡的眼鏡或許能幫他看見東西，卻無法幫助他理解看到的東西。同樣地，格列佛口袋裡的指南針也沒辦法避免他迷路。他遇到的每一個可能懷有敵意的陌生人，也不真的想要那些希望可以「買到（他的）生命」的假珍珠飾品。[60]史威夫特的結論是，口袋的增加徒然導致人們對物品無益的依賴。最後，厭世的格列佛終於平安回到英格蘭，但他忍不住發牢騷，「當我在家，穿著我該穿的衣服時，那一身就是百名工匠的手藝結晶。」[61]至於西裝，在史威夫特看來，就像那些常和全新理性時代連在一起、讓人沾沾自喜的精密儀器，不過是種現代性的人造品罷了。[62]

♣ 放到不同口袋去

在男裝徹底向西裝轉型的同時，女裝的基本形式保持不變。[63]女性繼續穿著她們從中世紀就在穿的緊身馬甲加長裙的某種變體，因此乍看之下，女性服裝似乎不適合穿去冒險旅行。例如，沒有口袋翻蓋，我們無從得知她的服裝是否已準備齊全。但是對十八世紀的女性來說，這樣的差別無關緊要。從很早以前開始，女性就有非常耐用的方法來攜帶她們需要的東西。一如前幾個世紀，女性繼續攜帶可拆卸的容器，不過從十七世紀中葉開始，女性已不再用繫於腰帶的細繩綁住袋包，讓它在大腿中段晃來晃去，而是移到距離手更近的位置，即採用歷史學家所謂的「紮綁式口袋」（tie-on pocket）。這些梨形口袋可能單獨或成雙成對繫在腰間，平貼著臀部。這種口袋佩戴於裙子裡，穿過外裙的一個小開口便可搆到。笛福（Daniel Defoe）筆下勇敢的女騙子摩爾・弗蘭德斯（Moll Flanders）就說，女性也可以「無入而不自得」，只要口袋裡有錢。[64]

芭芭拉・布曼（Barbara Burman）和雅莉安・費妮圖瓦（Ariane Fennetaux）研究女性紮綁式口袋的歷史，[65]記錄女性如何對紮綁式口袋投以大量關注。紮綁式口袋可以買到現成的，但多半為自製；有些繡有精美的花卉圖案，有些則是用碎布拼接而成，但手法仍相當吸引人（圖18）。女性會把它們當禮物送人。在為親朋好友縫製時，上面通常會簽名並註明日期。但這種用心和努力，不是為了讓大眾看見。上市場的人和販賣各種商品的女商人，可能會把口袋擺在裙子外面，方便隨時取用，但其他時候，女性會把口袋佩戴在裙子裡，保持私密。在嫁妝和洗衣清單裡，紮綁式口袋通常被歸類為內衣。[66]十八世紀的脫衣場景展現了它們的佩戴方式。圖19這幅漫畫的重點在於，兩名僕人費盡九牛二虎之力拉緊一位女性的胸衣，畫中顯示，有一個相配的口袋塞在臀部。口袋緊貼身體，可輕鬆放進襯裙的褶層裡。

紮綁式口袋容易損壞。它們經常需要更換的狀況，被記錄在一本由莎莉・布朗森（Sally Bronsdson）手工縫製的日誌裡，書中列出一七九四到一八〇〇年間，她的波士頓雇主戴凡波太太

圖 18

十八世紀的紮綁式口袋。製作者似乎修補過口袋最上面的部分，重新利用一塊有類似圖案的刺繡亞麻布。

（Davenport）送給她的舊衣服和當作酬勞的衣物。從十四歲開始服侍戴凡波一家起，布朗森仔細記錄了「戴太太給我的衣服」，[67]那些項目也被視為她的部分契約條款。一七九四年，布朗森列出二十二件日常使用的品項，包括長袍、襯衣、一雙鞋、一條披巾、圍裙、一頂草帽和「一個口袋」。在為戴家服務的六年期間，布朗森記錄她一共得到十一個口袋、四個「舊的」和七個「新的」。

紮綁式口袋遠不如併入男性西裝的口袋安全，這也是它最大的缺點。遺失啟事常包含給找回遺失口袋的酬謝，並詳盡描述口袋的內容物。雖然在其他方面相當實用且便利，女性的紮綁式口袋卻常遭到諷刺作家嘲笑。例如，漫畫和色情描寫，常把女性的

圖 20

這時，女裁縫師已獲得專業認證，擁有製作女裝和童裝的權利。但胸衣（stay，後來稱緊身褡〔corset〕）和騎馬裝仍由男裁縫師製作。如這幅諷刺畫清楚呈現，男性胸衣製造商使人憂慮，師傅和女性顧客間有暗通款曲的可能。

湯瑪斯・桑德斯（Thomas Sanders）為提摩西・鮑賓（Timothy Bobbin）的《人類激情描繪》（*Human Passions Delineated*）一書所繪之插圖，一七七三。

圖 19

《勒緊結帶，或放鬆前的時裝》（Tight Lacing, or Fashion before Ease）。

伯斯（Bowles）和卡佛（Carver）繪，仿約翰・柯雷特（John Collet），英格蘭倫敦，一七七〇－一七七五年前後。

紮綁式口袋與女性生殖系統連在一起，說什麼形狀像子宮、緞帶勾勒出惹人遐想的垂直狹縫。圖20描繪了某位好色的胸衣製造商，他一邊幫客戶綁帶子、一邊把手伸進她的口袋裡，這便表明，紮綁式口袋也代表身體空間。（圖20）

然而，讓女性的紮綁式口袋受到最大關注的不是性暗示，而是它的大容量。這種口袋一般有三十到五十公分長，裡面通常沒有再做隔層（不過有些的確有），[68]讓女性可以盡情利用口袋大小呈現物品的多樣性。許多這樣的物品都跟家庭生活有關：女性常攜帶某種暱稱為「家庭主婦」的針線盒——可能包含剪刀、頂針、針和線的縫紉工具組。[69]但她們也會攜帶各式各樣的物品，從小刀到紀念品都有可能，跟男性一樣具有個人特色。美國獨立戰爭時代一位南卡羅萊納的日記作者抱怨，當她母親遭遇打劫，口袋被強行搜索，搶匪拿走了裡面所有東西，連兩頂嬰兒帽這種只對她母親有意義的情感珍寶都不放過。[70]

但同時代的評論家無法完全揚棄這種觀念：女性口袋是亂七八糟雜物的貯藏處、是個「黑暗的壁櫥」，[71]「東西一放進去就會消失，從此不見天日。那是不是個「無底洞」？[72]倫敦老貝利的一位法官，在一起竊盜案的宣誓作證期間被激怒了，忍不住這樣問。諸如此類對女性紮綁式口袋性質的思考，暗示這些容器某種程度已成為替罪羔羊，其大小和尺寸招致女性如今被指責的混亂失序。像這樣的措辭也有可能是為掩蓋焦慮：女性豈可為自己精心打造這種麻雀雖小五臟俱全的隱私空間。[73]塞繆爾．理查森（Samuel Richardson）一七四九年小說《克拉麗莎》（*Clarissa*）中，貪婪成性的浪子勒夫雷斯（Lovelace），無所不用其極地試圖進入獵物的口袋，希望從克拉麗莎寫給朋友的信中查出情報。但對找到的東西感到絕望。他發現一個女人的口袋「深度達到她身高的一半」[74]。他為此分心，進而評論說口袋的作用就像「壓艙袋」（ballast bag），能穩住女人在狂風中如同「滿帆」鼓起的長裙。[75]也許真正令他懊惱的是那個壓艙袋的效用——女性寬大的口袋可能形同戒備森嚴、守護祕密的保險箱。

也有評論者強調，這種小型裝置如何幫助女性愈來愈常涉足公共場所，並強調女性這般來去自如可能造成的威脅。以上心得是在一七五〇年一篇敘事中提出，敘事者從一件租借外套的觀點，評論了女性可能如何顛覆筆記本的用途。（由無生命的目擊者講述人類怪癖的故事，在十八世紀中葉掀起一小股文學熱潮。）[76]在這篇敘事裡，一名為「靈魂鬆弛」所苦的女士，使用了傑佛遜總統為測量萬物攜帶的那種筆記本。[77]傑佛遜的用途不成問題，這位女士卻拿來大略記錄私通的方法，在口袋大小的象牙小本子上匆匆寫下，「萬一有人**起疑**的一些絕佳的**藉口**，以及一旦**東窗事發**的幾種出色**說辭**」。[78]在此例子，口袋這種隨時可用的工具，讓婦女能夠在這個不斷試圖限制她們活動的世界稱心如意。

儘管女性的紮綁式口袋面臨相當程度的嘲笑，但女性一旦試圖篡奪男子漢的併入式口袋，就會立刻遭到反對，最明顯的莫過於女性穿騎馬裝的時候。[79]若是穿著連衣裙，要信心十足、威風凜凜地騎乘大型牲畜就比較困難了，所以女性借用了男裝（通常是上半身）以利行動。這種專門的運動服由男性裁縫師製作，很像西裝外套，穿在搭配的裙子外面。蘭德爾·霍姆（Randle Holme）在他一六八八年出版的百科全書原型中，收錄了對女性騎馬裝的定義，「在前面扣釦子的長外套，像有口袋孔（pocket-hole）的男士外套。」[80]裁縫師已做出可稱為女性第一套「權力套裝」（power suit）的衣服。

約瑟夫·艾迪生（Joseph Addison）在倫敦《旁觀者》（*Spectator*）週刊抱怨道，這種服裝有失端莊，甚至駭人聽聞。[81]他激動得幾乎喘不過氣來，兩種性別似乎在這件「兩棲」或「雌雄同

圖 21

摩德納的瑪麗還是約克女公爵時期的畫像。她身穿時髦的騎馬裝，口袋打開，露出粉紅色絲質的內襯。

西蒙·費雷斯特（Simon Verelst）繪於一六七五年前後。

體」的衣服裡融合了；然而，他的惱怒多半來自於那種穿著所代表的態度。他親眼見證那些「污染」這座城市的「女騎士」，在公路旁或海德公園搖搖擺擺，甚至在室內的賭桌邊，以「男子般的自信」昂首闊步。[82]他對一名騎士無禮地「將她帽子的華麗裝飾直衝著我炫耀」[83]尤感憤怒。這種男人的姿態在馬上及馬下都有人做。一七一二年，一個為《紳士》雜誌（*Gentleman's Magazine*）撰稿的匿名觀察者，描述了一群年輕女子在凹室裡咯咯聊天。其中一人公然打呵欠，還把雙臂舉過頭頂，同時伸出兩腿，以便「像軍官那樣神氣活現地」從騎馬裝的口袋裡「放肆地掏出」表來。[84]換句話說，她很喜歡口袋給予她這種便於攜帶的技術。（女性以前沒有嵌入衣物的表袋來攜帶懷表，因此會把表像珠寶一樣戴在脖子上，或用鏈子別在衣服上。）[85]親眼見到這段小插曲，作者明顯被激怒，斷言：女人一旦穿上騎馬裝，「女性的嬌柔就會蛻變成男子的驍勇」。[86]

「亞馬遜」（Amazons，高大剽悍的女子之意）這個暱稱固定拿來形容那些明顯男性化的騎士。在法國時尚行話裡，穿騎馬裝就是「en tenue Amazone」（穿亞馬遜的制服）。[87]對理查·史提爾（Richard Steele，艾迪生在《旁

圖 22

《女演員梳妝中，或剛穿上褲子的布雷森小姐》（An Actress at Her Toilet, or Miss Brazen Just Breecht）。

約翰・科列特（John Collet）繪於一七七九年。

觀者》的記者同事）來說，這些掠奪男性裝飾品的騎士，證明是對家長制的象徵性威脅。[88]但對其他人來說，「穿亞馬遜制服」的女人，卻有不可抗拒的吸引力。明白自己有這種誘惑力，許多菁英階層的女性，選擇讓自己的肖像畫穿著騎馬裝。十七歲的約克女公爵摩德納的瑪麗（Mary of Modena）是騎術精湛的騎士，她的肖像就畫出她的騎馬裝，外加一頭男性長假髮、一條華麗的領巾和一根鞭子（圖21）。圖中這位女公爵擺出自信又淘氣的傲慢，右手叉腰——長久以來讓人聯想到文藝復興時期國王和戰士的姿勢。但這位畫家運用好幾個線索，透露女公爵的姿態不過是輕微的賣弄風情。她不只有纖細蠻腰，還把豐滿的右臀往前頂，凸顯一個一字袋（welt pocket）——袋口稍微打開，有著挑逗的粉色絲質內襯。十七世紀晚期的肖像畫中，男士的一字袋並沒有打開，而且常用鈕釦固定或展示一條編織精美的手帕。[89]相形之下，這位亞馬遜扭曲的口袋，就令人想起她的性別了。或許畫家讓這位身穿權力套裝的女性口袋不照規矩來，是為了暗示女性只是暫時偷男裝去穿，或是純粹為了好玩，不具威脅性。

長久以來，多數營造男性風格的嘗試，都沒有真正令人對穿著者的性別產生懷疑，但女扮男裝的現象確實層出不窮，例如，舞台上的「馬褲角色」

（圖22）。[90]也有一些情況，為掩人耳目而變裝，被視為一種有用的策略。在十七、十八世紀的民謠和小說中，拿起武器保家衛國的女戰士備受讚譽。[91]倘若原本負擔家計的男性失去能力，女性也可能穿男裝去工作。如同英國第一批靠寫作謀生的女性阿芙拉・貝恩（Aphra Behn），在一六八四年一部劇本中指出，一名女性穿上男裝後，便享有「一千種原本拒絕給予女性的小特權」。[92]

變裝也常用於大膽的逃亡行動中，而是否了解異性使用口袋的習慣，可能就會決定是詭計得逞、還是招來不必要的審查。哈麗特・雅各布斯（Harriet Jacobs）在自傳《奴隸女孩生活中的事件》（*Incidents in the Life of a Slave Girl*）中證明了這點。她記述在一八四〇年代於北卡羅萊納的經歷。在她能夠逃往北方前，穿著朋友貝蒂（Betty）買到的一套服裝：一套水手服、「外套、長褲和防水帽」，[93]於朋友和家人安排的藏身處之間搬來搬去。貝蒂建議雅各布斯把手放在口袋裡，表現出水手「吊兒郎當」的步態。[94]貝蒂覺得她模仿得很好，而當雅各布斯在鎮上穿梭時，她說她「經過好幾個（她）認識的人身邊」，都沒有被看出來。「我孩子的父親，」她解釋道，「跟我靠得好近，我甚至擦到他的臂膀了。」[95]

除非遇到這樣嚴峻的情況，多數女性仍繼續把口袋綁在裙子底下。我們可以說，女性不是沒有口袋，只是口袋的類型不同。然而，十八世紀末一場時尚變革，最終威脅到紮綁式口袋的存在。要到那時，口袋的差異才開始造成更明顯的影響。

♣口袋的壟斷

從西裝被採用以來，男人就緊抓著口袋不放。他們團結一致，拒絕蒙受那個名為時尚「傻瓜」

所帶來的任何尷尬。例如，當西裝外套的款式在一七七〇年代縮窄、城裡的年輕人希望強調修長精瘦的身形時，前翻蓋式口袋一度被省略。但裁縫師很快彌補了這個損失，在外套胸部內側嵌入一個牢固的口袋，[96]從此，那種口袋就成為西裝口袋組合的常駐成員。十九世紀一位評論員眼中，男人很堅持穿著的首要原則，即功能性和便利性，而裁縫師遵行不悖。這項約定也清楚反映在口袋的製作上，「儘管周圍的衣服一再發生變化，男人口袋的大小、形狀和位置似乎始終大同小異。」[97]

「男士口袋的慣例是牢靠和安心」的觀念，在十九世紀的頭幾十年得到印證，當時，男裝業正採取各種措施來將服裝製程現代化。[98]而隨著成衣業（之前主要販賣低品質的工作服）努力提升，開始為所有預算生產中等品質的西裝，西裝也變得更加標準化。一八二四年，某位印刷學徒大衛・克雷普（David Clapp）得花超過三分之二所得治裝：[99]一套新西裝、幾件襯衫、一件大衣、一頂帽子、幾條褲子，一件背心；到了一八五〇年，他可以直直走進像布魯克斯兄弟（Brooks Brothers）這樣的成衣「百貨店」，購買便宜的現成商品，不必為了體面的外表做出難以想像的犧牲。做訂製生意、製作更昂貴西裝的裁縫師，也採用成衣業近期的創新：裁縫師用上一八二〇年代發明的捲尺等工具，也對身體的典型比例有更細膩的了解，因此不必再花那麼多時間和費用試衣，一改再改。一般而言，生產力突飛猛進，意謂著業餘縫製的西裝已成過去。到了十九世紀中葉，人們遠比之前更不可能遇到口袋沒有對齊或「外套沒有口袋或翻蓋」的情況。系統化和可預測性取代了多樣性——這句話也包含口袋供應在內。

透過這個理性化的過程，男人似乎取得了幽默作家威廉・李文斯頓・奧爾登（William Livingstone Alden）在一八七七年一部諷刺作品中所說的「口袋壟斷」。[100]不過，奧爾登沒有承認成衣的成功，而是反覆重申男人是透過自然繼承才取得壟斷的觀念。回應卡萊爾依然廣獲關注的觀點（即人類穿衣服是為了彌補欠缺有袋動物的育兒袋），[101]奧爾登說，人類已經開始將口袋視為某種生物與生俱來之物。在他的諷刺文中，口袋這種服裝元素，甚至比生殖器官或臉部毛髮更能區分男性和女性。奧爾登採用科學家的中立口吻，說口袋發育緩慢，與孩子的身體成熟過程亦步亦趨。大約五歲左右，褲子口袋會在人類男孩身上萌芽。從那時起，男孩會陸續獲得外套口袋、背心口袋和表袋，手槍口袋（褲子的後口袋）則要拖到長智齒時才會報到。因此，他天生就準備好要攜帶槍枝、金錢和其他「文明不可或缺的」工具，當然一定會加以部署。[102]

緊接著，奧爾登開始考慮女性的情況。為了與男性「競爭」，女性「放肆地自稱她們隨身攜帶的那些神祕兮兮、別人看不見的包包，實際上是口袋」。[103]但奧爾登嬉笑地駁斥這樣的觀點。他指出：「比較解剖學家」紮綁式口袋「顯然是人工的、外加的」。[104]或許奧爾登是在對他的讀者使眼色：大自然本身就暗示「女性天生不適合擔任人類的軍事或公民領袖」。[105]

雖然奧爾登是在開玩笑，但他只是誇大了一個明顯事實。男孩確實意識到獲得口袋是接近成年的一種特權，一種少女並未指望能享有的特權。如同一八六〇年《彼得森》雜誌（*Peterson's Magazine*）一幅插圖所描繪，男孩要長成男人，必須先充分測試他的權力裝束（圖23）。試穿第一條褲子的小男生張開雙腿，並練習有了口袋便可以做到的大搖大擺。就算只是表演給他的小狗看，這也暗示，只要他夠成熟，所有人都可以任他擺布。透過衣著，他學到了成年男子的權利和期望。如同一名作家在一八九四年發行的一期《哈潑時尚》（*Harper's Bazaar*）所言，她的兒子——口袋「塞滿」形形色色的物品——很小就體會裝備齊全的安全感。她寫，一個男孩的口袋「是他的帝國憑證。終其一生，擁有口袋的權利，就是他的統治權杖」。[106]

圖 23

《一個男孩的第一條長褲》（A Boy's First Trousers）。

《彼得森雜誌》，一八六〇。

男人會用兼具實用性和象徵性功能的口袋，來宣示自己的統治地位，並以口袋提供的組織能力為傲。長久而言，隨著這種遍及西裝各處的嵌入式容器，從手工藝轉變成工業化產品，它們也為男人做好承擔公共角色和從事私人消遣的準備。「我只有衣服得到稱讚。」[107]維也納建築設計師、有時也撰寫時裝報導的阿道夫．路斯（Adolf Loos），在二十世紀初一篇探討三件式西裝的文章裡這麼寫道。當時，這種款式似乎「一直與我們同在」。渾然不知史威夫特對格列佛的諷刺描述，路斯宣稱男人的「原始服裝」，是「自力更生者的服裝」。[108]

CHAPTER

3

口袋的姿態

「可是你的手在口袋裡做什麼啊？」

打從裁縫師將可取用的口袋加進三件式西裝的馬褲，手就找到進去的路了（圖1）。有時只是暫時擱在那裡，有時則明顯用力推擠，手似乎對口袋情有獨鍾。且幾乎所有人都認同這種喜好。

圖1

這幅法國時尚插圖，描繪了一位一派輕鬆的廷臣，他身穿休閒西裝、未著馬甲背心，一手放在馬褲的口袋裡。這是世人熟悉的「手插口袋」姿態的早期範例。

《穿西裝、帶便利用品的男士》（Homme de qualite en habit de garni d'agrements），讓．狄尤．德．聖－讓（Jean Dieu de Saint-Jean）繪於一六八三年。

不過，手插口袋的姿態是否為上流社會允許，向來備受爭議。在街上閒晃時把手伸進褲子裡的男人，該視為優雅的閒人，還是沒教養的鄉巴佬？答案眾說紛紜，但至少有好幾個世紀，反對的聲音比較洪亮。正如一八〇二年一位憤慨的「女士」凱蒂．黛立凱（Kitty Delicate），在寫給費城一家報社的投書中所抱怨，這種姿態可說是「一種**不雅的**時尚……被**男人**這種下流的生物普遍採用」。[1]

儘管一竿子打翻一船男人並不公平，這種手插口袋的姿態，在過去僅限男人卻是事實。只有男人才穿馬褲；當褲子（trouser）在法國大革命後蔚為流行，也只有男人穿褲子。有些男人堅持自己享有穿褲子和無限制使用褲子的專屬權利，卻忽略了「把手從口袋裡拿出來！」的義務。[2]有些人頑抗到底，是不得不如此：對他們來說，口袋類似避難所或庇護所，是隱藏緊張情緒的地方。有些人則似乎更目中無人，綜觀十八、十九世紀，這些「禮教反叛者」頻頻用他們的口袋擺出挑釁的姿態。[3]從冷漠倨傲到滿不在乎，挑釁的程度取決於一個人轉動臀部的角度，和放鬆脊椎的程度。整體姿態愈慵懶愈好。

據歷史學家伊莉莎白・威爾森（Elizabeth Wilson）觀察，因時尚有著「嘲笑」禮教和「主流文化道德要求」的習性，這種小規模的反抗正是賦予時尚能量和顛覆性優勢的源頭。[4]然而時至今日，正式的儀態退出已久，手插口袋仍是溫文老練之士、煩惱的孤獨者和追求時髦之人都會採取的姿勢，並在流行資訊、廣告和各種類型的自我宣傳中屢見不鮮。是什麼讓這種姿態如此生動呢？它的魅力為何能歷久不衰呢？姿勢是史上最難以捉摸的話題之一，轉瞬即逝，以至於很難找回昔日人們那樣擺動身體的感覺，難以回想他們有多輕鬆或不適。不過，回顧許多對於男人這種輕率無禮、神氣活現的強烈反彈，讓我們得以追蹤這種特殊的「壞習慣」——也告訴我們許多關於口袋本身的事。[5]雖然口袋通常被視為一種有用的容器，讓我們可以隨身攜帶物品，而它也以雙手的港灣之姿，實現最令人驚訝的功能。

♣他「就這樣」把手擺在口袋裡

人們對手的懷疑比口袋的出現來得早，因為手總是不受拘束地探索自我和世界。尤其，人傾向用手來照料自己身體這點，催生出最早教人如何關注手的禮儀指南。希望灌輸一種嶄新且影響深遠的自我意識，教導人們應有的言行舉止；這些文本告誡讀者不要剔牙、抓癢或找蝨子之類的刺激物。一四六〇年一本指南提供特別直率的建議，「別把手伸進緊身褲襪（hose）裡，別抓你的囊。」[6]（「囊」〔codware〕是中世紀形容「陰囊」的俚語。）考慮到這些警告是針對年輕男侍提出的，而年輕男侍的職責包括供應餐桌上的食物，這種勸阻「抓」的警告似乎是明智的。但這類勸告的語氣愈來愈像被害妄想，[7]特別是喬瓦尼・德拉・卡薩（Giovanni Della Casa）在他一五五八年出版、影響深遠的《禮儀》（*Il Galateo*）一書中詳盡闡述的忠告。

論文開頭，德拉・卡薩就一心想要證明，習得良好舉止，進而獲得社交技能和聲望，不僅是避免做出一系列禁止行為的問題。人必須理解身體可能傳達的微妙訊息。他主張，姿勢就足以區分「令人愉快」和「不吸引人」的行為。[8]該避免的行為類別，包括「讓人想起不愉快事情」的每一句話，[9]以及任何會喚起「骯髒、污濁、憎惡或噁心」的動作。結束開場白，德拉・卡薩隨即援引他的規則，關於手的一條戒律，「在眾目睽睽下，把手放在令自己愉快的身體部位，這是一些人常有的猥褻習慣。」[10]讀者不明白他確切的意思——因為他先給了這個建議，才舉出一連串明顯粗魯的行為。[11]而德拉・卡薩對「手」是如此敏感，以至於在書中多次回到手的問題上，指出就連我們小解完回到餐桌後，也應避免在他人面前洗手，因為旁觀者很清楚洗手的**原因**。[12]

而男人又是為什麼非得把手放進口袋裡不可呢？這是很難回答的問題，也是在德拉・卡薩以為他已經搞定的很久後，仍持續爭論至今的問題。在尚・拉辛（Jean Racine）一六六八年的喜劇《訟棍》（The Litigants）中，一名正在為委託人受審做準備的律師，輔導時遇上難題。苦於培養不出可被接受的目擊證人，他不禁問：「你的手到底在你的口袋裡**做**什麼？」[13]就像那名律師，我們往往會在心智走向低俗時想像最壞的情況，也就是把口袋裡的手和手淫及放蕩的欲望連在一起。威廉・賀加斯（William Hogarth）在描繪一位好色的紳士時就做了這樣的聯想。這位紳士跟莫兒（Moll）及其他來到這座城市、顯然是想賣淫維生的女性眉來眼去（圖2）；而他放在口袋裡的手，

圖 2

一個惡名昭彰的老鴇兼妓院老闆，歡迎年輕的莫兒來到城市，希望引誘她開啟賣淫的人生。門口的紳士一手放在口袋裡，眼巴巴地望著莫兒，坐在馬車車廂裡的女人也期待地看著她。

《妓女的歷程》（A Harlot's Progress），威廉．賀加斯繪於一七三二年。

跟他色瞇瞇的眼神一樣引人遐思。這種嚴密監控手部活動的堅持，主要可以回溯到一股渴望，即避免任何不祥的暗示——德拉．卡薩相信，手的預測路徑和任何其他可辨識的動作一樣饒富意義。[14]到了十八世紀，禮儀手冊特別提到口袋，並且將手插口袋納入應避免的行為清單。只有「粗鄙的男孩」敢把手「塞」進口袋——一七五八年一本禮儀準則的編纂者這樣警告。[15]

反觀有教養的男孩，就知道不要做出任何會表現出他們對食物、性或暴力等獸慾的姿態，要克制，要自制，別毫不隱瞞地表達。[16]正如凱蒂．黛立凱在一八〇二年的投書中所反對的，公然觸碰身體不僅「沒教養」，而且只有「最底層的人才會這麼做」。[17]黛立凱的投書是寫給化名為山繆爾．桑特（Samuel Saunter）的《卷宗》雜誌（Port-Folio）編輯約瑟夫．丹尼（Joseph Dennie），他長期連載的「閒蕩的美國人」（American Lounger）系列探討「當前轉瞬即逝的話題和禮儀」。[18]丹尼刊出這封信，責備黛立凱如此關注男人的舉止，還強調她前後矛盾。「在女士面前」把手「塞」進馬褲裡的習慣，真的如黛立凱所說，只有下層階級才會做嗎？若是如此，那又怎會是普遍或流行的習慣呢？她這兩種說法不能同時成立，不能把**所有**男人都打入「卑鄙」一類。

黛立凱的矛盾說詞，反映出當時的文化極為在意構成一種流行姿態的原因。照理說，禮儀應該能區分菁英階級和「粗野的鄉巴佬」，[19]偏偏這裡的紳士卻會把手插在口袋裡進入舞廳。丹尼不理會黛立凱的反對，身為編輯，一切他說了算。[20]他似乎在嘲弄這種種對於手該放在哪裡的憂慮——反映了投書者的化名——太嬌弱了（delicate）了。

在丹尼看來，手插口袋的姿勢沒有什麼冒犯之處。丹尼，即桑特，吹噓自己「以一些對時尚**漠不關心**的人士為榜樣」。[21]他所謂「對時尚漠不關心的人士」，似乎是指所有那些自命為貴族，刻意表現自己無所事事、且表現得相當出色的閒人。這些男人有充分的理由認為，把手放進馬褲口袋是種優雅的姿態，因為這種姿態可追溯到昔日最早接受三件式西裝的朝臣。那些朝臣無視雙手該一直讓人看到的觀念，展現出禮儀規則與物質發展的衝突。新的衣服會邀請甚至迫使人們採用新的方式來支撐身體：外套疊在馬甲背心上，而釦子都在身前中央扣上，這種穿法有一個被忽視的影響：西裝更容易觸及身體了。

以往，最常見的「插手」姿勢是把右手塞進馬甲背心，[22]而馬甲背心的釦子會隨意解開到肚子。到了一六八〇年代，這種手插馬甲背心的姿勢，出現在雕版印刷和流行刊物中，描繪「太陽王」路易十四宮廷裡隨興但優雅的娛樂。閒站著熬過一場宴會或儀式，一如鞠躬或優雅地退出房間，都是身體的成就。這種舉止需要深思熟慮的策略，朝臣開始仰賴專業舞蹈大師的建議，於是，舞蹈大師的職權已超出舞步，還涵蓋編排日常微小但重要的動作。為了「輕鬆而不矯情地」在原地站穩，[23]舞蹈大師建議紳士把一隻手收進馬甲背心裡。以這種時尚人士傳播、專業人士支持的姿勢，貴族一派從容地站著，彷彿讓自己裹進一個寬鬆的懷抱裡。在英國，畫家把手插馬甲背心的姿勢

圖 3

《威廉・雪利肖像》（Portrait of William Shirley）。早在拿破崙・波拿巴（Napoleon Bonaparte）被描繪手插入馬甲背心的模樣之前，就有許多男性在肖像畫中採取相同的姿勢了。

湯瑪斯・哈德森（Thomas Hudson）繪，一七五〇。

當成流行的肖像畫公式，相信那能描繪出謙遜和含蓄的特質（圖3）。[24]

然而，男人並未將雙手局限在馬甲背心裡，很快就找到馬褲的口袋。尤其是路易十四在位最後幾年、宮廷儀式開始式微的時候，人們認為，展現脫離各種嚴格訓練的獨立自主是更有吸引力的事，而朝臣引領潮流，塑造了將成為十八世紀輕鬆愜意的典範，並傳過英吉利海峽的風格。如艾迪生在一七一一年《旁觀者》指出，「時尚圈變得自由自在多了；我們的禮節沒那麼拘謹了。沒什麼比令人愉快的隨意更時髦了。」[25]

在西裝為世人採用後的頭數十年，英美評論家認為這種手插口袋的姿勢源自法國朝臣及其模仿者，並批評它太花俏。不用多久，這種姿態便成為快速判別一種新城市類型的指標：在穿衣打扮上跟隨法國時尚的紈褲子弟和花花公子。有些嘲諷倫敦生活的文章，詳盡描述了這些追求流行男人的言行舉止。在一篇速寫裡，一位觀察者發現有個「傢伙從頭到腳撲了粉，雙手插在口袋裡，模仿巴黎時尚，哼著新小步舞曲」。[26]喬治・法誇爾（George Farquhar）一七〇七年的浪漫喜劇《花花公子的計謀》（The Beaux Stratagem）包括這樣的舞台指示：施計誘拐適婚女繼承人的年輕美男子應「以法國人的神態（行走）」。[27]一位困惑的觀眾指出，那位美男子「手擱在口袋裡，就這樣走路」。[28]在這些對於十八世紀早期生活的描述裡，這種姿態跟沒受過教育的粗野毫無關係，而是與追隨巴黎時尚息息相關。

十八世紀末的英國漫畫，進一步表現了手插口袋的姿勢與菁英分子的關係——有數量多得驚人的版畫描繪手放口袋裡的「馬卡羅尼」（macaroni，泛指一群崇尚義大利文化、打扮時髦的英國花花公子）。「馬卡羅尼」是年輕男子之間一種顯著的次文化，他們在歐陸壯遊期間，學會外國宮廷矯揉造作的時尚和舉止，就連這個稱號也是取自他們在義大利嘗到的美食*。當時的漫畫家會把畫作貼在窗裡供路人觀看，而他們一直在設法消除「法國的氣息」，最終以對「馬卡羅尼」的描繪贏得共鳴（圖4）。畫中，「馬卡羅尼」戴著高得離譜、撲了粉的假髮，穿著五顏六色的絲質西裝，且似乎花了太多時間在閨房裡照鏡子。當英國殖民地的時髦北方佬（Yankee Doodle Dandy）把一根羽毛插在帽子上（並稱之為「macaroni」）時，他們也是試著模仿「馬卡羅尼」的流行品味。

除了取笑哈法族的裝扮，漫畫家也嘲諷「馬卡羅尼」做作的姿態和情感。在一七七二年一幅標題為《你覺得我怎麼樣》（How D'ye Like Me）的版畫中，畫中人物腳尖朝前，擺出芭蕾舞的四位腳（fourth position），暗示他曾受過法國舞蹈教師的訓練（圖5）。[29]他用了貴族的配件，包括一頂正用手肘夾住的帽子，和一把掛在臀後的劍。但畫家似乎特別想諷刺這位朝臣備受譴責的性放蕩，運用身體部位和衣服上的視覺變化，來暗示「馬卡羅尼」可疑的性生活：他寬鬆的馬褲暗示陰戶的皺褶，[30]而斜掛身後、柄似陽具的劍，明顯用精緻的絲帶和流蘇裝飾。這種混搭暗示這個人八成是「雌雄同體」（hermaphrodite，在當時常用來指稱從事同性性行為的男人）。更令人玩味的是，這個人故意讓一手溜進豁開的馬褲口袋裡。這個口袋沒有對應身體的哪個部位，但這點似乎無關緊要；手插口袋的姿態就足以誇張地表現，他毫無節制的衝動和縱慾過度了。

手插口袋的姿態，不光是會讓人聯想到馬卡羅尼或今天可能被認定為酷兒的人。諷刺作家從更廣泛的角度觀察男性的弱點，將這種姿態視為任何帶有性暗示的虛榮展示象徵。當時已開始為生氣勃勃的媒體文化做出貢獻的女性評論家，也試著用格外辛辣的諷刺語來戳破這種虛榮。一八一〇年美國女性雜誌《仕女文集》（*Lady's Miscellany*）刊登的一篇文章就批評：男人把手伸進口袋時，好像在公共場合脫衣服：

> 這情況太常見了：每當時髦男士在散步時遇到女士，他一跟她打招呼，就會解開他小衣服（即馬褲）一側垂片的鈕釦（如果那原本有扣上的話），然後把手伸進口袋，單腳站立，另一條腿搖來晃去，開始交談。[31]

十八世紀到十九世紀初，馬褲沒有中間那片門襟，而是在腰頭扣上。要把手伸進設在臀部前鑲片裡面的口袋（而非現代褲子的側縫），男人可能得解開馬褲的一、兩個釦子，狀似脫衣（圖6）。一八〇三年，筆名安．萊福利（Ann Lively）的作者在寫給《費城文庫》（*Philadelphia Repository*）的投書中，指控「費城的花花大少」意在引起騷動；他們一心想藉由「展現自己的姣好外貌」來吸

* 譯註：macaroni 原意為通心粉。

圖 4

《版畫店》（Print Shop）。群眾聚集觀賞廣獲肯定的社會類型漫畫，包括「馬卡羅尼」。

艾伍德（J. Elwood）繪，一七九〇。

圖 5

《你覺得我怎麼樣》，一七七二。

圖 6

「全垂片」馬褲。

「垂片」即「前蓋」，鈕釦可以解開（馬褲沒有中間的門襟）。

引別人注意。[32]他們進入房間所做的第一件事是，「抓著自己的馬褲……一邊聊天說笑，一邊把鈕子解了又扣、扣了又解。」[33]

那些厚顏無恥地擺弄馬褲的男人，其實是在暗示調情想要達到的結果，使「端莊的女士……尷尬到臉紅」。[34]就像賀加斯描繪的色慾，一七七八年版畫《巴格尼威爾斯的美人》（The Beauties of Bagnigge Wells）中的男人，來到倫敦一座受歡迎的公園兼散步大道，流連妓女之間。這裡正是以這種約會著稱，而專注的雙手傳達了他的意圖（圖7）。這位男士的邀請極為直白，而妓女兩臂交叉，慎重考慮。同樣的姿態在最細膩微妙的求愛儀式中，可能完全改變整體氛圍。在一八〇八年這幅

7

8

圖 7

《巴格尼威爾斯的美人》，一七七八。

圖 8

《神祕對話》（Conversation misterieuse），《當今時尚和禮儀》（*Modes et Manieres du Jour*）第五十幅插圖。

菲利伯特．路易．迪巴寇（Philibert-Louis Debucourt）繪，一八〇八。

法國時尚插圖裡，這對男女乍看似乎在舉止端莊地散步，但觀者對標題「神祕對話」的色情內容一目瞭然（圖8）。兩人靠得很近，她的洋裝受到兩人臀部接觸的壓迫而撩起，他的手也使口袋鼓鼓的。

在和女士交談時雙手深埋在口袋、「身體晃來晃去」，也表明這個人刻意忽視禮貌的要求。公然提及性事曾在「馬卡羅尼」的漫畫中被譏諷為自我中心，但到了十八世紀末的工業革命時代，它卻被視為一種對抗。如同一位勃然大怒的旁觀者所說，那個走進咖啡館、目空一切、「宛如君主般摸索他馬褲」的年輕人，就深諳這個原則。[35]表達掙脫社會義務和限制的自由，是年輕人堅持自身權利的一種方式，尤其是在眾男子互相競逐影響力的公共集會場所。正如我們在MeToo年代再次被提醒的，男性權威常以這般明目張膽地表現惡行為樂。[36]

世人逐漸理解，一個男人的地位某種程度取決於他的儀態和他可以掌握的姿勢，這標誌著一個重大轉變。從人們可以記得的時代起，階級都是一目瞭然，並且服從「上級」也被視為理所當然。要判斷是否必須在街上脫帽或讓路，還是該以何種次序在餐桌就坐，都必須先知道你的相對地位，以及正確辨識出集會中任何「身分更優越」的人。然而，隨著嚴格的社會階層開始崩潰，社交場景也愈來愈令人困惑而難以應付。很多人尋求協助，查閱切斯特菲爾德伯爵（Earl of Chesterfield）極具影響力的禮儀指南。在這本指南裡，這位英國貴族活潑生動地探討在客廳這個殘酷競技場的潛規則。

切斯特菲爾德的指南，從他給私生子的一系列信件開始，這些信件後來被集結發表。希望兒子周遊歐洲宮廷之路能走得更順遂，切斯特菲爾德寄出焦慮的信函，提醒他從穿衣到如何談話等一切事宜。伯爵強調，與人相處時保持冷靜、表現出沉著和自信非常重要。為避免在社會權勢階級中失去立足點，必須證明你不會為任何位高權重的人「目眩神迷」。[37]切斯特菲爾德透露，自己親眼見過多少男人在上級面前「渾身發抖」。[38]在他看來，發抖不只令人難堪，還會導致某種社會「抹殺」，[39]一旦被抹殺，就可能永遠無法復原了。要表現出絕不為誰目眩神迷，這種能力要以自己的身體為中心——你需要看起來放鬆而鎮定，才能在「言行舉止上」表現出「極吸引人的愜意」。[40]

切斯特菲爾德警告，這種無所謂的態度，很容易表演得太過火。（他告誡：你不該「鬆開吊襪帶」和「躺在沙發上」。）[41]只是，一旦投入這種印象管理的高風險遊戲，很多年輕人就迷失方向了。還有什麼方式，比表明你可以操縱自己的衣服，為你所用——鬆開吊襪帶，證明你是不容置疑的衣服「所有人」，而非衣服的「囚犯」——更能展現自信呢？[42]一七九七年的禮儀喜劇《法律繼承人》（The Heir at Law）就演出很多這樣的情節。意外獲得一筆遺產後，年輕的狄克．道拉斯（Dick Dowlas）告訴父親，他知道穿著新買的華服該有怎樣的舉止了，「無精打采，就是這樣。」[43]這個虛構的道拉斯，一如費城《卷宗》雜誌的編輯約瑟夫．丹尼，出身卑微。他也以「漠不關心的時尚」為榜樣，在他的例子，指的是他在倫敦龐德街見到的那些趾高氣揚的花花公子或紈褲子弟，僅因風格出眾就要求更高的社會地位。[44]道拉斯有信心能成功塑造那種外表，知道他只要「懶洋洋地靠著」、雙手「塞」進口袋，就能表明他走在流行尖端，是「十足的花花公子」（圖9）。[45]正如他向其心存懷疑的父母解釋的，「這就是流行啊，父親；這就是時髦的愜意。」[46]

圖 9

這位紈褲子弟一派輕鬆地走出紡織品店或裁縫店。一如花花公子，身為消費高手的他，知道如何「依照四周被讚頌的時尚來控制他的雙手和步態」。[51]

《時髦的紈褲子弟》（A Fashionable Fop），一八一六年。

圖 10

這位「品德高尚」的年輕人手放在馬甲背心裡，是中產階級負責任又自制的表率。

法蘭克·費格森（Frank Fergurson）《給年輕的人知識、美德和快樂指南》扉頁的圖畫，一八五三。

♣為民主黨人打造「時髦的愜意」：惠特曼與閒蕩者

花花公子和紈褲子弟的貴族氣質雖然長久受人崇拜，但到了十九世紀初，逐漸遭到懷疑——尤其是在甫創建且厲行平等主義的美利堅合眾國。就像「冒牌的銀叉子（silver-forkishness of pretenders）」[†]，任何裝模作樣的人都會被「嘲笑」，詹姆士·菲尼莫爾·庫珀（James Fenimore Cooper）在一八三〇年一篇探討美國人儀態的文章裡這麼說。[47]意欲設計一八六〇年《完美紳士》（*The Perfect Gentleman*）裡所稱的「美國準則」——提出民主參與公共生活的希望，同時拒絕徹底的妄自尊大——[48]一系列如排山倒海般出版的禮儀指南，試圖教育這個移民國家該有怎樣的言行舉止。其主要為中產階級的作者主張，美國人不應以舞蹈大師偏愛的姿勢洋洋自得，而該以含蓄克制的冷靜自持取代矯揉造作。[49]在《給年輕的人知識、美德和快樂指南》（*The Young Man's Guide to Knowledge, Virtue, and Happiness*）扉頁描繪的嚴肅人物，就謹記這個忠告：他已經屏棄早期花花公子或紈褲子弟的慵懶（圖10）。他挺直身軀、手放在馬甲背心裡，非常刻意地借用了十八世紀紳士內斂拘謹的姿態。

但很多男人仍持續試驗一派輕鬆、「滿不在乎的外表」。[50]而其中表現最吸引人的莫過於閒蕩者了。一般相信「閒蕩者」（loafer）一詞是美式詞語，創於一八三〇年代，涵蓋各式各樣的社會類型，從碼頭的閒蕩者到文學的閒蕩者不一，[52]因其不順從的感覺被十九世紀的觀察家不嚴謹

† 編按：諷刺仿冒貴族作派的人。

地集合成一個群組。然而，真正達成突破的，是遊蕩者最具影響力的倡導者——華特・惠特曼（Walt Whitman）：他證明人可以展現貴族無憂無慮的華麗、展現貴族的權威和風采，卻不會被嘲諷為冒牌的銀叉子。從這股遊手好閒的吸引力——也從惠特曼吸收和改變姿態的方式——出現了手插口袋這種隨興姿勢的二十世紀變體。

閒蕩者起初會讓人聯想到窮途潦倒的人。在美國旅行期間，查爾斯・狄更斯（Charles Dickens）曾抱怨，每當驛馬車換乘時，總會有兩、三個半醉不醒的閒蕩者出現，雙手插在口袋裡，懶洋洋地閒晃出來。[53]狄更斯心中所想的，是那種雙手深插口袋、頹然低頭的閒蕩者——正如教育家喬

圖 11

《鄉下人物》。

喬治・加勒伯・賓漢繪，一八四七。

圖 12

《閒蕩者》（The Loafer）。

收錄於《犯人的朋友》（*Prisoner's Friend*），一八四七。

圖 13

華特・惠特曼的肖像畫，用於惠特曼詩作《草葉集》第一版的卷頭插畫。

薩繆爾・荷利爾（Samuel Hollyer）依加百列・哈里遜的銀版攝影相片雕刻，一八五五。

治・加勒伯・賓漢（George Caleb Bingham）筆下作品《鄉下人物》（*Village Character*）所描繪的那樣（圖11）。這個版本的手插口袋姿勢，清楚表現出未受教育鄉下人的特徵，也常用在流行插畫裡，來表示討人厭的城市人物：醉漢、失敗的生意人、埋伏在街角的可疑分子。

但並非所有閒蕩者都因沮喪或失敗而無精打采。圖12這幅插圖畫了一名閒蕩者一臉無所謂地靠在一根樁上，引起中產階級觀察者的興趣。他們在他身上看出某種令人崇拜的尊貴。這樣的閒蕩者卓然出眾。一位記者認為這名閒蕩者正向拒絕他的世界展現敵意和輕蔑，而他在其中感受到某種「光榮」的特質，認為他這等「去死吧」的無禮帶有浪漫。[54]他的姿勢看似直接針對那種讚頌雄心壯志、努力奮鬥的文化，也就是班傑明・富蘭克林（Benjamin Franklin）等人宣揚的自我提升、勤勉不懈的世界。惠特曼顯然認同這種拒絕，在他劃時代的詩作《草葉集》（*Leaves of Grass*）的開頭幾行寫道，「我傾身，悠然觀察一片夏日的草葉。」[55]

惠特曼也展現了閒蕩者的光榮敵意可能是何模樣（圖13）。[56]這幅知名的《草葉集》卷首插畫其實誕生得很偶然：一八五四年一個炎熱的七月天，

圖 14

愛默生肖像畫。應是臨摹愛默生的照片繪製。

艾略特和弗萊（Elliott and Fry）繪，一八七三。

惠特曼穿著他的工作服——帆布褲，只穿襯衫，既無背心也沒有西裝外套——優閒地在街上漫步。[57]那年他短暫脫離新聞工作，和父親及兄弟一起當木匠，他偶爾會出現刨木、敲釘；其他時候則飄去做白日夢和寫作。加百列．哈里遜（Gabriel Harrison）在他布魯克林攝影棚的門口看著行人來去時，發現這位木匠兼詩人，遂大聲喊他的朋友。他說：「來吧！」邀請惠特曼到他店裡。「我想找點事情做。」[58]結果，哈里遜的百無聊賴，加上惠特曼願意逗人開心，生出了一幅流芳百世的圖畫——一個成功的美國叛逆者的珍貴形象。

惠特曼很喜歡他拍出來的照片，「很自然、誠實、從容：就跟你、跟我，在我們一起說話的這一刻一樣真情流露。」[59]哈里遜的銀版攝影後來找人雕刻，而惠特曼在其餘生都拿它的某種形式用於《草葉集》的每一個版本。他在書的前言中並未署名，讀者首先面對的，是一張與眾不同的前扉頁肖像。這張他後來稱為「街頭人物」的照片，似乎是在戶外拍攝，因為他還戴著帽子。[60]照片以惠特曼的軀幹為中心，把詩人表現為一個樸實、平凡的勞動者，且如惠特曼所形容，「混亂失序、有血有肉，又充滿感官。」[61]惠特曼沒有站得直挺挺，而是以類似的瀟灑角度斜著帽子、眉毛和臀部，也沒有把體重平均分給兩腿。他一手叉腰、一手「懶洋洋地插入口袋」，[62]堪稱自信的典範，兼具深思的神情與幾乎壓抑不住的性感。

然而，就連惠特曼也曾有自我懷疑的時刻，擔心這幅肖像畫可能會被誤解，也擔心自己定調錯誤。他對那挑釁的氣息感到遺憾。根據惠特曼的說法，他看起來好像在「叛逆地說：你去死吧！」[63]，早期的讀者和評論者也同意。他們覺得這幅畫像令人不安，並且相當惹人反感。《倫敦評論家》(*London Critic*)一位評論員的看法相當典型，「這個人是他書的真正化身——粗魯、粗野、粗俗。」[64]惠特曼記得，「它引發強烈抨擊。批評它的砲火猛烈。」[65]惠特曼手插口袋的姿勢喚起的形象，與熱烈支持他的愛默生後來一張相片，所展現的高雅文學形象相去甚遠。愛默生坦承，雖然「卷頭肖像畫看起來不太妙」，他還是讀了《草葉集》(圖14)。[66]

對二十一世紀的當代觀察家來說，惠特曼的卷頭畫像感覺很熟悉，反倒是維多利亞時期正襟危坐的模特兒有點陌生。惠特曼是如何做出這個彷彿未卜先知的文化調整？儘管惠特曼提到這種

圖 15

《包厘街男孩的生活一面》(A "Bowery Boy," Sketched from the Life)。

刊載於《法蘭克・萊斯利畫報》，一八五七年七月十八日。

自我展現並未經過審慎考量，但他確實進行了某種策略性且極富民主精神的借用。批評家和惠特曼自己都指出，他拒絕擺出文人雅士的穩重姿態。他沒有嚴格地約束自己，而更接近閒蕩者、街頭混混、無賴和受工人階級文化崇拜的「包厘街男孩」（Bowery Boys，如這個暱稱暗示，他們會在下曼哈頓的包厘街區溜達）。就像在《法蘭克．萊斯利畫報》（*Frank Leslie's Illustrated Newspaper*）描繪的包厘街男孩，惠特曼透過把手插在口袋裡，來強調自己的土味俗氣（圖15）。有證據顯示，惠特曼積極刻意用圖畫塑造詩中那位性感自信的化身。這是長期不為人知的祕辛：惠特曼在第一次印刷時曾「一、兩次」請求，對原版雕刻肖像進行「細微的改動」，強調褲襠的隆起。惠特曼想要的潤色反映了他宣稱的這件事：他其實是個「身材好、傢伙大的男人」。[67]

儘管惠特曼欣然接受包厘街男孩的性挑逗和性魅力，但他們並非那幅肖像畫的唯一源頭。如他在《草葉集》裡用不同方式證明的，惠特曼明確地企圖「找到一種前所未有、與自然最美好事物比肩的從容姿態！」[68]，惠特曼沒有插進口袋的那隻手，並未握起威脅的拳頭。他全身的姿勢比包厘街男孩還要放鬆；他突出的臀部不帶侵略性，只有一種慵懶的愜意，讓人想起如希臘的《斜倚的薩提爾》（The Leaning Satyr，圖16）裸體立像。將粗俗帶入與理想之美的對話，是塑造非主流優美風尚的一種方式，也是中世紀禮儀指南支持的方法。既然宮廷已名譽掃地，舞蹈大師又被指責鼓勵陰柔氣質，或許要在「無意識的古希臘雕像中」才能找到「真正的紳士風範」，一八六〇年的《禮儀圖鑑》（*Illustrated Manners Book*）這麼推測。[69]

這種表面「無意識」的姿勢還有其他源頭，而時間和地點都離家更近。孩子還沒有學會從宮廷傳承至今、且由傳統主義者廣為傳播的禮貌。男孩尤其不擅長守規矩；男孩莽撞任性、不受約束的自由，在整個英美文化都備受讚譽，他們的自主與自信更象徵國家的健康。[70]伊士曼．約翰遜（Eastman Johnson）一八六〇年的《赤腳男孩》（*The Barefoot Boy*）（後為路易・普朗〔Louis Prang〕改編成他最暢銷的印刷品之一）就是典型的例子（圖17）。惠特曼想在詩作及生活中忘卻的社會期望，圖中的男孩根本渾然不覺。惠特曼也承認，他希望「（拋棄）偽裝和儀式，帶著兒童般的自信和快樂向前行」。[71]

很明顯，這些跟惠特曼品評他卷頭畫像的措辭「誠實、從容、真情流露」如出一轍。[72]惠特曼的姿勢之所以看來自然且真情流露，部分正是因為它的粗野昭然若揭，而在維護中產階級體面的人眼中，這正是癥結所在。不要「放任」自己落入「閒蕩者的命運」——禮儀指南愈來愈急迫地提醒，因為事實愈來愈明顯，這是「一種在各方面都引人注目、獨樹一幟且帶有某種無憂無慮華麗氛圍的風格」。[73]面對這些懇切的告誡，惠特曼和閒蕩者們仍成功證明，閒蕩者的風格值得崇拜模仿。經由溯及希臘人，又提到孩童的「自信和快樂」，惠特曼為民主黨人營造了一種時髦的愜意。他一手插在口袋裡，我們可以說他是「天生貴族」。[74]

♣現代的時髦姿勢

承襲自德拉・卡薩等頑固派，對於「手該放哪裡」的憂慮持久力十足。[75]一直到十九世紀末，都有焦慮的母親和教師把男孩的長褲口袋縫合起來，避免「他們輕率地把手放進口袋裡」。一八九五年，在英國哈羅（Harrow）的寄宿學校，所有男孩的口袋仍被縫上，詹姆士・喬伊斯在他一九一六年出版的《一個青年藝術家的畫像》（*The Portrait of the Artist as a Young Man*）中就提到這件事：史蒂芬「宛如跑者把兩手僵硬地擺在身體兩側，從未放進口袋」。[76]但隨著維多利亞時

圖 16

《斜倚的薩提爾》（Anapauomenos），一般認為是普拉克西特列斯（Praxiteles）的作品。為羅馬時期複製品，仿西元前四世紀之希臘原作。

圖 17

《惠蒂埃的赤腳男孩》（Whittier's Barefooted Boy），普朗公司印刷，仿伊士曼・約翰遜之作，以約翰・格林里夫・惠蒂埃（John Greenleaf Whittier）的詩為藍本，一八六八年前後。

圖 18

三名女子穿著長褲擺姿勢拍照。

《小伙子們》（*Fellows*），六英寸照片，佛蒙特白河匯口，一八九〇年前後。

代落幕，似乎人人不約而同鬆了口氣，自此，惠特曼和閒蕩者愉快塑造的落拓不羈逐漸蔚為流行。二十世紀美國的禮儀權威艾蜜麗・普斯特（Emily Post）在一九二二年抱怨道：人穿得愈來愈隨便、伸開四肢躺在又厚又軟的安樂椅，跳舞時也不是「優雅滑行」，而是有如在高爾夫球場上「大步跨走」。[77] 但就在紳士們流連客廳，不分男女、三五成群、談天說地的同時，愈來愈多男士把手放進口袋裡。衛道人士告誡紳士要戒除這種「可憎的惡習」。[78] 但儘管有人諄諄教誨，還是有愈來愈多不屬於閒蕩者也不屬於波希米亞圈子的男人，仰賴這種姿勢來展現時髦的愜意。

就在這時，有些妒忌冒出來了。女性開始問，為什麼她們不能表現這種「俚俗的滿不在乎」。[79] 趾高氣揚的年輕男子並非「天生貴族」；他們仰賴區分性別，直到那時仍**看似**自然的服裝傳統。反觀女性，除非穿上褲子，否則依舊無法實現類似輕鬆的愜意。

一八九〇年，為了證明手插口袋的姿勢特別依賴男性服飾的特徵，三位來自佛蒙特州白河匯口的年輕「小伙子」拍了一張照片（圖18）。或許是為紀念她們在大學或業餘戲劇中扮演的男性角色，這群朋友刻意模仿年輕男性的穿著與神態。她們輕鬆活潑、泰然自若，與其說是模仿，不如說是一種自然而然的表現。站在人造樹墩兩側的女子把腳抬到上面。兩人也都找到一個口袋，把手伸進去。透過女扮男裝，三名女子營造出一種傲慢的感覺——那是身穿一八九〇年代的緊身褡和通常無口袋的長裙時，難以實現的。這些反串的女子顯然興高采烈，不是因為她們有機會穿褲子，而是因為穿了褲子才能擺出某些姿勢與態度。這表示手插口袋的姿勢太有用處，一定會遭到女性竊用。誠如《紐約論壇報》（*New York Tribune*）在一九一三年反映，很多女性想要「像她的兄弟那樣，手放口袋裡在大街晃蕩」。[80]

進入我們這個時代，儘管手插口袋的姿勢不再被稱作男人的「下流時尚」，人們仍在談論它

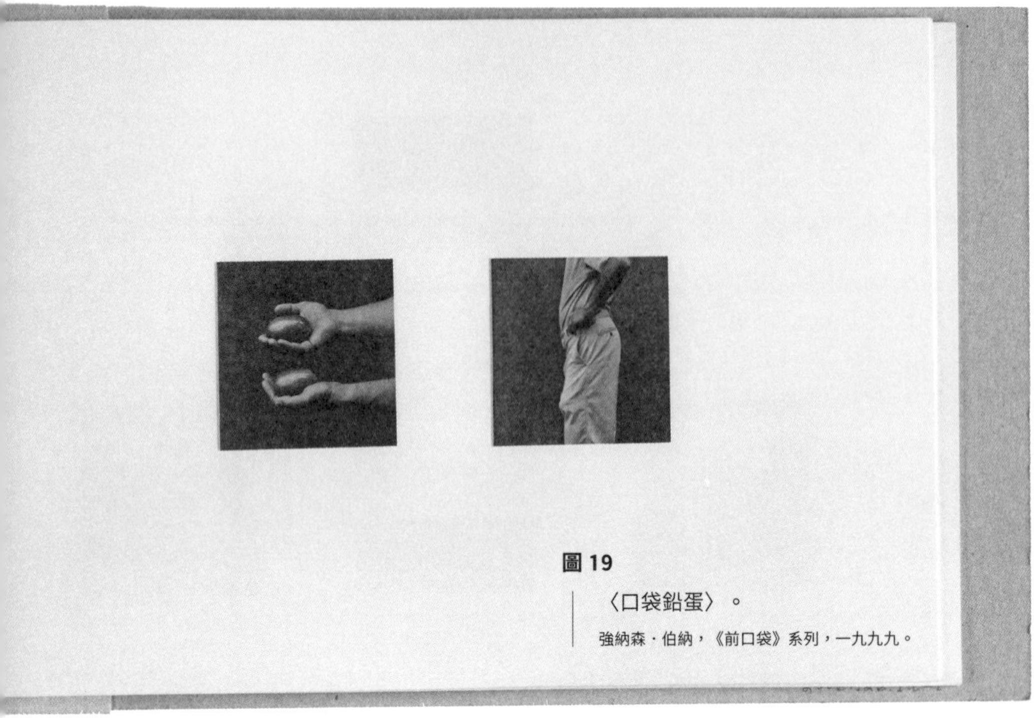

圖 19

〈口袋鉛蛋〉。

強納森・伯納，《前口袋》系列，一九九九。

的不雅。手、口袋和生殖器之間的關係，仍不時讓我們猶豫，雕塑家強納森・伯納（Jonathan Bonner）一九九九年故作嚴肅的作品《前口袋》（Front Pockets）就闡明了這個現象（圖19）。在這個系列，伯納創作了雙雙對對看似具有功能、實為異想天開的物體，他解釋說，那些是「做來放進你的長褲口袋，隨身攜帶的」。[81]這些虛構的產品是為了讓它們的主人感到不自在，例如〈口袋氣囊〉（Pocket Air Bags）會充氣膨脹、〈口袋冰山〉（Ice Pocket Mounds）會產生令人尷尬的融化。在記錄這些工具使用狀況的附照中，伯納凸顯了它們會怎麼尷尬地擾亂無褶卡其褲的輪廓。就像一個人的手或龐大的皮夾，〈口袋鉛蛋〉（Lead Pocket Eggs）會形成不雅觀的凸塊（圖19）。伯納證明從前口袋突出的物體，會如何戲劇性地改變身體的外觀，進而改變當

事者向他人展現的形象。

由於口袋會不得體地讓我們聯想到身體的部位，卻忘了對於手該放在哪裡的詮釋，是來自禮儀以外的領域。自古以來，人們明白手是語言的重要幫手，表現力僅次於臉。誦經台、講道壇和政治集會上的演說家，以及演員和畫家，都特別研究過手的表達方式，希望做出正確的手勢變化來說服他人或表現情緒。與此同時，人類學家、語言學家和心理學家詳細勘測手和語言交融的韻律，分析非言語溝通在社交互動中的衝擊。從業人員和學者都將手勢分成兩大類：象徵性的，例如豎起大拇指；或者較「意象性的（imagistic）」，例如像芭蕾舞般抽象，用來強調語言節奏的動作。[82]不用說，不管是哪一類，要比出手勢，手都必須被人看見。手具備交流功能，因此，人們不禁懷疑，手插口袋這種靜止不動、把手藏起來的姿勢，算不算是有意的表達。但對觀者而言，這種姿勢當然很顯眼。人們會關注他人的手勢和姿態，來判別他人的心情或接受程度；如果你關注的對象坐在那裡「腰墊著枕子、背靠著椅子、手插在口袋」，[83]你一定會注意到的（真是個自大的傢伙！）。或許正因我們如此深切期望手能幫助溝通，看不到手，就跟任何手勢動作一樣，會給人豐富的聯想。

重要的是，手插口袋這個姿勢的意義，來自手與衣服的互動。這種合作非比尋常：多數情況下，手的姿勢不會利用物體，也不需要道具。如果有兩個人進行對話，其中一人扯了一下或重新整理衣服，或是拿起咖啡杯就口，另一人通常會忽略這些舉動，或認為那是免不了的。[84]然而當對方把手放進口袋，連帶改變臀部和脊椎的傾斜度，我們就會把這種種姿勢解讀成故意、明顯經過考量，甚至矯揉造作。要評估對方的身體語言僅需幾分之一秒，而在這不到一秒的時間裡，我們觀察、評價又試著解讀任何看在眼裡的細微差異。一旦發現手受到拘束，便將這種拘束感轉譯成其他印象，並發揮跳躍式的想像力，推測這種態度反映這個人很難搏感情，或者心思已不在這裡。[85]

在群體中展現自己很難交心，或許是一種特別有用的策略；社會學家格奧爾格．齊美爾（Georg Simmel）就在研究城市生活時思索了這一點。有意描繪他在十九、二十世紀之交觀察到的「大都會的漠然」——人們集體決定在公共場合互相忽視——齊美爾鑑定出都市人用來阻絕自己避開他人期望與要求的方法。例如，有一種關鍵策略是在遇到陌生人時不要看對方的臉。不注意的方法林林總總，而你可以說（雖然齊美爾本身沒有提到），把手放進口袋也有助於塑造想像中「事不關己的地盤」。[86]

長久以來，那種事不關己被理解為政治性的。如同切斯特菲爾德在十八世紀告誡他兒子的，一副無所謂比向社會「權貴」鞠躬哈腰來得好。延續這一觀點，社會學家皮耶．布赫迪厄（Pierre

圖 20

W. E. B. 杜波依斯攝於一九〇〇年萬國博覽會。

Bourdieu）也認為，一個人在他人面前如何維持或整頓自己的儀態，不應被視為日常互動中無足輕重的細節。[87]一個人的舉止反映了社會秩序——可能是延續之，或抗拒之。當W．E．B．杜波依斯（W. E. B. Du Bois）在一九〇〇年萬國博覽會拍照時，刻意不擺出恭敬的樣貌（圖20）。他來巴黎是為首次展示他記錄非裔美國人成就的照片選集，而他穿著阿斯特（Astor，美國富豪世家）和阿爾伯特親王（Prince Albert）的馬甲背心，展現高貴時尚。[88]不同於惠特曼，杜波依斯擁抱正式服飾，戴了惠特曼可能會鄙視的硬挺衣領。但藉由讓雙手深埋口袋，強調他的愜意與沉著。

杜波依斯在這張照片的姿態反映了自主權和堅定的自若。對許多人來說，他們的態度成了一種常被形容為「酷」的防護盔甲。把手放在口袋裡，有點像在晚上和舞台上戴墨鏡，傳奇薩克斯風手萊斯特．楊（Lester Young）就（首開先例）這麼做。[89]「酷」（cool）這個字的現代用法，也是他在一九三〇年代晚期創造的。楊拒絕秉持路易斯．阿姆斯壯（Louis Armstrong）等黑人音樂家親切友好的形象，選擇空白和冷淡，塑造出一種廣受崇拜的叛逆風格。這種叛逆感源於與爵士樂場景密不可分的美國黑人創新人士，且隨著其他樂手、藝術家、電影明星、垮派青年（Beatnik）和年輕反叛者融入其元素，很快傳播開來。歷史學家喬爾．迪納斯坦（Joel Dinerstein）寫道，這些「酷人物」代表世俗民主消費者社會裡的「文化貴族」；[90]這樣的社會，已經幫那些開創個人美學途徑或藝術視野的人士提升了地位，賦予從亨弗萊・鮑嘉（Humphrey Bogart）到王子（Prince，歌手）等風格先驅浪漫的形象。

疏離感是這類局外人姿態中的一個可辨識要素，而口袋是關鍵的配件。把手「恰到好處」地放在口袋裡，有助於凸顯一個人的性感魅力和神祕感。幾百年來，這種姿態在性與心理的範疇間來回擺盪，不僅沒有失去意義，反而愈加豐富。儘管把手塞進胸前背心裡的姿勢，現在顯得老派到無可救藥，手插口袋卻流行至今。它普遍存在於各種媒體，其中最重要的也許是時尚影像，也就是當年它首次出現的地方。模特兒的厭世姿態，有時比他們穿的任何一件衣服都來得更具辨識度。時尚攝影大師漢姆特・紐頓（Helmut Newton）一九七五年拍了一張著名的照片，照片人物穿著聖羅蘭（Yves Saint Laurent）的「吸菸裝（Le Smoking）」，別開目光、手插口袋——疏離、輕蔑之體現。聖羅蘭的繆思女神凱薩琳・丹妮芙（Catherine Deneuve）相信「吸菸裝」能提升自信及性自主，也賦予「改變」個人姿態的絕佳機會。

就連我們這些並未嚮往靠時尚出名的人，也會發現自己的手插在口袋裡。我們完全沒有刻意想表達什麼，就是會在和鄰居或同事商量時這麼做。口袋讓你的手有點事情做。那可能非常有用，比如你人在某個聚會，意識到雙手可能會洩露你的緊張情緒時。如果那感覺不由自主，多數人似乎知道如何在需要時讓它變得更像「擺姿勢」，就像過去朝臣、閒蕩者和時尚達人那樣。這種知識通常不會擢升到「意識決定」的層次，但正因如此，手插口袋也不該僅被理解為隨便或放鬆的姿態。不管有多微弱或多遙遠，看到這種姿態，我們仍會想起貴族特徵的誘惑、公然性表達的衝擊、對禮教的刻意漠視，以及拒絕順從同伴的態度。

CHAPTER

4

口袋的性別歧視

「我們為什麼反對女性有口袋」

當自學的巡迴畫家艾米・菲利浦斯（Ammi Phillips）在新英格蘭的小鎮，向準客戶宣傳他的技藝時，不僅強調自己擅長寫實畫風，也強調他了解且能提供國際流行的時裝和配件。[1] 他說到做到，幫來自紐約奧爾巴尼的七歲女孩海莉・坎貝兒（Harriet Campbell）裝扮了一番：粉紅色宮廷風洋裝、緞帶拖鞋、陽傘和一只手提袋——這可能是時尚手提包的第一個化身（圖1）。同年，他也提供另一位同名的青少女海莉・李文斯（Harriet Leavens）同一套服裝——在我們看來，那確實比較適合年長一點的女孩。不過，菲利浦斯嚴肅且尊重地對待年幼的坎貝兒：她看起來當然

圖 1

〈海莉・坎貝兒畫像〉。

艾美・菲利浦斯繪，一八一五年前後。

不像在化妝箱裡挖出母親捨棄的手提包和太大雙拖鞋的樣子。她顯得異常從容，以堅定的眼神凝視觀者，一邊眉毛稍稍揚起，老練、愜意地抓著婦女參政權支持者後來稱之為「奴役徽章」的提包。[2]

海莉的高腰洋裝是使那些可靠的同伴——紮綁式口袋——瀕臨絕種的罪魁禍首。[3]十九世紀初期，女裝的理想是頌揚那些身披薄紗、宛如希臘女神的人，而那種薄紗衣裙會以柱狀線條垂下，模仿希臘神殿的建築式樣。[4]這類洋裝最有傷風化的部分通常緊貼身體，因此內衣的數量逐漸減少。如此一來，體積龐大的紮綁式口袋便無處容身。[5]為彌補此缺憾，女性開始攜帶人稱「手提包」（reticule）的小袋包——[6]這個詞沿用法文「réticule」，衍生自拉丁文「reticulum」，意思是極小的「網子」。如同其名稱由來，最早的手提包看來就像羅馬女性佩戴的抽繩網狀袋包。手提包掛在女人的手腕上，有時一路垂懸到腳踝。一八一七年時，一個倫敦人好不驚訝，現在的女人「用手拎著口袋行走」。[7]

長久以來，女性的口袋就與男性不同。但當女性開始用手提式容器來攜帶日常用品，人們突然注意到兩性的差異。一八二八年，女性期刊《美人集會》（*La Belle Assemblée*）在談論「口袋問題」引發的「強烈興趣」時思忖道，這些「嚴肅的物品……已引發嚴重的分歧」。[8]儘管從過去到現在，對於兩性口袋差異的描述，經常披著幽默或輕微傲慢的外衣，但其核心有一個嚴肅的問題：為什麼男裝上處處是縫入的口袋，女裝上卻少之又少？當女性的服裝趨向現代，卻仍然沒有實現任何平等的目標，她們開始更加堅決地提出這個問題。有人懷疑，「準備」這件事情與性別政治息息相關，特權竟然可以縫在褲子裡，這種論調點燃了一場延續兩百年的性別代理戰爭，至今仍持續延燒中。

♣女性的口袋來來去去

十九世紀初的報刊讓讀者見到對於新時尚的輕蔑描述，特別斥責女性默許「沒有口袋、極為不便的習俗，愚不可及」。[9]指控繼續說，女性更願意放棄自己身為消費者的自主權，而非挑戰時尚。《每週訪客》（*Weekly Visitor*）在一八〇六年報導了這麼一位時尚追隨者所經歷的磨難。那是一個年輕女性，對某小販販賣的商品很感興趣。她想買，但得承認她不能買，因為她身無分文。原因？她沒有口袋。由於亟需顧客，那名小販只好跟著那名毫無準備的女子回家收錢。[10]一七八九年一張素描的語氣就沒那麼寬大為懷了。標題為「時髦又方便!!」（Fashionable Convenience!!），它描繪一名幼童要錢買蛋糕。母親回答「孩子，你真的講不聽欸，我不是跟你講過一百次了，我身上從來沒有口袋！」（圖2）。潮流怎麼說，女性就怎麼做，不惜以損害便利為代價，就連像是請孩子吃甜點這等小卻饒富意義的事情都可以犧牲。

當女性試著拿手提包當成口袋的實用替代品，世人對她們的嘲弄並沒有好轉。拎著手提包，女性等於是把曾為私密配件的口袋暴露出來。先前口袋被歸為內衣類，[11]因此在很多人眼中，展示口袋是不得體的表現。一八〇〇年一幅插畫嘲笑女性不實用的服裝選擇，就清楚揭示了這種關聯（圖3）。圖中，時髦的仕女穿著「冬裝」，戴著遮住視線的花帽，透明的洋裝既暴露裸體又無法禦寒，手提包在她們沒穿襪子的腿邊愈晃愈低。英國人很快故意把「réticule」這個代表時尚配件的法文錯讀成「ridicule」（嘲笑），[12]還拿它嬌小、不實際的尺寸玩雙關語，說它「indispensable」（不可或缺）。

紮綁式口袋後來逐漸與較傳統的女性、勤勉的家庭主婦和「老太太」的習慣聯想在一起。[13]主婦會把一切所需之物都放進去。它們是「誠實」又有用的容器——很多哀嘆其絕跡的悼詞都這麼說。[14]一七九六年，一位母親寫了封信給兒子，提到其中牽涉的政治：著名的德拉威之瑞吉利夫人（Mrs. Ridgely of Delaware）警告，別娶那些拎手提包的女人，也就是俗稱的「反口袋人士」。為證明自己的觀點，她拿兒子的姊妹跟一位迷人、「假笑」的年輕訪客比較，這位訪客自稱看到瑞吉利姊妹忙著縫紉很驚訝。假笑的訪客自以為是地宣稱，她身上從不帶剪刀、頂針或針線，「因為仕女佩戴兩個口袋是好可怕的事——法國仕女絕不做這種事。」[15]時髦女性不再使用紮綁式口袋，這等於否定傳統女性的手工藝，而對麗潔莉夫人來說，任何這樣的年輕女子直接失去嫁入其家族的資格。

然而，世人對窄版女神洋裝的迷戀非常短暫，到了一八二〇年代，女性的裙子又變寬了。有些女人回去佩戴紮綁式口袋（終於又合身了），但很多女性開始實驗在洋裝臀部側縫處縫入男性風格的口袋。一八五〇及六〇年代，嵌入式口袋一度安置在寬鬆裙子裡。但這樣的試探沒有蔚為流行。當有裙撐的鐘形裙過時，女性的口袋便以恣意且意想不到的方式遷移。到了一八七〇及八〇年代，洋裝的前面變平坦，裙子被推到後面，在臀部形成巨大的裙撐（圖4）。裁縫師竭盡所能，找到體積最大的區域，在懸臂式裙撐的褶層裡放了單一個口袋。

一位作家抱怨道，口袋這樣被巧妙地塞在所有褶縐底下，好像埋進一個人的「最深處」。[16]恐怕比「天堂」還難找。[17]一位女性指出她從穿過的禮服回收利用衣料，[18]結果令她驚訝：她發現了一個完全沒用過的口袋，那藏得如此狡詐，根本不知它的存在。把手伸進這樣的口袋得大費周章、扭曲身子。作家T．W．H一八九三年在《哈潑時尚》裡寫道：口袋在需要時「根本派不上用場」。[19]她提到一次惱人的經驗：一個馬車服務員不耐煩地等著收她的車資。當她扭過身，在裙

圖 3

女性攜帶手提包的景象引人訕笑，「男士把手插在偌大的口袋裡，女士卻把口袋拎在手上。」[16]

《一八〇〇年穿冬裝的巴黎仕女》（Parisian Ladies in Their Winter Dress for 1800），約翰・考斯（John Cawse）繪。

圖 2

我沒辦法給你錢買蛋糕，這位母親告訴她的孩子。「我告訴過你一百次了，我身上從來沒有口袋！」

《時髦又方便！！》伍沃德（G. M. Woodward）繪於一七八九年。

圖 4

時裝插圖，標題為「巴黎時尚」（Les Modes Parisiennes）。

刊於《彼得森雜誌》，一八八五年十一月。

撐裡盲目摸索她的錢，他和一長排等待的乘客紛紛要她找快點。「我的口袋在南波士頓，怎麼快得起來？」她忿忿不平地回嘴。[20]

T・W・H不禁納悶，當代的服裝是否限制了**一整個**性別的活動力：如果進行一項「統計調查」來比較男性和女性、男孩和女孩的口袋，結果會怎麼樣？[21]會發現什麼？一八九九年《紐約時報》一篇文章證實這位作家的假設：「口袋在世界各地的使用」極度不均（圖5）。[22]內容提要就清楚表明情況，「男人的衣服有滿滿的口袋，女人卻很少。」[23]文章指出，在男性口袋「發展、增加、改進」的同時，女性卻在放棄紮綁式口袋後一步步「讓出地盤」。[24]

這種「讓出地盤」的效應在通俗小說有更詳盡的描繪。一九〇八年出版的《柳林風聲》（*The Wind in the Willows*，現今被視作童話，但作者肯尼思・格拉姆〔Kenneth Grahame〕是寫給成人讀的），主角之一的蛤蟆歷經了好幾場冒險，其中一場是他在偷了輛汽車後，扮成洗衣女工逃獄（圖6）。男扮女裝的經歷儼然是場「噩夢」，[25]因為他懷念先前「永遠位在」左邊胸口的背心口袋。[26]他拿不到包夾、拿不到逃亡所需要的錢，他發現他的選擇在關鍵時刻嚴重受限。蛤蟆出奇坦率地說：穿著女裝，他「根本拿不出東西跟人競爭」。[27]

♣婦女參政權支持者要求口袋平等

與此同時，許多女性開始「熱切地倡議女性擁有口袋和享用口袋的權利」，不同於蟾蜍，他們篤信女性「無疑是天生應該擁有口袋的人」。[29]持續最久的關注來自女權運動人士，他們把整體的女裝——特別是笨重不便的裙子、使人虛弱的緊身褡，還有口袋——當成政治議題。運動人士難掩惱怒，發表了對於服裝不平等的中肯分析。他們對於「口袋平等」的要求，聽來熟悉得令人難堪，就像今天提出的那些訴求一樣。[30]

看到這樣的對比，女權倡導者伊莉莎白·凱迪·史坦頓（Elizabeth Cady Stanton）氣憤難平：女人得一身拖累——一手扶著一條莊重的長裙，一手抓著傘、「口袋書」和其他小必需品——在街上行走，男人卻可以「像雲雀般自由自在」、衝來衝去。[31]另一位進步派的女性也在二十世紀初主張，缺乏口袋是「女性未被意識到的殘疾」，[32]是她「最大的欠缺」。[33]女性主義作家夏綠蒂·柏金絲·吉爾曼（Charlotte Perkins Gilman）指出，物質世界的設計都有顯著的社會意涵。容易取得工具和裝置，一個人的實際和心理「準備」就會獲得強化，[34]讓他更有信心「應付所有緊急情況」。沒有口袋，誠如蛤蟆所言，女性真的「拿不出東西跟人競爭」。

吉爾曼在她一九一五年的社會學研究《女裝》（*The Dress of Women*）中提到，沒有口袋，多數家庭主婦和在別人家勞動的女性身上的廉價印花棉布家居服，既無法幫她們做足準備，也不能保護她們避免潮濕、灰塵、污垢或廚房電氣化之前的火災危險。她主張，在這些情況下，女性真正該穿的是具有保護作用的「皮革圍裙」或防水的「油布斗篷」。[35]家庭主婦並未表現出人們虛構的幸福家庭生活——那否認女性在從事真正的工作。吉爾曼特地讓住在「她鄉」（Herland）——她筆下只有女性居住的烏托邦——裡的角色，穿上適合某種工作的服裝，包括管理國家等重要事務。[36]強調穿衣者的個人特質重於性別，吉爾曼退出褲子和裙子的二元分類，提出一種去蕪存菁只剩基本要素的服裝：「縫入相當多口袋」的連身衣。[37]這些口袋「安排得巧妙至極，便於手使用，又不會給身體帶來不便，而且放置的位置既能使衣服更堅固耐用、也能增添裝飾用的縫線」。[38]吉爾曼的虛構世界在她的時代並未廣為人知，但其中存在著一個至今仍意義重大的挑戰：口袋可能

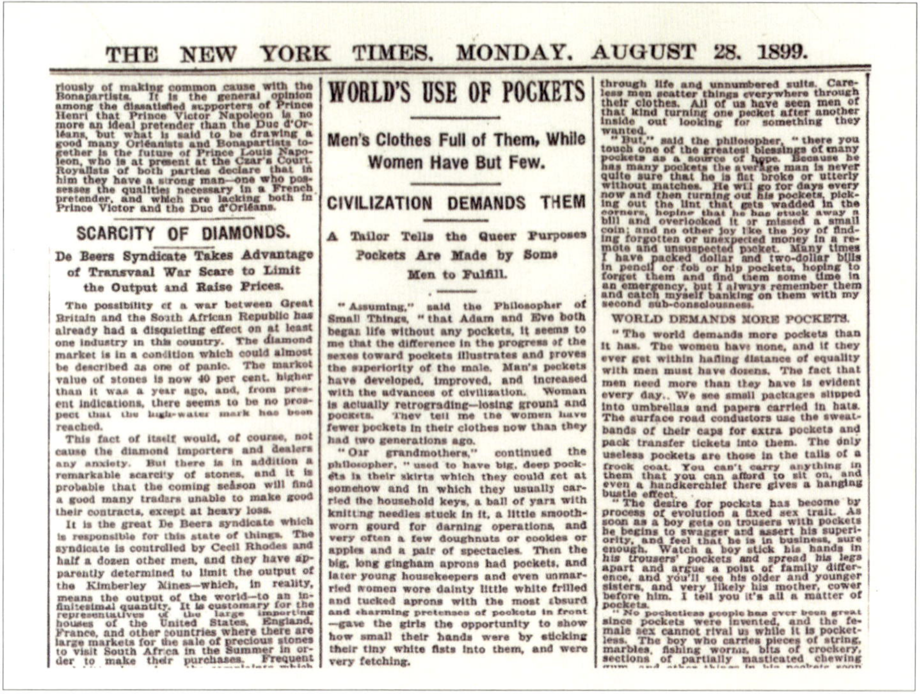

THE NEW YORK TIMES. MONDAY. AUGUST 28. 1899.

riously of making common cause with the Bonapartists. It is the general opinion among the dissatisfied supporters of Prince Henri that Prince Victor Napoleon is no more an ideal pretender than the Duc d'Orléans, but what is said to be drawing a good many Orléanists and Bonapartists together is the future of Prince Louis Napoleon, who is at present at the Czar's Court. Royalists of both parties declare that in him they have a strong man—one who possesses the qualities necessary in a French pretender, and which are lacking both in Prince Victor and the Duc d'Orléans.

SCARCITY OF DIAMONDS.

De Beers Syndicate Takes Advantage of Transvaal War Scare to Limit the Output and Raise Prices.

The possibility of a war between Great Britain and the South African Republic has already had a disquieting effect on at least one industry in this country. The diamond market is in a condition which could almost be described as one of panic. The market value of stones is now 40 per cent. higher than it was a year ago, and, from present indications, there seems to be no prospect that the high-water mark has been reached.

This fact of itself would, of course, not cause the diamond importers and dealers any anxiety. But there is in addition a remarkable scarcity of stones, and it is probable that the coming season will find a good many traders unable to make good their contracts, except at heavy loss.

It is the great De Beers syndicate which is responsible for this state of things. The syndicate is controlled by Cecil Rhodes and half a dozen other men, and they have apparently determined to limit the output of the Kimberley Mines—which, in reality, means the output of the world—to an infinitesimal quantity. It is customary for the representatives of the large importing houses of the United States, England, France, and other countries where there are large markets for the sale of precious stones to visit South Africa in the Summer in order to make their purchases. Frequent

WORLD'S USE OF POCKETS

Men's Clothes Full of Them, While Women Have But Few.

CIVILIZATION DEMANDS THEM

A Tailor Tells the Queer Purposes Pockets Are Made by Some Men to Fulfill.

"Assuming," said the Philosopher of Small Things, "that Adam and Eve both began life without any pockets, it seems to me that the difference in the progress of the sexes toward pockets illustrates and proves the superiority of the male. Man's pockets have developed, improved, and increased with the advances of civilization. Woman is actually retrograding—losing ground and pockets. They tell me the women have fewer pockets in their clothes now than they had two generations ago.

"Our grandmothers," continued the philosopher, "used to have big, deep pockets in their skirts which they could get at somehow and in which they usually carried the household keys, a ball of yarn with knitting needles stuck in it, a little smooth-worn gourd for darning operations, and very often a few doughnuts or cookies or apples and a pair of spectacles. Then the big, long gingham aprons had pockets, and later young housekeepers and even unmarried women wore dainty little white frilled and tucked aprons with the most absurd and charming pretenses of pockets in front—gave the girls the opportunity to show how small their hands were by sticking their tiny white fists into them, and were very fetching.

through life and unnumbered suits. Careless men scatter things everywhere through their clothes. All of us have seen men of that kind turning one pocket after another inside out looking for something they wanted.

"But," said the philosopher, "there you touch one of the greatest blessings of many pockets as a source of hope. Because he has many pockets the average man is never quite sure that he is flat broke or utterly without matches. He will go for days every now and then turning out his pockets, picking out the lint that gets wadded in the corners, hoping that he has stuck away a bill and overlooked it or missed a small coin; and no other joy like the joy of finding forgotten or unexpected money in a remote and unsuspected pocket. Many times I have packed dollar and two-dollar bills in pencil or fob or hip pockets, hoping to forget them and find them some time in an emergency, but I always remember them and catch myself banking on them with my second sub-consciousness.

WORLD DEMANDS MORE POCKETS.

"The world demands more pockets than it has. The women have none, and if they ever get within hailing distance of equality with men must have dozens. The fact that men need more than they have is evident every day.. We see small packages slipped into umbrellas and papers carried in hats. The surface road conductors use the sweat-bands of their caps for extra pockets and pack transfer tickets into them. The only useless pockets are those in the tails of a frock coat. You can't carry anything in them that you can afford to sit on, and even a handkerchief there gives a hanging bustle effect.

"The desire for pockets has become by process of evolution a fixed sex trait. As soon as a boy gets on trousers with pockets he begins to swagger and assert his superiority, and feel that he is in business, sure enough. Watch a boy stick his hands in his trousers' pockets and spread his legs apart and argue a point of family difference, and you'll see his older and younger sisters, and very likely his mother, cower before him. I tell you it's all a matter of pockets.

"No pocketless people has ever been great since pockets were invented, and the female sex cannot rival us while it is pocketless. The boy who carries pieces of string, marbles, fishing worms, bits of crockery, sections of partially masticated chewing

圖 5

〈口袋在世界各地的使用〉（*World's Use of Pockets*）。

《紐約時報》，一八九九年八月二十八日。

圖 6

穿女裝的蛤蟆拿不到錢包，很不高興，意識到世界分成「多口袋動物」和「低等的單口袋或無口袋產物」。[28]

亞瑟・拉克姆（Arthur Rackham）為一九四〇年版的肯尼思・格拉姆著作《柳林風聲》執筆的卷頭插畫。

圖 7

米勒模仿反對婦女參政的論點，但用「口袋」代替「選票」，藉此闡明不論將口袋或投票視為專屬某一性別的權利，都很可笑。

〈我們為什麼反對女性有口袋〉，愛麗絲．杜爾．米勒著，刊於《女性是人嗎？一本選舉權時代的韻文書》（*Are Women People? A Book of Rhymes for Suffrage Times*），一九一五。

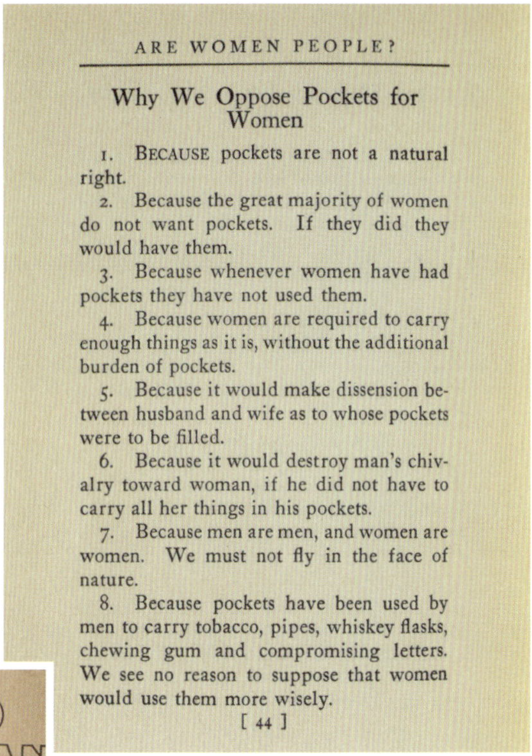

ARE WOMEN PEOPLE?

Why We Oppose Pockets for Women

1. BECAUSE pockets are not a natural right.

2. Because the great majority of women do not want pockets. If they did they would have them.

3. Because whenever women have had pockets they have not used them.

4. Because women are required to carry enough things as it is, without the additional burden of pockets.

5. Because it would make dissension between husband and wife as to whose pockets were to be filled.

6. Because it would destroy man's chivalry toward woman, if he did not have to carry all her things in his pockets.

7. Because men are men, and women are women. We must not fly in the face of nature.

8. Because pockets have been used by men to carry tobacco, pipes, whiskey flasks, chewing gum and compromising letters. We see no reason to suppose that women would use them more wisely.

[44]

圖 8

畫中挖苦，女性參政權支持者穿著男性風格的外套及背心，手插在「女權裙子」的口袋：那跟男褲一樣，有縫入接縫的側口袋。

查爾斯．霍伊特《滿意的女人：政治性別公平短劇》（A Contented Woman: A Sketch of the Fair Sex in Politics）的節目單，一八九八。

是任何人衣服中不可缺少的部分，並兼顧結構、美觀和實用。

聽聞「口袋造成實質不同」的概念，保守派評論者大多嗤之以鼻，還嘲笑說若非缺了口袋，女性就是華爾街的巨頭了。這樣的論點很容易被斥為無稽之談，一如一九一三年某位記者在《舊金山紀事報》（*San Francisco Chronicle*）所寫，婦女參政權支持者「正把口袋拖進解放女性的問題」。[39]根據這些多數反對婦女參政的批評者所言，女性好像很容易被不重要、不相干的旁枝末節引入歧途。有人希望女性永遠迷失在雜草中。有人如此譏諷，也許所有那些「吵著要」投票權的新貴應該改而要求口袋——那才是「真正的冤屈嘛」。[40]

但在取得重大社會與政治進展的過程中，女性也想要口袋提供的靈活與安心感，而她們擔心，繼續默許女裝沒有口袋的傳統，會招致危險。「到最後，女性不能擁有口袋，恐將成為不可動搖的鐵律。」[41]一九〇七年，一本家庭雜誌的投稿人這麼警告。這樣的憂慮似乎不是空穴來風：好幾項社會傳統再度被反動保守勢力視為自然，從母親不適合投入職場的觀念，到服裝設計皆然。在一部讀來輕鬆但富有洞察力的諷刺作品裡，支持女性參政的愛麗絲·杜爾·米勒（Alice Duer Miller）指出，有人會訴諸傳統或生物學的循環論證（circular reasoning）來一再肯定現狀。如果女性真的想要口袋，她們早就有了！所以，婦女參政權支持者不可「悍然違背自然法則」要求口袋，米勒在她一九一七年的詩作〈我們為什麼反對女性有口袋〉（*Why We Oppose Pockets for Women*）這樣說（圖7）。[42]假如你可以宣稱量身訂作的口袋是一種自然權利，那你幾乎什麼事情都可以這樣宣稱了，包括投票權。[43]

米勒的幽默，對於那些急欲維持傳統性別角色的誹謗者，一概起不了作用。保守派的聲音傾向將所有婦女參政權的支持者視為「非常規性別」（gender-nonconforming），尤其認為支持婦女參政的女同性戀者人格異常。例如，身兼律師、運動人士和全國職業婦女團體聯盟（National Federation of Business and Professional Women's Clubs）主席的蓋兒・勞夫林（Gail Laughlin），就被《聖路易星報》（*St. Louis Star*）斥責不肯穿沒有口袋的洋裝露面。[44]記者指出，「只有在極少數場合，勞夫林小姐才會脫下她平常穿的男裝。」[45]那名記者嘲笑勞夫林在一次聯盟的活動上穿了一套全新的禮服，說她人生走到這個階段，仍不明白這樣的「時裝」一般不會提供口袋。[46]記者指她堅不妥協，「勞夫林小姐拒絕在口袋縫上之前，穿那種衣服。」[47]

反對婦女參政的漫畫和宣傳工具同樣負面，一再呈現女權支持者毫無吸引力的樣貌。查爾斯・霍伊特（Charles Hoyt）一八九九年的音樂喜劇《滿意的女人》（The Contented Woman），就在講一個妻子競選市長報復丈夫的事——誰叫他只因顏色不對，就粗魯地扯掉她辛辛苦苦幫其西裝縫上的鈕釦。根據霍伊特的劇本，妻子衝動的報復雖得到一時滿足，卻造成長久的影響；節目單封面的圖畫暗示，每一個參與這場「粗俗的權利爭奪而吵鬧不休」的女人，言行舉止都變了（圖8）。[48]「高談闊論」的婦女參政權支持者可能會養成很多「可怕」的習慣，包括需要找個地方「像男人一樣」藏起她的手，採用他最糟糕的癖性。[49]但對那些女權人士來說，「口袋不是鬧著玩的」，從「為上街做好準備」到享受一種被視為壞習慣的姿勢（正因它是叛逆的，所以也碰巧具有權威性），都需要口袋。[50]如同一名律師所感嘆，她無法像她的律師丈夫那樣威風又冷淡地應付陪審團。「有哪種態度，可以比一個男人手插口袋說『好，陪審團諸位先生——』所表現的從容自在，更有說服力呢？」[51]

♣ 成衣與手提包的崛起

有些人不把兩性口袋的差異歸因於自然，而是歸咎於女人的虛榮和屈從時尚。女性沒有為口袋「奮戰」，[52]而是任由裁縫師宰割——到十九世紀末，大部分的衣服都出自裁縫師之手。（裁縫師製作訂製、量身訂作的服裝；女裝要求的緊身和精細樣式過於複雜，使之無法像男裝那樣，早在一個世紀前就改用工業化的製造方法。）[53]從史坦頓和裁縫師打交道的紀錄（一八九五年出版），我們可以清楚見到製作者和客戶針對成品協商的過程。在描述她對口袋的需求時，史坦頓指出，

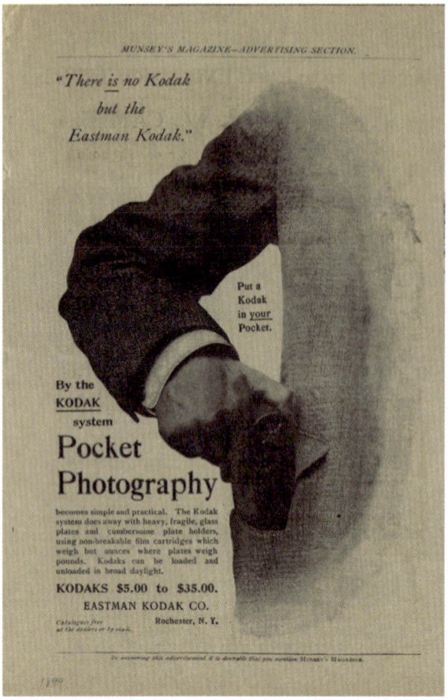

圖 9

柯達的廣告〈口袋相機〉。

刊於《蒙西雜誌》（*Munsey's Magazine*），一八九九。

圖 10

柯達的廣告「隨身帶柯達」（Take a Kodak with You）。

刊於《婦女家庭雜誌》（*Ladies Home Journal*），一九〇一。

就算吵架也不保證會有結果：裁縫師會「編藉口」，告訴她「沒有地方」擺口袋，還說她口袋「會讓妳腫得很可怕！」[54]，兩人來回爭論很久，裁縫師堅持要求史坦頓聽從她的專業建議——她以帶著同情的優越感提出的建議。史坦頓以為自己辯贏了——結果她拿到的洋裝成品還是沒有口袋。[55]

大多數情況，擔心口袋「會讓妳腫得很可怕」這件事，打敗了對女裝缺乏功能的憂慮。就算世人對口袋大小、物品的新技術感到興奮，這也沒有迫使裁縫師或製造商考量女性有可能大膽離家冒險。柯達在推出第一款業餘愛好者使用的手持式輕便相機時，以「把柯達收進你的口袋」這個吸引人的標語行銷（圖9）。該公司希望盡可能擴大市場占有率，甚至推出「柯達女孩」（Kodak Girl）來表明攝影對女性也很容易上手（圖10）。[56]然而，以「柯達女孩」為主角的廣告，卻默認相機是和陽傘同類型的配件。妳當然可以隨身「帶著」口袋型柯達，但得拿在手上。就像今天的女性拿手機時得即興發揮創意，一九〇〇年的業餘女性攝影愛好者也得將就。

到了第一次世界大戰前夕，柯達女孩戴的花帽、穿的拖地長裙和拿著的陽傘開始消失。史坦頓和其他許多人抱怨很久的難穿衣類，終於通通失去吸引力，也開始在機器時代的背景前顯得格格不入。女性終於有更多選擇，可以去逛百貨公司購買與最新潮時裝不同的高品質成衣。其中第一批是訂製的全套外套、襯衫和裙子，讓從大學畢業生到祕書和女店員等所有階層的女性，不論在工作場所或進城辦事時看起來都漂漂亮亮。西奧多．德萊賽（Theodore Dreiser）筆下的嘉莉妹妹（Sister Carrie）中，嘉莉渴望在商店櫥窗裡看到的一件「漂亮小外套」，[57]相信那將幫助她從鄉下姑娘搖身變成見過世面的城市人。現代女性的穿著似乎終於可以採用較實用且合情理的設計了。女裝不僅變得沒那麼難穿和束縛，也更適合女性愈益擴張的角色和活動。一九〇九年《時尚》（*Vogue*）贊同地指出，女裝已更貼近「現代的需求、觀點和要求」。[58]新聞傳播道，那些「渴望

圖 11

更實用的步行、旅行、網球和自行車服裝的插圖。請注意穿「旅行裝」（最左）和燈籠裝（中間）的女性，手都插在口袋裡。

出自《哈潑時尚》，一八九五 年六月。

擁有口袋」的女性，現在可以「歡欣鼓舞」了。[59]

這些報告太過樂觀。就連現成的非成套女裝，也不能指望提供可用的口袋。一位被鑑定為速記員的職業婦女，在一九一〇年接受記者採訪時反問，「哪裡有現成的套裝提供我們配得上口袋這個名稱的東西？」[60]女裝**的確**變得比較實用了，而某些運動服裝，例如，一八九五年一幅《哈潑時尚》時裝插圖描繪的自行車燈籠褲，確實配備了口袋（圖11）。但比起為女性提供遨遊世界的機能性工具，製造商更關心的是如何實現量產所需的簡化。[61]他們嘗試設計出結構簡單、用布量少的紙樣，製作套裝和分件式服裝，到一九二〇年代也製作出相較於維多利亞時代的荷葉邊更俐落簡潔的洋裝。然而，在這個簡化和標準化的過程中，「女裝不適合設置口袋」的觀念依舊盛行。[62]

一九一二年《獨立報》（*Independent*）一名評論員寫道：情況也未必如此。「女裝非常適合巧妙的隱藏」該有「滿滿的口袋」。[63]但到了現代，有用的口袋依舊像維多利亞時代那樣來了又走。它們曾經隨著一次世界大戰爆發而生氣勃勃地出現，當時的設計師和各大百貨公司紛紛匆忙推出平民服裝，讓女性能在艱難時期表現出較為活潑、挺拔的姿態。在那個充斥卡其軍服、訂製套裝和重要腰帶的背景裡，象徵準備充分的口袋成了必需品。裙子、外套、洋裝都有大如「兒童背包」的口袋，[64]《女裝日報》（*Women's Wear Daily*）觀察道。穿戴者並不容易解讀這場突如其來的「口袋盛宴」。當季口袋之所以在巴黎如此豐沛，是「女權運動的成果，或只是曇花一現？」[65]，一九一六年《時尚》雜誌這麼問。《時尚》判定是曇花一現，警告讀者不要那麼認真看待人們對口袋史無前例的關注。這位編輯認為，時髦的巴黎淑女可能需要這些口袋來放針線或「收納來自前線的信件」，不過也提出，她們有可能「無緣無故」就是喜歡口袋。[66]

根據《時尚》供稿人維吉尼亞．葉曼（Virginia Yeaman）在一九一八年所寫，有用的口袋可能會在支援某種風格或外觀，例如，戰爭的冷靜與效率時悄然出現，「然後，一轉眼便消失無蹤。」[67]就算「口袋該隨著女性參政權而至」，葉曼相信，它們也必然變幻無常。[68]有鑑於這種不確定，女性似乎不大可能「把票投給」口袋。而女性真的該那麼介意沒有口袋嗎？

葉曼主張，女性不該怪罪男性害她們沒有口袋。儘管她斥責男人因壟斷口袋而自鳴得意，並指出萬一沒有口袋，男人就會「像熊一樣暴怒」。[69]但她推論，這場找出罪魁禍首的遊戲相當複雜。葉曼指出，「非關個人、邏輯嚴密的力量」固然可能起了作用（她似乎是指服裝業的利益）；[70]但更令口袋倡議者震驚的是，她也指出，基本上是女性自己不要口袋的，因為她們決定不想那麼臃腫。儘管嫉妒男性有口袋可用，葉曼提出，女性沒有口袋也能過得很好。現在她們可以仰賴一個遠比口袋更可靠的同伴：現代的手提包。「一般女性」，葉曼預言，只在意自己有沒有辦法確保經濟自主；[71]她似乎「只要能帶錢就好，沒有口袋也無所謂」。[72]

不同於十九世紀的手提袋（在紡織傳統大多為布袋），現代手提包的形式源自十九世紀七〇年代末，男士攜帶的手提行李箱。[73]有骨架的手提包堅固耐用，通常是皮革製且有金屬的拴扣件，內層分隔，把手結實。[74]如果衣服未能始終一致地適合女人在世界上活動，或許手提包可以彌補。很快，手提包就不僅被視為時髦的配件，更是獨立的象徵。[75]正如後續幾代個性包（statement bag）或其他流行包包所展現，手提包已贏得熱愛，並且引發渴望。

但即使有人跟手提包談起戀愛，仍有相當多女性想要口袋。一九一三年新聞記者海倫・戴爾（Helen Dare）指出，女性參政權支持者希望停用這種配件，稱之為「可恥的手提包」。[76]瑞克里芙・霍爾（Radclyffe Hall），[77]即最早毫不隱諱的女同志小說《寂寞之井》（*The Well of Loneliness*）的作者，就拒絕拎手提包，而在裙子裡多縫了幾個口袋。也許世上真的沒有葉曼推論出的「一般女性」，很多女人**既**要錢，也要口袋放錢。手提包，如它這個缺乏想像力的複合名詞所示，需要用手，也需要幾乎隨時保持警覺。要從早到晚追蹤它的下落，需要耗費一些精神能量。手提包的主人必須記得他們把包包放在哪裡——最好是在他們走出餐廳或計程車加速開走之前。

雖然容易弄丟，但事實證明手提包難以戒絕，女人已經把手提包拎到各式各樣的情境，有些可能頗令人驚訝。真的有人會想拖著手提包上戰場嗎？第二次世界大戰期間，就有數千位「陸軍婦女服務隊」（Women's Auxiliary Army Corps，WAAC，後來取消「服務」身分，改稱WAC）的志願兵這麼做。[78]雖然包包是斜背在肩上而非拿在手上，但在一九四二年這張招募海報，女性行軍部隊的領導者身上，仍然顯得格格不入——彷彿她是要帶領部隊上超市，而非前往危險的前哨基地（圖12）。

為了給這些生力軍衣服穿，美國陸軍軍需總辦公室（Office of the Quartermaster General）仰賴對女性服裝不夠充分的知識——他們曾在一次大戰時供應數量有限的護士制服。但該處室很快

圖 12

WAAC 的志願兵右肩斜背著她的手提包以免掉落。這是通過測試的方法。軍事設計師曾嘗試用卡扣將包包固定在肩上，但沒有成功。

WAAC 招募海報，一九四二。

開始向媒體吹噓它可以製造「耐用」的制服，[79]表示服兵役將讓女性首次真正體驗高品質、實用且耐穿的衣服。然而，WAC制服的發展證實，軍事決策者似乎和十九世紀的裁縫師一樣，不願意挑戰文化方面對於女裝的期望。曾是WAC一員的瑪蒂·崔威爾（Mattie Treadwell）在她一九五五年出版的部隊史中，以幽默挖苦的口吻描述了手提包的採用情況，指出軍用手提包是為了努力避免服兵役的女性，遭受敵意和抗拒而產生的眾多妥協之一。[80]惟恐男性化的服裝會坐實WAC女兵是偽裝的亞馬遜、女同志，或是為男人提供女伴的娼妓等謠言，軍方一開始選擇裙子而非長褲。[81]而且，WAC的外套也沒有實用的胸前口袋。崔威爾指出，在胸前攜帶必需品的實驗「很快衍生一條規定，連一包香菸也不准放在那裡」。[82]你也許納悶那些實驗究竟是如何進行，又可能有哪些反對意見（崔威爾並未敘明）。是否就連一包香菸也可能破壞乳房的外觀，變得凹凸不平、奇形怪狀，成了男性軍人最擔心的隱喻——從軍之後，女性就再也認不出是女性了？[83]

總而言之，女性外套被判定不適合有實用的胸前口袋，那種尷尬會打亂軍人端正形象和女性氣質間的微妙平衡。禁止女性在胸前口袋放置任何物品的規定，最終產生裡面沒附口袋的口袋翻蓋。想必有人認為去除誘惑比執行禁令來得有效。[84]於是，WAC女兵只有假的胸前口袋，且沒有攜帶物品的工具，使軍事設計師作繭自縛。如此一來，他們不得不研發有肩帶的包包，這個過程冗長而乏味，因為涉及材料取得的問題，以及該怎麼背才好的長期辯論。[85]

♣設計「什麼都可以裝」的口袋

一九三七年，時裝秀主辦人兼《哈潑時尚》時裝編輯黛安娜·佛里蘭（Diana Vreeland）宣布，她想要廢除所有手提包。「我想到最好的主意了！」[86]她一抵達哈潑公司，就對另一名經過大廳的編輯這樣說。那天佛里蘭碰巧穿了別致的香奈兒襯衫，襯衫內側藏了很多口袋，她帶了口紅、胭脂、撲粉、梳子、香菸和錢。她忿忿不平地抱怨那「該死的舊手提包」麻煩累贅，[87]並宣稱要徹底淘汰所有包包，甚至建議未來一整期雜誌都來「展示你可以用口袋做什麼事」。你不僅可以「像男人那樣，拜託！」攜帶所需要的東西，而且把口袋設在正確的位置還可以修飾身形：她想像，口袋固然可能變大，但也可以「相當時髦」。[88]不用拿著包包，一個人的姿勢和步態就不會被拖累，她說：「沒有比手提包更會妨礙女人行走的東西了。」[89]

那個編輯多少有點吃驚，馬上跑去找總編輯，總編輯告誡佛里蘭，她聽起來好像神經錯亂了。沒有哪家時尚雜誌會拿包包製造商的廣告收入開玩笑。儘管如此，《哈潑時尚》的時裝頁仍始終如一、全心全意地盛讚「什麼都可以裝的口袋」。[90]在一九四〇年一篇探討該關注的趨勢文章中，該雜誌坦承，「我們對口袋很感興趣——圍裹裙的大口袋、襯衫式外套的深口袋、晚禮服裙的內袋、短褲臀側的平口袋。」[91]本身不是設計師的佛里蘭，積極支持許多女性在該領域的事業生涯，包括美國運動服設計師——他們設計出的實用休閒成衣（最終包括便褲），取代了「現代服裝守則」裡的洋裝。[92]設計

圖 13

「Pop over」洋裝設計草圖。

克萊兒・麥卡岱繪，一九四二。

師明白女性想要口袋來感覺獨立自主，而他們證明，是有可能在不破壞理想苗條身形的情況下，納入實用口袋的。

其中一位設計師叫克萊兒・麥卡岱（Claire McCardell）。她響應佛里蘭提出的挑戰——[93]設計一款家居服，除了要漂亮動人，也要滿足二次大戰精實時期美國家庭主婦的需求和預算（同時遵守戰時紡織品限制），最終設計出「Pop over」。麥卡岱的創新是一件簡單的裹身牛仔連身裙，現在可能不易獲得青睞，但當時可是完成一項非凡壯舉，把邋裡邋遢的家居服改造成較別致的衣著。當時，典型的家居服是用廉價、可洗的棉布製成，模擬流行洋裝鑲褶邊的衣物，不適合工作，也不適合穿去公共場所。（幾年前，夏綠蒂・柏金絲・吉爾曼才抱怨過女裝的這些面向。）穿家居服可能令人洩氣：一名婦女抱怨家居服無可避免讓她覺得像「鍋碗瓢盆」，而非「見過世面的女人」。[94]反對這種事態，麥卡岱提供一種適合穿著下廚和辦事的服裝。其中最引人注目的特色，是一個龐大、不在正中央、方便拿取的貼袋，就固定在裙子上。那看來就像工作用圍裙的口袋，其蓬鬆、縫了襯料的樣式，使它看起來更大（也掩蓋了裡面可能凸起的東西）（圖13）。大都會藝術博物館時裝學院（Costume Institute）某位前策展人觀察，這一代的美國運動女裝設計師傾向創造「明顯、寬敞、故意引人注目的口袋」，[95]也可以說，他們「炫耀」了口袋。[96]

另一位突擊女裝、改變其用途的服裝設計師是邦妮・卡辛（Bonnie Cashin）。卡辛批評巴黎時裝未能反映女性的需求。她宣稱，「我瞧不起那些無法兼具實用性和吸引力的衣服。」[97]卡辛自稱為「天生的游牧民族」，[98]她說她的設計對象是「那些忙個不停、總是在做事情的女性」。一九四〇年代初，卡辛在一個大熱天帶著她的素描本走在洛杉磯的丘陵間，因為厭倦了隨身攜帶的畫具，一回到家，便請身為裁縫師的母親把一個大皮包直接縫到她的外套上。把看來像按扣式零錢包的東西嵌入衣物，便成了她的招牌設計。卡辛在一九五〇年取得這種免手提「錢包口袋」的專利，[99]終其事業生涯都將之融入外套和裙子裡（圖14、15）。這種「錢包口袋」嵌入臀部的方式，能凸顯臀部、收窄腰部。口袋，正如麥卡岱、卡辛等人所證明，兼具機能與美學目的。「女人沒有口袋，是因為口袋不適合她」，當然不是事實。[100]只不過，把口袋加進女性服裝裡，需要投入相當程度的心力。

《哈潑時尚》認為，這樣的設計理念也應延伸至職業女性的服裝上，於是委託卡欣設計一款既俐落又有型的連身裙（shift），讓女性能充分應對「日班」。[101]更明確地說，卡辛是被要求為新興的數位運算領域設計服裝——當時ＩＢＭ大型電腦主機正占領整個房間。藉由此舉，該雜誌強調這種女性或可追求的新職業相當重要：程式設計師必須告知機器事情，給機器下指令；她是電腦的「斯文加利」（Svengali）*。[102]她的勞務作業讓電腦能實現「計算航程」，[103]因此該為此做好萬全準備。

根據《哈潑時尚》，卡辛設計出的直筒連衣裙裝更像工作服，跟電腦本身一樣時髦且設計精良。當時尚未轉向純藝術創作的安迪．沃荷，為這件作品繪製插圖（圖16），俐落的箭頭指向每一個經過深思熟慮的口袋，用於放置穿孔卡、印出的資料和其他公文急件。就連眼鏡和夾式鋼筆，窩在以縫線條紋勾勒輪廓的貼袋裡，也顯得瀟灑時尚。這張卡辛—沃荷設計圖，還附了一封寫給未來的信。這封信寫於一九五八年冬天，蘇聯人造衛星（Sputnik）已返回地球大氣層、人們開始

* 譯註：斯文加利是喬治．杜穆里埃（George du Maurier）一八九四年小說《翠兒比》（*Trilby*）裡的人物。斯文加利引誘、催眠年輕女孩翠兒比，使她唯命是從。

圖 14

有「錢包口袋」的裙子（及局部）。

邦妮・卡辛設計，一九五四。

圖 15

卡辛的第一個外套系列有錢包形狀的口袋。卡辛強調「要偷錢包，你得偷走整個女孩」。

邦妮・卡辛設計品的宣傳資料，一九五二。

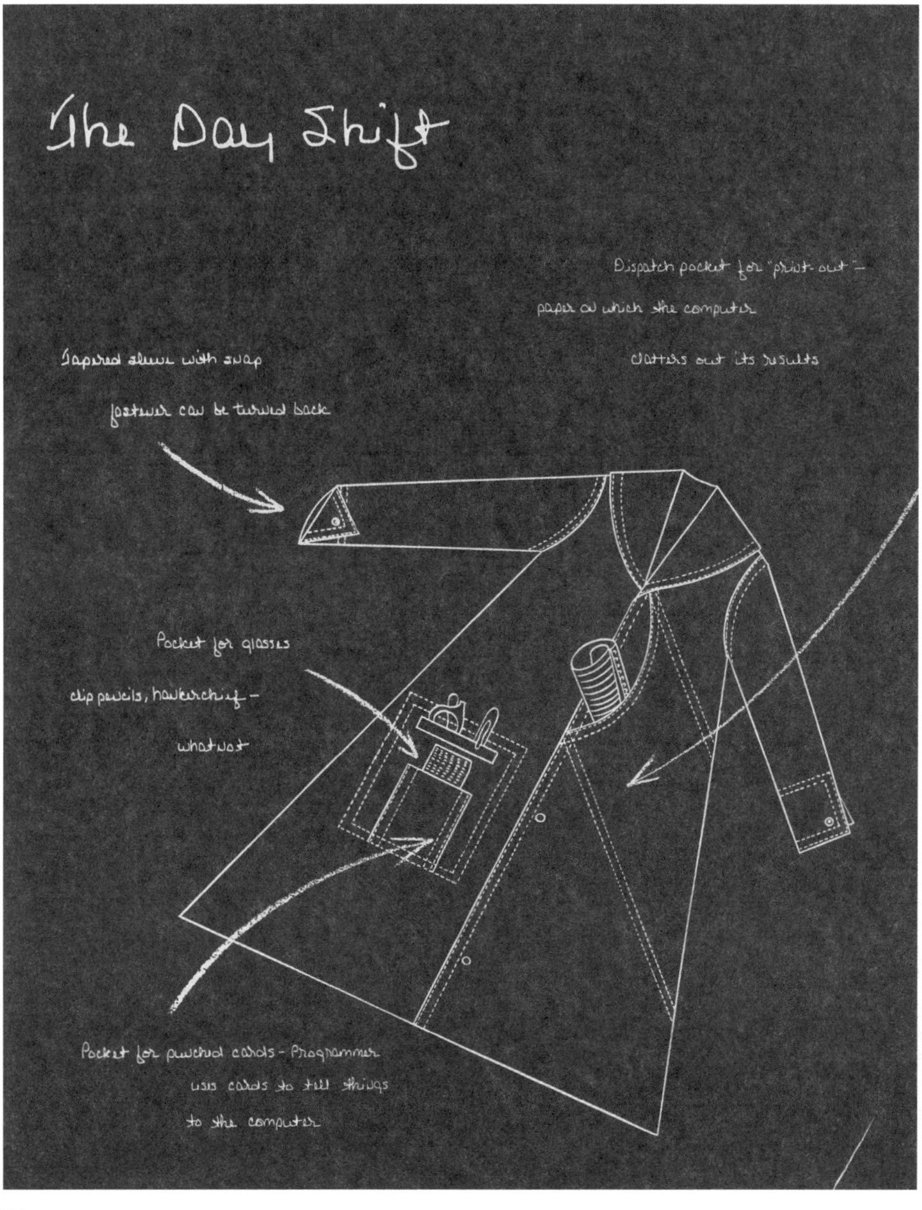

圖 16

邦妮・卡辛構思的 IBM 程式設計師服裝。

安迪・沃荷繪，刊載於《哈潑時尚》，一九五八年二月號。

思考前往銀河系的可能之際，除了多功能的工作服，還概述其他一些不太現實的願景：沒有交通壅塞的城市、更簡單的空中旅行、說幾時送達就幾時送達的包裹，以及不需要撒謊的離婚法律。相較之下，用能夠提升行動效率的服裝取代繁瑣又難穿的衣物，似乎完全可行。

♣持續為爭取口袋平等奮戰

五十多年過去，有誰想得到，無過失離婚會比可靠的女性口袋更早實現？二十世紀中葉，運動服設計師出手介入，為未來的工作提供關鍵構想和材料。麥卡岱和卡辛之後的幾代設計師，都參考了她們的創新，並貢獻一己之力。但她們投入口袋的心力無法消除根深柢固的性別觀念，偏偏當初就是這種觀念造成口袋失衡。在許多關於合身及時尚的意義背後，真正的問題是女性到底需不需要口袋。例如，一九四〇年《生活》雜誌有篇苛刻的文章，就嘲笑「大如郵袋」的口袋在女裝重現，[104]主張士兵、獵人、郵差、技工、小男孩和男孩的父親，全都會**真的使用**他們眾多的口袋。正如這份以男性為主的職業清單所暗示，男人會做事、會幹活，因此服裝應該反映並預備好應對他們多元的活動需求。如果時尚流行口袋，女裝「就會有口袋，但沒有人指望」女性會利用口袋。[105]

這就是口袋問題的癥結所在。只有一種性別需要機能性服裝，因為人們只預期一種性別會使用和需要它。關於女性地位的古老觀念，認為她們對社會和經濟的貢獻較為有限的觀念，依舊存在你我之間，也反映在我們所設計與默許穿著的衣服裡。如果衣服一如吉爾曼在《女裝》中堅決主張，是種「社會產物」，[106]那女裝缺乏口袋就透露了我們認為女性該做什麼，以及需要什麼。把女性沒有口袋推給某種名為「自然」或「流行」的非人、抽象作用力，太容易變成藉口，一種權宜之計，而不去認真思考女裝欠缺實用性的問題。更重要的是，這樣的解釋巧妙迴避了，隨著女性更頻繁進入公共場所而浮現的深刻焦慮。假如女性**真的**利用了功能齊全的口袋，會發生什麼事？她們會在「解放的服裝」裡夾帶或藏匿什麼呢？[107]「解放的服裝」是一名裁縫師給予一八九〇年代自行車燈籠褲的別稱，因為那種褲子讓女性可以跨坐在自行車上。曾有女性自行車騎士要求，將皮革襯裡的大口袋嵌入便利的大燈籠褲裡，而他在接受《紐約時報》訪問時對此表示懷疑。「並非人人都想攜帶左輪手槍，」他說，「但有很大比例的人想，而且毫不隱諱地說出來。」[108]一首刊於《堪薩斯城日報》（*Kansas City Daily*）而被廣為轉載的詩，就詳盡說明了此一威脅：婦女的燈籠褲口袋裡「收著」手槍、修理輪胎漏氣的樹脂和「婦女選舉權演講稿」。[109]女性可以攜帶的物品愈多，就可能享有愈多行動自由。不少報導指稱，「支持婦女參政者的套裝裡也有很多口袋。」這便暗示社會十分擔心女性有能力隱藏愈來愈多樣的必需品。[110]雀兒喜・桑默斯（Chelsea Summers）在為《沃克斯》（*Vox*）撰寫的文章裡推測，之所以產生這樣的憂慮，是因為一如男性的口袋，「女人的口袋也可能裝著祕密、隱私，或者致命的東西。」[111]

綜觀二十和二十一世紀，女性的口袋持續依循這個熟悉模式：這一季很時髦，下一季又退燒。女裝從男裝吸收愈來愈多元素，包括一九五〇年代的牛仔褲、七〇年代的無尾禮服和八〇年代的權力套裝。但一般而言，口袋仍是不必要的附加項目。口袋不需要很多布料，但要嵌得好，仍需要一些訣竅。口袋會增加製造成本；雖然對於穿男裝工作的人而言，這項成本被接受為從事業務的一部分，但對於穿女裝工作的人，它就被斥為不適當的負擔了。例如，克萊兒・麥卡岱在任職紐約湯麗

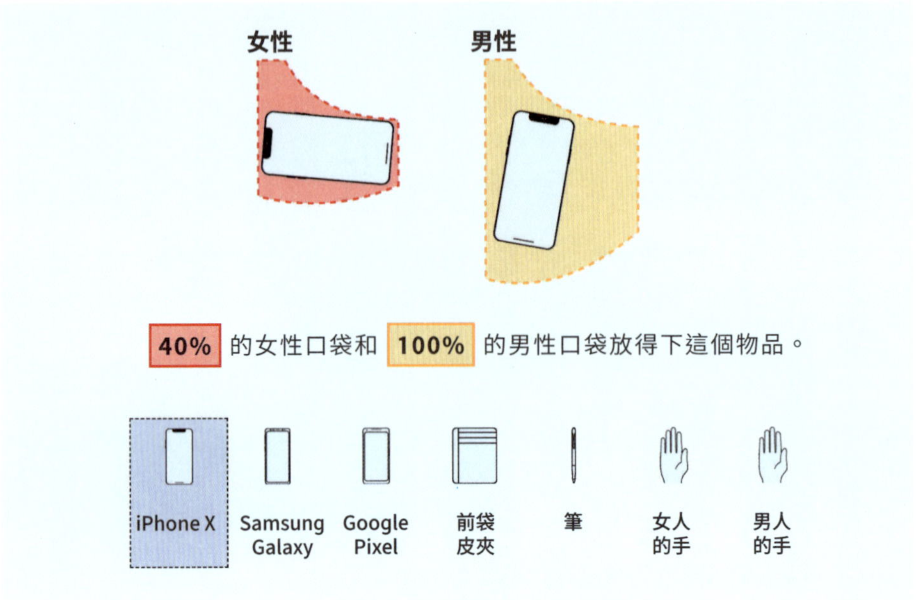

圖 17

二〇一八年牛仔褲前口袋的平均尺寸，以及可放入前口袋的物品。

揚・迪姆和安珀・湯瑪斯〈曾有智者說，女人不該有口袋〉（Someone Clever Once Said Women Were Not Allowed Pockets）的圖例，發表於《布丁》（*The Pudding*）網路版，二〇一八。

服裝公司（Townley Frocks）期間，就必須反覆向意圖削減成本的製造部經理爭取納入口袋。[112]時間和費用增加是市面上有那麼多假口袋存在的原因之一，而隨著快時尚興起，假口袋的數量也與日俱增。[113]口袋翻蓋的外觀很好看，但置入與其相配的工作用口袋，就成了一種遞增成本，且正以全球效率之名遭到廢棄。

前述十九世紀末的報紙列出了女性口袋裡的物品，而遠比那份非正式清單嚴謹的資料令人信服地闡明。時至今日，女性的口袋仍明顯比男性的小，也比較沒用處。二〇一八年，在測量來自美國前二十大品牌、八十條男女牛仔褲的口袋後，揚・迪姆（Jan Diehm）和安珀・湯瑪斯（Amber Thomas）發現，女性口袋平均比男性口袋短四八％、窄

圖 18

「口袋推特」（Pocket Tweet）。

黛莉拉・S・道森，二〇一八年六月二十日。

六・五%（圖17）。[114]他們也測定女性的手，只有指關節以上的指頭進得去自己的口袋，而且就他們檢查的女性口袋而言，有超過一半放不下包夾、手機或筆。這樣的發現支持這個論點：中檔時尚有時是完全由美學驅動，並未考量穿著者的需求。迪姆認為她與她男性伴侶的口袋在尺寸上的差距，是「政治」使然，「口袋大小也是控管女性身體、限制女性決定攜帶物品自主權的東西。」[115]

除了迪姆和湯瑪斯的研究，近年來還有一些相當有說服力的「口袋問題」分析。[116]事實上，在二十一世紀的第二個十年，探討口袋性別政治的評論有顯著增加（雖然這並非前所未見）。曾於一八〇〇年引發「激烈爭論」的口袋問題，一九〇〇年則已轉化為明確的政治性「抗爭」。到了約莫二〇一六年，這場始終未曾解決的不平等，重新受到關注，包括《大西洋》（*Atlantic*）、《華盛頓郵報》、《沃克斯》、《媒體》（*Medium*）等新聞報導，以及《今日秀》（*The Today Show*）、《CBS週日早晨》（*CBS Sunday Morning*）和全國公共廣播電台的節目。隨這些評論出現的是社群媒體更直接、更無保留的憤怒表達，#Pocket-Inequality、#HerPocketsSuck、#wewantpockets 和 #givemepocketsorgivemedeath 等標籤，在 Twitter 和 Instagram 上被附加成千上萬次，而這些全都將口袋不足或欠缺口袋描繪成令人火冒三丈的詐騙。網路上四處流傳的口袋「迷因」（meme），闡述一個反覆出現的主題：並列比較口袋「富翁」和口袋「窮人」。美國作家黛莉拉．S．道森（Delilah S. Dawson）在二〇一八年想像了一場對話：一名服裝高階主管問「女人想要什麼」，卻無視女性顧客的合理請求（圖18）。

另一項創意展現則是詢問男性，假如他們變成沒有口袋，會有什麼樣的感受和反應。二〇一七年線上雜誌《*BuzzFeed*》一位編輯，決定進行現實實驗來檢驗這件事；[117]她在辦公室找了四名男性自願者，把他們的口袋全部縫起來。初次體驗褲子沒有口袋的結果出人意表：自願者不只忘了帶識別證、忘了皮夾，還很難點餐和把外帶餐點帶回辦公室。「我好焦慮。」一個自願者在中午時坦承，「我要去吃午餐，一手拿皮夾和鑰匙，而知道我可能會弄丟東西，真是令人洩氣的事。」[118]一名自願者不知該怎麼一邊拿手機、一邊尿尿。試煉的一天結束後，這些男性自願者一致同意，女性的口袋不足且不公。有人比喻這種經驗就像知道電已經發明，卻不得不活在黑暗中。

倡議者指出，這種時尚的雙重標準不僅影響成年女性，也對年輕一代造成傷害，進一步鞏固了「女性行動空間理應受限」的概念。作者海瑟．卡辛斯基（Heather Kaczynski）從未預料到，她寫幼童褲子的推文會像病毒般瘋狂流傳，但那是二〇一八年她寫了這段話以後發生的事，「請給女孩的褲子**裝上口袋**！天啊。我家三歲女兒發現她要嘛沒有口袋、要嘛口袋都是假的，**好生氣**，**好生氣**。她有東西要放，像石頭和金剛戰士（Power Rangers）之類的。她只好把東西塞進衣服裡。拜託喔，給女孩一點口袋好嗎。」[119]此文一發，世界各國女童的媽媽馬上跟進。小女孩怎麼把短褲反過來穿方便使用口袋，或痛苦地把東西塞進鞋子兩側彌補口袋不足，諸如此類的故事迅速累積。護理師艾莉森．錢德拉（Alison Chandra）回應，「我的ㄚ頭不肯在女童裝部買短褲，因為『那種褲子沒有任何百寶口袋』。」[120]

既然學齡前兒童不大可能刻意選擇可以美化身材的苗條剪裁，也不大可能宣示獨立自主，反對給她們口袋的論據便大幅削弱了。「口袋這個小東西象徵更大的不平等。」卡辛斯基斷言，[121]而她在其獲得的負面回應裡，就看到這樣的不平等——有人質疑她為什麼一開始要允許她女兒玩金剛戰士。

無獨有偶，來自英國西約克夏、自稱現年「八歲三個月」的艾琳娜·韓森（Eleanor Hanson）也把東西拿在手裡。[122]發現她得穿男童的短褲才能在自家農場幫忙收集雞蛋，她寫了封信給 Fat-Face 成衣公司。她和媽媽一起物色的女童短褲，該公司說那「時髦又實用」，[123]但上面只一個小口袋有空間可以放一顆雞蛋。相形之下，她最後購買的男童短褲——標榜「堅固、耐穿、方便行動」——可以放七顆蛋。[124]她請該公司說明理由，並以「女孩也需要口袋！」作結語。[125]韓森的信，以及之後其他小顧客寫的信，包括阿肯色州本頓維一名七歲女童寫給老海軍（Old Navy）要求牛仔褲要有「真的口袋」的信，都上了新聞媒體，迫使那些之前允許男女童裝口袋供應有「落差」的企業執行長出面回應，並承諾改善。[126]

認同小艾琳娜·韓森所言，衣服就該「方便行動」，許多重心擺在女性工作服的設計公司，都強調產品納入實用的口袋，亦拿這做重要的廣告詞，也是給顧客的承諾（圖19）。當然，有許多女性為自己的滿足感，欣然接受無口袋的外觀——她們偏愛能凸顯身材的別致線條或衣裝，特別是晚禮服。但直到口袋在「日班」服裝中找到更穩固的位置之前，口袋性別歧視仍是需要我們認真看待的事。一如在《*BuzzFeed*》口袋縫合實驗裡的男人和《柳林風聲》裡的蛤蟆所發現，我們自由行動的能力，可能取決於我們能否容易取得在世上過活需要的東西，以及各種互動不可或缺

圖 19

女性工作裝品牌 Argent 滿載口袋的設計，二〇一九。製造商很少在女裝運用西裝外套的內側口袋。艾莉卡・霍爾（Erika Hall）二〇一四年在 Twitter 上直言，「當我試穿一件女性休閒西裝外套（blazer），卻發現內側沒有口袋，真的好想放火把它燒了！」

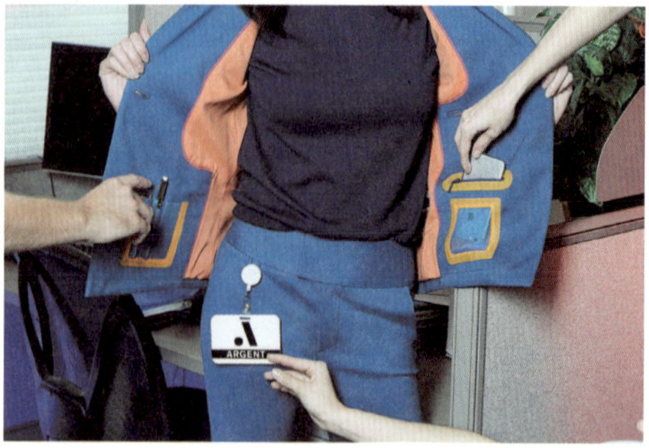

的物品。女性並無法指望這樣的準備就緒。反之，她們已被制約而預期會碰到不便——從小女孩被趕去穿緊身牛仔褲，小男孩卻可以期待有鈕釦和壓扣的迷你傘兵口袋，這個課題就開始了。到了青春期，女孩不得不找替代方法藏衛生棉之類的東西，例如拿起背包上洗手間。這樣的欲蓋彌彰最終會逼人痛苦地強調、而非隱瞞做出那種舉動的原因。每個人出門前都會在心裡列一張核對清單，但如果你還得考慮到底要把需要的東西放在哪裡，那張清單可能就得絞盡腦汁了。

當女性隨身帶著包包出家門時，她們並未獲得與配有口袋之男性**相同**的法律保護。一九九九年最高法院的《懷俄明州訴霍頓案》（Wyoming v. Houghton）就證實了這點。[127]那牽涉到一場針對《美國憲法第四修正案》（Fourth Amendment）防止不合理搜查和扣押的辯論：該法必然適用於民眾攜帶手提包的情況嗎？案件原告莎拉・霍頓（Sarah Houghton）是一部汽車的乘客，車子被警方合法攔下，因為駕駛被懷疑持有毒品。雖然她本身不是嫌犯，警官仍徹底搜查她的皮包——這種例子在攔檢時經常發生，乘客會被警方要求放下皮包。反觀擁有口袋的非嫌疑犯就有保障，不必忍受這種侵犯隱私的行為。口袋位於衣物與身體之間，搜查口袋即違反《第四修正案》對於「人身搜索給予獨特且顯著提高的保護」之認知。[128]在撰寫《懷俄明案》的主要意見書時，安東寧・史卡利亞（Antonin Scalia）將皮包視同於車內其他可疑容器，例如公事包或背包，主張這些都該搜索。換言之，史卡利亞法官否決了社會普遍的認知：皮包就跟放在口袋裡的皮夾一樣私密。布瑞爾（Justice Breyer）法官在協同意見書裡表示，對史卡利亞將皮包視同於其他持有財物的容器感到困惑。他指出「皮包是特別的容器」，[129]並坦言自己「很想主張，搜索皮包涉及的侵犯行為與搜查人身非常相似，因此兩者應適用同樣的規則」。他補充「假如女人的皮包像男人的皮夾一樣貼身攜帶，這點就很重要了。這時它可能就形同一種『外衣』……而根據法院判例，這應當獲得更多保護」。在《懷俄明州訴霍頓案》，原告的皮包被發現離身體有段距離——被丟在後座。所以布瑞爾最後決定支持原判。他寫道，要是她把皮包拿在身邊，他或許會有不同的結論。

設計很重要。融入本體的口袋和宛如衛星的手提包之間的差別固然單純，卻有深遠的影響，而且不只是如同上述最高法院案例所顯示，涉及隱私的問題，也事關女性現已主張數百年的自主權。

詩人艾蜜莉・狄金生（Emily Dickinson）——這位安默斯特著名的隱士與「傳說人物」——就意識到這點。後人在她的文件裡發現一篇未完成的散文，狄金生在文中想像她口袋裡的「領土」[130]——頌揚我們祕而不宣、但未來不可限量的小小地盤。狄金生是十九世紀爭贏裁縫師的女性之一。她從三十多歲開始穿的亮白洋裝右側，就縫了一個貼袋（有牢固的翻蓋保護）。狄金生將她的勝利運用得淋漓盡致：在她的口袋裡，狄金生放了一枝短鉛筆和幾張紙；在紙上以一位崇拜者形容為「鳥跡化石」的字跡，[131]記下她在日昇日落之間轉瞬即逝的思緒和觀察所得。她可能會趁夜闌人靜在不被打擾的房間書桌前，重拾或捨棄、修改或潤飾這些心得。[132]她大部分的作品，都是在這時候完成。

狄金生有自己的房間——也有個可靠的口袋。

CHAPTER

5

口袋的存貨

「口袋裡沒有半毛錢」

圖 1

紐約米爾伍德的鮑比和彼得・保爾丁與母親一年來從兩人口袋裡收集到的物品合影。

《一年分的棉褲垃圾》（One Year's Dungaree Debris），雷夫・摩斯（Ralph Morse）攝，刊於《生活》（*Life*），一九五七年四月八日。

一九五七年，《生活》雜誌綁住兩兄弟的腳踝，把他們頭下腳上吊起來，口袋翻出來（圖1）。在他們身體底下，巧妙散落地板的有彈珠、幸運物、瓶蓋和用過的彈殼，結合成「一整年的搜查」。[1]「就跟世界各地的小男孩一樣」，來自紐約州米爾伍德的鮑比和彼得・保爾丁（Bobby /Peter Paulding），會在四處流連時把他們碰到的小東西撿起來，並漫不經心地隨手藏起。[2]兩兄弟的母親會在洗衣前清空兒子的口袋，而她對其在口袋裡發現的東西深深著迷，於是開始把那些「棉褲垃圾」保留下來。[3]《生活》雜誌的編輯指出，她大約取出四百七十六件「重要、可識別的物體」，並在照片右側的清單上，以不特定的順序列出。[4]

《生活》以記錄美國人的生活為使命，且相信圖片比統計數據更有說服力，因此策畫了許多諸如此類的攝影分析，而其中一些比其他更嚴肅。自一九〇〇年以來，典型勞工階級家庭的飲食進步了多少？雜誌請克里夫蘭的澤卡林斯基（Czekalinski）一家四口，站在他們一九五一年吃掉的兩噸半食物前面拍照，其中包括六百六十公升裝在玻璃瓶排列整齊的牛奶，答案昭然若揭——進步很多。這個更廣泛的論點也不容置疑：冷戰開始時，美國正經歷「繁榮富足的情景」。[5]然而，讀者該從那些沒那麼具教化意義的物品，例如，彼得和鮑比那一堆棉褲垃圾裡，汲取什麼樣的課題呢？《生活》雜誌的語氣固然輕鬆，卻也召喚了科學分析術語，拿該年的蒐集物品與實驗性的「產量」對照，並仔細記錄它的組成：[6]包括一個「.22口徑」長步槍子彈的彈殼、一封寫給午夜隊長（Captain Midnight）*的信，以及一隻幸運兔子腳。從這些放在口袋裡的物品，確實可以學到**一些東西**，只是《生活》雜誌的編輯不太確定是什麼罷了。

《生活》雜誌的口袋存貨非比尋常之處，僅在於它附了一張圖像，並且包含一份兩個男孩多日探險所累積的紀錄。除此之外，它依循了一項悠久的傳統：這類紀錄已廣泛散見於新聞報導、韻文和小說之中，甚至博物館的收藏也能找到蹤跡，策展人常將這類物品歸為口袋類物件。這些清單反映了一個固執的信念：藏在口袋裡的東西自成一類，人暫時收集的瑣碎物件，本質上必定不同於其他重要的收藏品。不同於家中、圖書館和博物館收藏的藝品，人帶在身上的東西通常沒有經過深思熟慮，也不是為了贏得肯定或流傳後世。相反地，藏在口袋的東西，多半是偶然或意

* 編按：午夜隊長（Captain Midnight）是美國廣播劇的英雄角色，後延伸至電視劇、漫畫。

外的發現：從形狀不規則的石堆中挑出的完美圓石、潦草寫在餐廳火柴盒背面的電話號碼、買完東西後隨便亂塞的收據。

如果你覺得在通過機場或聯邦大樓的安檢站時，得將鑰匙、唇蜜和早就忘記的糖果包裝紙通通抓進塑膠籃裡，令你多少有些憤慨，那你要如何證明，隨意翻查別人口袋裡的寶物是有正當理由的呢？奇妙的是，有紀錄在案的口袋搜查，往往不是以侵犯隱私呈現，而被視為引人入勝、發人深省的觀察。現實世界和虛構小說裡的偵探都明白，口袋裡的線索無比重要，例如，阿嘉莎·克莉絲蒂（Agatha Christie）《黑麥滿口袋》（*A Pocket Full of Rye*）裡的偵探，就想知道被謀殺的商人口袋裡神祕的一撮種籽，與他失敗的新創事業「黑鳥礦產」有什麼牽連。[7]形形色色的業餘偵探也加入遊戲，[8]希望滿足他們對家人和陌生人的好奇心，容許愛管閒事打敗斟酌行事，以便揭露當事人一些沒保護好、千真萬確的實情。於是，一場展覽於焉誕生，粗暴無禮地攤開一個人貯藏的祕密，供所有人讚賞、諷刺或推理，而這倍加印證那句古老的格言：告訴我，你吃了什麼——或者，在這個例子，你帶了什麼——我就可以告訴你，你是什麼樣的人。[9]

♣「最引人好奇的東西」：男孩的口袋

在報刊媒體傾向忽視女孩口袋之際（後面還會提到這樣的忽略），男孩已經以在口袋裡裝滿平凡小東西而聞名，而且數量多到令人難以置信。根據從一八五〇年代左右開始、延續超過一世紀的媒體報導，男孩所做的絕不光是在口袋裡保管少許物品。這些報導常有同樣的開場白：你可曾把男孩的口袋翻出來過？一八六一年的《新英格蘭農民報》（*New England Farmer*）說，男孩的口袋「違背理性」，那可謂是你在「單調乏味的世界」會碰到「最引人好奇的東西」。[10]一八八五年，《帕克》（*Puck*）有名成年男子悲傷地承認，男孩的口袋「挑戰」了那些從未當過男孩或童年記憶已太遙遠之人的「奇思妙想」。[11]想不透，「**理論上**，男孩的口袋範圍狹小；實際上，它涵蓋一切。」[12]雖然這麼說感覺很「奇怪」，但就像男孩的胃，男孩的口袋永遠可以再裝一樣東西。[13]

十九世紀的評論者同意，「找到路進了小男孩口袋的物品，無法分門別類，也無法統計數量。」[14]他的貯藏不能稱為收藏，因為沒有任何選擇標準在此起作用。男孩的口袋反倒常被比作秩序崩壞的地方，比如老古玩店、舊貨店、跳蚤市場、亂七八糟的倉庫。有人也認為那裡很像人類秩序從未試圖干涉的地方：兔子洞，一個觀察者這麼說，他先聽到聲音，然後在朋友兒子的口袋裡發現一隻活生生的大老鼠。[15]那個年輕人把牠放在那裡，是想拿來餵他的狗。

偏偏分門別類的衝動是如此強烈，幾乎每名作者都列了一張廣泛的清單，構成這些報導的核心特色（圖2）。一八六二年《緬因農民報》（*Maine Farmer*）一位投稿人解釋，他和他的妻子已經「逮住我們的惡棍，逼他吐出來」。[16]他繼續報告成果：

一塊鰻魚皮、一截粉筆、一截短鉛筆、七顆彈珠（一顆是血紋）、一支鋼筆、單隻手套、一塊太妃糖（很髒）、一顆鐵螺絲、一塊硬油灰、四顆花生、一大堆乾掉的橙皮、一首滑稽歌的歌譜（非常破舊）、一條風箏尾巴（各種顏色和布料）、一張嘉獎獎狀（日期為一八六〇年七月，破破爛爛）、一支菸斗柄、一截馬蹄鐵、一枚鉛製的一角硬幣（有咬過的痕跡）、一枝木籤、一根許願骨，還有一條拿來包覆、保護全部物品而髒得不得了的手帕，已經看不出它原本的顏色了。[17]

CONTENTS OF A BOY'S POCKET. (SEE PAGE 499.)

圖 2

這位父親趁兒子睡著搜他的長褲，抓起一隻活生生的烏龜。

《一個男孩口袋裡的東西》（Contents of a Boy's Pocket），刊於《每週六》（*Every Saturday*），一八七〇年八月。

《緬因農民報》這位身為家長的講述者敘事中立客觀，就像法院指定的受託人為遺囑檢驗財產清單，或獄卒記錄囚犯定罪時發現的隨身財物。這位父親用一種「撿到什麼記什麼」的筆記方式，將這份不協調的清單寫得既逗趣又充滿溫情。在他兒子的口袋，自然與人造的產物混在一起；可能還有用的東西和早已超過使用壽命的東西相互夾雜；魔幻與平凡並存。父親特別提到一角鉛幣上「有咬過的痕跡」；其中一顆彈珠是特殊的「血紋」（因是雪花石膏製、帶紅色紋理而得名）；還堅持嚴謹精確，記錄了四顆花生（一般不會特別清點這樣的東西）和孤單寂寞缺了伴的「單隻」手套。這樣的精確反倒使他未細述橙皮的情況格外引人注目。把橙皮委託給籠統的詞語「一大堆」來形容（a lot，十九世紀中葉的俚語），這位父親兩手一攤，強調那為數可觀。

當清單一展開，讀者便不知何時才會結束。因此，它差點超過了「表單可巧妙容納的負載限制」，勞勃．貝爾納（Robert Belknap）在其研究文學清單的論文裡寫道，一旦超過那個臨界點，讀者就會覺得無聊透頂。[18]然而列舉終究會結束，而這位父親用了貝爾納所謂「有效的錨」（effective anchor）做了結，[19]也就是代表清單終止、並獲得特別關注的物件：一條「髒得不得了的手帕，已經看不出它原本的顏色」。在其他任何情況下，一條髒手帕都不會有絲毫魅力，但它在這裡卻是絕佳的結尾；它很髒，證明男孩全心全意保護他的寶藏，只是不注重衛生罷了。

有些爸媽和作家會就此打住。寫出這份清單就足以證明「口袋裡什麼都有」這個怪現象。但也有很多人無法抗拒誘惑，想要假設是什麼樣的心態會在口袋藏匿這些物品，也試圖從這樣的行為預測未來的職業或其他有意義的事。[20]一九一七年，《門羅市民主黨人》（*Monroe City Democrat*）一位撰稿者寫道，口袋裡有鐵絲、木頭和「怪異的裝置」，可能暗示這個人有「機械才能」。[21]一九二三年的《波士頓環球報》（*Boston Daily Globe*），一位父親將搜索口袋視為了解兒子的重要過程，因為細心的父母可以在口袋裡找到「關於他的興趣、習慣、未來和問題的準確指標」。[22]然而對多數人來說，試著從雜七雜八的口袋收藏裡看出任何端倪，就跟破解神祕的「密碼」一樣困難。[23]

因此，壓倒性的趨勢是頌揚這個「所有男孩」的共同「特質」，[24]而非試著探究每一個口袋裡的收藏，對於創造它的男孩可能意謂著什麼。有位母親在一八九四年一篇文章中，語帶寬容地評論了兒子的囤積行為，說他「口袋永遠不夠多」。[25]她沒有責備他無視秩序，反倒稱讚他鼓脹的口袋，相信其「亂七八糟的品味」，象徵他是「一個真正可愛的全才男孩」。[26]口袋，這位作者認為，洩露了一些關鍵的證據，證明這個男孩還是個頑皮少年。鼓脹的口袋可詮釋為一種生物或發育特徵，這就告訴我們，這些口袋清單絕不只是拿孩童的討喜軼事來娛樂讀者。爸媽之所以如此焦慮地監視，或許是想尋找孩子一切正常的確證。

就像數位時代的大人會擔心年輕人在螢幕前待太久，十九世紀末到二十世紀初的大人和爸媽，也為過度文明苦惱，他們擔心城市生活的舒適和缺乏身體鍛鍊，會使男孩變得柔弱和女性化。童年勞動不再像過去的家庭農場那樣，對全家人的存活必不可少，現在的孩子有更多時間在按年齡分級的學校度過（中學數量至十九世紀末已經激增），投入其他各式各樣由大人安排的活動，從童軍、運動社團到上教會等等。[27]白人中產階級的爸媽現在相信，他們必須讓自己的孩子做好準備，迎接一個需要不同社會化類型的官僚就業世界。

那時的男孩要適應管制遠比從前嚴格的生活，而在此過程中，男孩似乎正與那些能使他們成為「真正可愛的全才男孩」的東西失去聯繫。著名的美國男性作家對此提出批判，並讓他們的小說充斥著活蹦亂跳的惡作劇男孩，提醒讀者「四十年前的男孩是什麼樣子」。[28]從湯瑪斯·貝利·

奧德里奇（Thomas Bailey Aldrich）的《壞男孩故事》（*Story of a Bad Boy*，一八七〇）開始，他們包括馬克·吐溫的《湯姆歷險記》（*Tom Sawyer*，一八七六）、威廉·迪安·豪威爾（William Dean Howells）的《男孩鎮》（*A Boy's Town*，一八九〇）和其他數十位。這些俗稱「壞男孩」的作家提醒讀者，「真男孩」不是「好男孩」；[29]他們不像兒童說教式小說和主日學初級讀本裡的木頭人物那樣，安靜地坐在客廳或教會的長椅上，聽媽媽的話，或專心聽講。真男孩會無拘無束地遨遊世界，不受成人監視，從河邊一路走到鋸木廠，同時小心翼翼地繞過學校和住家。一九〇一年刊於《底特律自由新聞》（*Detroit Free Press*）的一首小詩，就闡明「天生的男孩」是「讀魯賓遜的男孩，他的口袋裝滿垃圾」。[30]

如「壞男孩」作者所言，童年的世界不是父母可以用理解「穿透」的。[31]因此父母會想方設法尋求安心保證，包括搜索男孩的口袋。而奧德里奇在《每週六》的一篇文章裡告誡，那些了解男孩的人，「不該對在口袋發現的任何東西感到驚訝」。[32]爸媽尤其不該擔心男孩撿到的「垃圾」——關於男孩收藏品的一大謎團。[33]如同媒體刊出的口袋清單清楚呈現，男孩口袋裡塞滿了破損、骯髒、污穢、毫無用處的物品、幾條繩子或帶子、「什麼都打不開的鑰匙」、黏糊的麵包屑和黃蜂的翅膀。[34]妙就妙在，如同馬克·吐溫在《湯姆歷險記》裡承認的，對男孩來說，這些垃圾可是構成「近乎無價之寶藏」。[35]

在成年人眼中，男孩的價值體系似乎比什麼都「莫名其妙」。[36]一名作者在一八七〇年問，男孩為什麼會覺得「小泥龜和舊門把一樣重要」？[37]畫上這樣的等號而不覺得有任何突兀，再次證明男童有自己的文化、自己的規矩和習慣，以及某種雖古怪但運作正常的經濟體系。分配重要性給每件事物——決定哪些東西該被珍惜、哪些物品不重要——正是文化協助了解世界的一種方式。[38]仔細思考後，湯姆．沙耶的鄰居朋友可能會承認，湯姆要他們花錢買粉刷波莉姑媽籬笆的特權，是在誆人。但相信他們會一致同意，「一隻死老鼠加一條拿來吊牠的繩子」或「一塊藍色瓶玻璃」都是價值相等的貨幣。[39]

但這樣的基準在大人看來卻不合理。一名觀察者在一八六七年寫到，「在他眼中，鑽石的價值不到他」蒐集的垃圾和「怪東西的一半」。[40]男孩似乎會把流浪途中任何吸引他們目光的東西撿起來，而那些怪東西有一大部分是自然世界的標本。青蛙、烏龜、大鼠、蟲子、螃蟹、甲蟲、老鼠——不分死活——是男孩口袋裡的大宗貨物。也有植物和礦物，包括弄髒的雞羽毛、栗子殼、彩色小卵石、樹皮和貝殼。根據那些「壞男孩」作者的說法，這些貯藏物象徵男孩行動範圍遼闊，且持續融入大地的節奏。豪威爾斯在《男孩鎮》用了整整一章敘述男孩的採集，描述其季節性模式和產物，從還沒熟的鬼臼果（mayapple），到沿著馬路和河堤上、森林裡、牧場中發現的各種「堅果和橡實、薔薇果和山楂果」。[41]

從上述和其他「壞男孩」作者的描繪，可明顯感受出他們有多懷念鄉下男孩的生活，和多想留住正在現代化世界快速消失的鄉村傳統。[42]但到了十九世紀最後四分之一，隨著童年商業化如火如荼，男孩口袋裡的寶藏可能再也沒那麼多橡實，而有愈來愈多一分錢哨子（penny whistle）了。最後，男孩口袋裡的東西看起來比較像育有五子的藝術家葛莉絲．阿爾比（Grace Albee），在她一九三七年的版畫《一個小男孩口袋裡的東西》（Contents of a Small Boy's Pocket）裡呈現的（圖3）。畫裡，在一條乾淨手帕上攤開的財富中，唯一隨手拾來的物體是一支燧石箭頭，這樣東西可能暗示男孩曾經勇闖遠方，但也可能不然。從十九世紀末開始，偽造的箭頭就充斥市場供各種人士蒐集了。[43]

摺疊刀顯然是最珍貴的口袋物品，它是工業製造品，也是（除了懷表以外）唯一象徵「轉大

圖 3

放在一條出奇乾淨手帕上的有 Norton Subminiature 的相機（約九公分寬、六・五公分深、五公分高）、一支滑板工具、一把 Sears STA Sharp 摺疊刀、一支箭頭、一個懷表、一架玩具飛機（可能是 Douglas DC-2 的模型，約生產於一九三五年，是第一架載商務乘客飛行的飛機）。

《一個小男孩口袋裡的東西》，葛莉絲・阿爾比，一九三七。

圖 4

凱特・格林威（Kate Greenway）為〈露西・洛克〉畫的插圖。

刊於《鵝媽媽：古老的童謠》（*Mother Goose; or, The Old Nursery Rhymes*，一八八八）

人」的物品。當湯姆・沙耶收到「不出所料」的 Barlow 摺疊刀做禮物，「喜悅席捲全身，讓他從頭到腳興奮得發抖」。[44]那把刀要價不過十二・五分錢，什麼東西都切不斷，但無關緊要。那仍保有它「不可思議的顯赫」。[45]關於摺疊刀和其他工具的討論充斥了《男孩生活》（*Boy's Life*）的頁面，這本一九一一年起出刊的月刊是給美國男童軍看，由兜售刀子和步槍的雷明頓公司（Remington）等廣告商贊助。「來到戶外，」如果帶著雷明頓的刀和男童軍的官印，「每個男人身上都有一點魯賓遜的影子——一切靠自己。」[46]在這樣的廣告裡，小刀可能代表的麻煩被小心地淡化了。相反地，刀子被視為一種鼓勵雙手萬能和膽量的工具，可以培養出更優秀、更勇於冒險的男人。沒有刀的男孩「值得同情」，一九一二年《獨立報》（*Independent*）一名記者如此評斷，[47]「你沒辦法讓這樣的男孩變成男人。」[48]摺疊刀遠比拼字或文法書來得重要，因為「實作」仍然是更好的「老師」。[49]亨利・威廉・吉布森（Henry William Gibson）在他一九二二年的權威性研究《男孩學，即男孩分析》（*Boyology or Boy Analysis*）中提醒成年讀者，雖然小刀是一個男孩最有價值的財產，但男孩的口袋（以及口袋裡的所有東西）才是他財富的「指標」。[50]

♣女孩的口袋：優雅的頂針和日行一善紀錄

那女孩財富的指標是什麼呢？十九世紀的媒體，沒有人討論女孩口袋裡的東西。「自古以來」，新聞記者和其他人就對男孩口袋裡的東西有著極大興趣，一八七六年一位「報紙短評作者」這麼說。[51]在思考為什麼這股興趣沒有延伸至女孩的口袋時，這位作者突然拘謹起來，主張想必是因為男記者太不熟悉女性口袋的類型，不知道它能裝什麼。

考慮到男孩口袋裡的東西如此受人矚目，這種對女孩口袋的漠視值得注意。也許最負盛名的女孩口袋甚至不是女孩的，而是露西．洛克（Lucy Locket）這位成年女性（圖4）。儘管這首童謠的確切起源仍有爭議，但可以肯定的是，它與女孩的經歷、渴望或難題沒什麼關係：

露西．洛克弄丟口袋，
凱蒂．費雪找到來。
口袋裡沒有半毛錢，
只有周圍綁絲帶。[52]

一種當時廣為流傳的解讀是，凱蒂．費雪是十八世紀倫敦的知名交際花，和一個因破產而被露西拋棄的男人交好——「口袋」正是這位男子的隱喻。這段情感糾葛成了鎮上茶餘飯後的八卦。對成年人來說，笑點似乎就在於：這個名叫「洛基」（Locket）的女子，竟然沒能保管好她的情人†。但當這篇韻文出現在不同的《鵝媽媽》（*Mother Goose*）版本，年輕讀者很可能對其字面意義信以為真，也會對其中一個平凡的枝微末節覺得莫名其妙：嵌在衣服裡的口袋怎麼可能搞丟呢——這是因為紮綁式口袋已在十九世紀淘汰。這篇韻文沒有提供可愛的胡言亂語引人深思，沒有乳牛跳過月亮，只有這個掃興的證據：女孩身上沒帶什麼令人感興趣的東西。[53]露西．洛克的口袋空空如也，「沒有

† 編按：locket 既有「小盒子」的意思，也與 lock it（鎖住它）諧音。

半毛錢」，似乎繼承了一種最不稱心如意的傳統。

就像他們的母親，女孩沒有口袋任她們支配。「我女兒只有連衣裙裡有一個口袋。」十九世紀末一個母親這麼說，[54]她的兒子卻有好幾個口袋「塞滿雜物擠到爆」。難以理解的是，這位作者沒有繼續探討女兒的相對短缺，也沒有考慮採取任何行動。然而，有些女孩確實勇敢地對抗母親。莎拉・薛伍德（Sarah Sherwood）在回憶一八九四年的往事時提到，給她的洋裝弄個口袋，是她「追求的第一個也是最重大的目標」。[55]她的母親一直拒絕她的懇求，說：「小女孩有口袋沒有用。她們什麼都會放進口袋裡，然後從腰帶把洋裝扯爛。」[56]她收到一件新洋裝，發現媽媽又不理她的請求，於是不靈巧地自己加裝口袋，凹凸不平又歪歪扭扭。經她這麼一試，薛伍德的媽媽終於屈從女兒的渴望；修好口袋，於是，「就在那一天，」薛伍德說，「一種更純粹、更無私的愛，開始在母親和我之間滋長。」[57]

每當女孩的口袋像這樣被提及時，對於口袋內容物的描述通常很少，且證實女孩會存放有用的東西。《愛麗絲夢遊仙境》（*Alice in Wonderland*）裡的愛麗絲帶了一盒糖果，糖果全都包好整齊地放在盒子裡，沒有腐爛也沒有灰塵。當愛麗絲意外被要求發獎品給參加賽跑的動物時，這些糖果便在仙境派上用場。「妳口袋裡還有什麼？」在愛麗絲發完最後一顆糖果後，渡渡鳥（Dodo）問她。[58]「只剩一支頂針了。」愛麗絲悲傷地說。[59]渡渡鳥拿了頂針，然後隆重地把它當成愛麗絲的獎品頒給**她**。她忍住不笑出來，彬彬有禮地接受了這支「優雅」的頂針。[60]當然，這根本不是獎品，而是提醒她未來得扮演節儉盡責的家庭主婦。事實證明，女孩口袋裡的頂針和男孩口袋裡的小刀一樣，所占比例太高了。十九世紀前，頂針的尺寸已小到令人滿意，這世紀又有兒童尺寸誕生。[61]泰瑞莎・蒂迪（Therasa Tidy）在她一八一七年的指南《整潔與秩序的十八條格言》（*Eighteen Maxims of*

圖 5

《聖法蘭西斯・福特的孩子送錢幣給乞丐男孩》（Portrait of Sir Francis Ford's Children Giving a Coin to a Beggar Boy）。女孩一整個淺藍色的紮綁式口袋從圍裙裡面露出來。

威廉・畢契繪，一七九三年展出。

Neatness and Order）中，建議女孩攜帶全套縫紉器具，理由是「隨時有工作來打發空閒時間」。[62]

在女孩隨身應備的實用物品之中，包含了那些能讓她們做善事的東西。慈善的理想，施捨和其他宅心仁厚之舉，在教會、學校和家庭皆廣泛地強調。[63]例如，威廉．畢契（William Beechey）一七九三年為年輕的瑪麗．福特（Mary Ford）所畫的肖像，就描繪了這種情景：瑪麗從圍裙裡的紮綁式口袋取出一枚錢幣，拿給一個顯然手頭拮据的乞丐男孩（圖5）。這個理想是如此普遍，使得露易莎．梅．奧爾柯特（Louisa May Alcott）覺得必須時時加以宣揚是個負擔。她挖苦道，要是《小婦人》（*Little Women*）裡的喬．瑪奇（Jo March）是「道德故事書的女主角」，她就會戴著一頂遮臉女帽，口袋塞滿小冊子，到處行善。[64]喬確實陪家人送耶誕晚餐給一個窮鄰居過，但她沒有戴女帽，遑論「遮臉女帽」來遮掩她的容貌；她也不是只帶良善的東西、只想良善的事、只說良善的話。奧爾柯特口若懸河地解釋說，喬「只是一個跟其他許多人一樣掙扎的女孩，她只是表現她的本性，喜怒哀樂、無精打采或活力充沛，心情怎樣就表現怎樣」。[65]據奧爾柯特所言，行善是需要持續努力的事，也是每一個人都該做的事。

對奧爾柯特來說，朝氣蓬勃的少女跟男生沒兩樣。喬沒在管頂針的。她有事業企圖心，而在其應該不小的口袋裡（可能是紮綁式，也可能縫在一八六〇年代的寬裙子裡），她塞了手稿，而非縫紉的東西來打發空閒時間。

當然，一定有些幹勁十足的女孩收藏家與男孩收藏家一樣，會在大草原上閒逛，或仔細搜查家中有趣角落時，把發現的東西暗藏起來。但一如報章雜誌，小說也常忽視她們。彷彿每個人皆認為小女孩**都很**乖巧，[66]都隨身帶著有用而普通的東西，認為她們實際上是由「糖、香料和所有美好事物」做成——勞勃．騷塞（Robert Southey）在他一八二〇年的童謠〈小男孩是由什麼做成〉

（What Little Boys Are Made Of）裡如此堅信。[67]糖和香料當然是討喜的正面特質，但這種特質的甜膩，卻會實際抑制進一步的探究。

♣不是要跟你分享的祕密

擁有「搜索權」的多事父母，對他們的窺探行徑幾乎絲毫不感愧疚。[68]不過，一旦深情回顧自己童年不思悔改的囤貨行為，成年男子會開始告誡其他成年人，要尊重孩子的隱私。不要試著「挖掘不是要跟你分享的祕密」，法蘭克．謝利（Frank Cheley）一九二三年反省「父親這種工作」時這麼說。[69]不要「清空他的口袋，把裡面的東西混在一起」，另一位父親在一九一二年寫道：「不要沒事幫他把東西排整齊。」[70]這些作者認為秩序遲早會來，而當秩序真的來臨，男孩仍會繼續享受口袋提供的特權。那時男孩會留下幼稚的東西，拿起皮夾或記事本，並發現每樣物品都在它該在的地方，就像許多男人自吹自擂、引以為傲的那樣。

圖 6

聯邦士兵持槍坐著，懷表繫了鏈條放在口袋裡。

一八六〇－一八七〇年前後。

那樣的自滿很少被質疑。起碼，我們沒有在十九世紀的新聞報導見到諷刺男士口袋存貨的話語。[71]多數情況下，那個世紀的男士會展示一些他們**想要**展示的重要物品，例如，一條色彩繽紛的手帕，或者是一八六〇年代比較負擔得起的懷表。懷表本身通常是窩在口袋裡，但金鏈子、銀鏈子、皮鏈條，甚至髮辮，會幫助懷表安全地保持在原本的位置（圖6）。[72]男人普遍存在的表鏈似乎暗示，他們的口袋是受到保護的地方。口袋可以像墜子盒一樣，以孩子只能夢想的方式得到有效保障。

唯有在極少的情況，例如死亡時，那種保護才會動搖。攝影師亞歷山大．加德納（Alexander Gardner）為他後來最著名的南北戰爭照片「死亡的收穫」（A Harvest of Death）寫了這樣的說明：死者通常沒有鞋子，且口袋全部「被翻了出來」。[73]他認為這種褻瀆死者的舉動是出自「倖存者的迫切需求」，[74]而他們其實厭惡這麼做。麻薩諸塞士兵詹姆斯．麥迪遜．史東（James Madison Stone）在他的南北戰爭回憶錄中寫到，士兵覺得對彼此有義務，永遠不去翻「陣亡同志」的口袋是條「不成文的法律」。[75]他肯定地說：「我們陣亡的同志是神聖、不容褻瀆的，違反這條規定的人會被鄙視。」[76]史東描述他的團裡有位新兵，因為被人目睹從死去同袍身上偷走八支金表，從此遭到排擠。

有一場維護口袋完整性的行動，歷經一個多世紀的努力仍功敗垂成，成為最著名也最辛酸的一次失敗。一九三七年，國會圖書館收到林肯總統的孫女瑪莉．林肯．艾沙姆（Mamie Lincoln Isham）寄來的一份奇怪禮物：林肯總統在福特劇院（Ford's Theatre）遇刺當晚，放在身上口袋裡的東西。[77]這些東西林肯家族保存已久，而在他們捐出來後，一位有魄力的館員決定不讓大眾觀看。他用褐色包裝紙把它們包起來，上面貼了「請勿開啟」的標籤，[78]存放在毗鄰館長儀式辦公室一個壁櫥大小的保險箱裡。那些文物繼續在那裡藏匿將近四十年。

這位圖書館員的身分及動機不明。也許是出於職業的自尊，不想跟其他保存並定期展出林肯遇刺聳動遺物的機構扯上關係。[79]也或許動機比較個人，該館員自覺有道德義務要維護林肯的尊嚴。

不論情況是哪一種，事隔多年，當歷史學家丹尼爾・布爾斯廷（Daniel J. Boorstin）於一九七五年接任國會圖書館長，發現那個神祕的盒子，保守祕密的信任被解除；博物館公開展示林肯的口袋。邀集圖書館官員和新聞記者參加記者招待會，並選擇林肯冥誕當天召開，他第一次檢視了口袋裡的東西。布爾斯廷解釋圖書館「該試著」讓一個「被神話吞噬」的人「具有人性」。[80]布爾斯廷也強調，那些物品相當平凡。其中包括兩副眼鏡、一條亞麻布手帕、一把摺疊刀、一顆鈕釦、一個表袋但沒有懷表；最近已失去價值的五元邦聯鈔票（Confederate bill），以及多份剪報，其中幾份針對林肯一八六四年競選連任給予好評。對布爾斯廷來說，這些剪報證明林肯「跟我們其他人很像」：[81]這位即使面臨不可測的潰敗仍堅守自身原則、備受美國人尊敬的人，偶爾也需要獲得肯定，多年來珍藏著並非總是支持他的報刊媒體的美言。

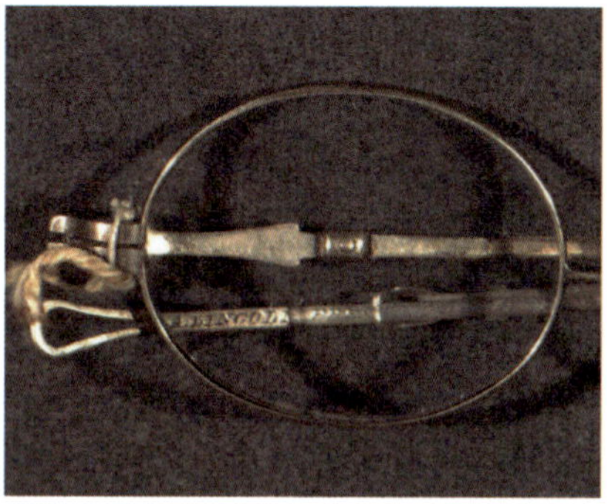

圖 7

一截繩子將亞伯拉罕・林肯眼鏡破損的鉸鏈固定起來，日期不明，是在他遇刺當晚口袋裡發現的物品之一。

當時情況太悲慘，這位人士也太受人尊崇，所以這份清單不會成為調侃的對象。但參觀者仍勇於解讀箇中意義。布爾斯廷並未預見這樣的轉變：那些口袋裡的東西，非但沒有讓林肯更具人性，反而「變得跟聖物一樣」，[82]給館方帶來一些困擾。它們至今仍是國會圖書館訪客最常要求參觀的文物。[83]訪客希望透過這些雖然卑微、卻曾與林肯本人形影不離的媒介，感受到那種連結宛如電擊的震顫，想像當時的林肯，是如何渾然不覺地穿上去劇院的服裝，靠結合習慣與刻意，記得帶走他認為自己可能需要的東西。我們從他的口袋得知，林肯是遵循傳統的——他隨身攜帶手帕，且手帕上的首字母是用紅線手工縫上。但他也表現出抗拒習俗的怪癖：在公共場合亮相前不先把眼鏡修好，而是用一截繩子來固定破損的鉸鏈（圖7）。我們很難找到更可愛的例子，來證明林肯不愛慕虛榮了。

♣「說到男孩的口袋！」女性手提包裡的寶藏和垃圾

男孩口袋到底藏了什麼東西？長久以來這份滿足感官的存貨清單一直討讀者歡心，但到了二十世紀，它出現的頻率變低了。「男孩的口袋顯示，哈克‡的時代過去了；現金、存摺擠走鰻魚和口香糖」，是一九五〇年《紐約時報》一篇報導的活潑標題。[84]那篇報導就在哀悼這種轉變。儘管男孩可能不再像以往那樣，表現出對口袋收藏的熱愛，但當這種「所有」少男的「特徵」也被認為是成年女性的特徵，男孩就成了一種新型收藏家的陪襯。「說到男孩的口袋！」一九〇五年一名報社職員在忙碌的辦公桌前驚呼。[85]那時他聽著一位「激動」的女士回想她遺失手提包裡的物品，要在分類廣告的失物招領版面刊登廣告。當女士回想每件遺失物的由來，洩露的資訊又引發錯綜複雜的聯想和記憶，那名職員得熬過一連串離題的歷史。耐心聽完後，職員做了畫龍點睛的結語，「說到內容的豐富多樣，男孩的口袋還比不上女人的手提包呢。」[86]

報導中的這段對話揭示了一個後來廣為人知的現象：隨著女性愈來愈認命地接受衣服口袋時有時無的事實，她們改而拿起手提包（handbag，也可稱為purse或pocketbook，都指一樣的東西）。隨著手提包肩負的責任愈重，尺寸也隨之膨脹，從十九世紀末放零錢和手帕的小小容器，發展成為批評家口中圓鼓鼓的球狀麻袋、無所不在的小行李箱、手提箱、垃圾桶、磨石和重擔。觀察家很快面臨他們曾在男孩身上看到的謎題，「**理論上**，女人的手提包範圍狹小；**實際上**，它涵蓋一切。」

這樣的評論呼應了昔日針對身繫十八世紀紮綁式口袋的女性所提出的指控——和她們一樣，手提包在大眾印象也是雜亂無章的坑。過了一個世紀，女性仍然無法在身體上面與周圍配置物品，既無法享受也不了解「口袋平衡的科學」，[87]一九〇三年一位諷刺作家這麼說。他目睹一對夫妻因口袋／手提包之別而起了誤解和爭執。那位丈夫自鳴得意，說他可以在身上分配好幾磅重的東西，且「幾乎毫無累贅感」，[88]卻擔心妻子可能缺乏理性組織的能力。他認為這一定就是妻子在縫補他的外套鈕釦後，把所有口袋裡的東西通通「塞進」一個口袋的原因，而這卻害他身體歪向一邊，煞是危險。[89]

不過，也有人頌揚體積龐大的包包十分引人入勝。崔佛斯（P. L. Travers）在她一九三四年的童書《瑪麗·包萍》（*Mary Poppins*）中描述，這位嚴厲但可愛的保母從天而降，手裡拿著一把獨特的雨傘，手肘上掛著一個像手提包一樣的地毯包（carpet bag）。在孩子看來，那個袋子是空的。每一個偷看過裡面的人都宣稱「裡面沒東西」。[90]但只有沒信仰的人才會覺得那是空的。包萍伸手從裡面拿出一條硬挺的白色圍裙綁在身上，象徵她準備為班克斯一家帶來秩序，然後又取出一連串其他必需品，不禁讓人想到男孩口袋裡雜七雜八的大雜燴。在一瓶香水和一包喉糖之間，包萍

‡ 譯註：指馬克·吐溫名著《哈克歷險記》（*Adventures of Huckleberry Finn*）裡的主人翁哈克（Huckleberry Finn）。

圖 8

瑪麗・包萍從她的地毯包裡拿出帽架。迪士尼一九六四年改編自《瑪麗・包萍》的電影《歡樂滿人間》的靜態劇照。

c 1964 Disney

若無其事地生出一張摺疊式草坪躺椅。崔佛斯了解男孩口袋的趣味所在，還變本加厲，增添比例不協調的物品。[91]

迪士尼在一九六四年根據崔佛斯的原著改編成電影，藉由更新袋中的內容物，進一步誇大這個場景。當包萍環視她的新房間——屋簷底下緊鄰育兒室的簡單建物時，她說那裡「畢竟不是白金漢宮」。[92]她從包包裡拿出帽架、鏡子、盆栽，和極具裝飾性、燈罩都是流蘇的立燈，補救了此情況。這些東西正是一般雇主不讓僕人使用，以凸顯他們在家中地位卑微的家用品（圖8）。那個包包是會變魔術嗎？麥可・班克斯（Michael Banks）愈想愈納悶，於是檢查了包包所在的桌子底下，看袋底是不是假的。他將逐漸了解想像力會拓展日常生活的極限，明白包萍不像他懷疑的那樣詭計多端，而是如他姊姊早已領會的「奇妙非凡」。[93]儘管這部電影讚美包萍具有神奇的力量，但也取笑她的本性跟所有女人一樣；包萍繼續從行李取出東西，卻很難在她寬敞的包包裡找到想要的物品：一把魔法捲尺，可以拿來評估孩子的身高和個性。「好笑了，我明明一直隨身帶著它的。」她一邊喃喃自語、一邊沮喪地跺腳，手臂和肩膀都埋入袋中，最後連下巴也被淹沒。

「女人翻找手提包」儼然已成為一種熟悉的景象，既完全合理，又令人費解。當一個女人輕摟著《時尚》雜誌所謂「像魔術師的袋子般裝滿戲法」的包包，仔細看著裡面時，她進入了所有旁觀者都禁止進入的私密空間。女人全神貫注「忙」著翻找包包時，暗示她們的注意力擺在別的地方。[94]因此，也許手提包不可避免地成了一種無法抗拒的挑戰。手提包做為一種專屬於女性的物件，蘊藏著揭示女性特質的迷人線索。就像少男的世界自成一格，有自己文化與規則，成年女性好像也是如此。

為迎接這項挑戰，《生活》雜誌的編輯承諾要「揭開女人到底在手提包裡塞了什麼的謎團」。[95]相信光靠一張照片不夠充分，並乘此機會引發大眾對X光新醫學（和科幻小說）用途的興趣，《生活》雜誌在一九三九年秋天，送了一個手提包給放射線技師，「看透」它「亂七八糟的內部」（圖9）。[96]《生活》把X光片與普通照片並列，且為了讓觀者一目瞭然，也在紙上畫出手提包的框架，並按照物品在袋裡的位置加以排列。結果，照片和X光片的對照不僅沒什麼啟發性，還徒增困惑，成了愚蠢的視覺噱頭，因為X光片呈現的東西比照片還要少。隨意翻閱雜誌的讀者，可能會在關注最新皮包設計的跨頁廣告後（圖10），偶然碰到這個照過X光的手提包。《生活》想傳達而沒有明說的訊息是，你可以買這款新包包，但請當心：我們看穿你了！綜合上述這些，暗示人們對於時尚在製造時髦外觀上的作用，抱持若干矛盾。女性或許看似冷若冰霜、一切歸她掌控，但只要稍加挖掘，就會揭露混亂到無可救藥的內在。女性自身所攜帶的，正是妨礙她們行動的「累贅」；[97]在這個例子，精確地說，根據X光，共有六十一件。

儘管《生活》雜誌的X光片沒什麼啟發性，各家媒體的報導仍試著自行詮釋一番。女性手提

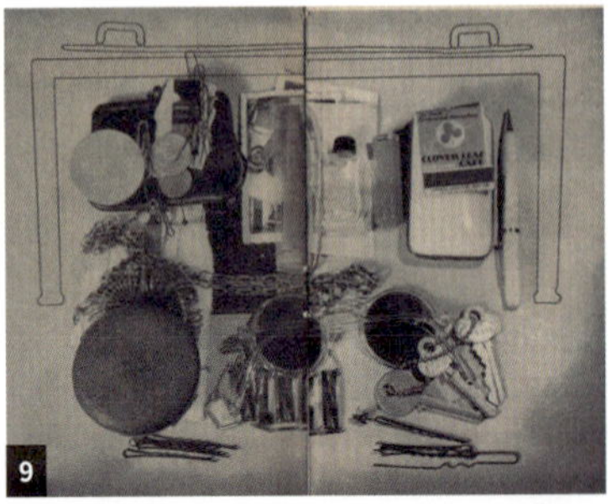

9

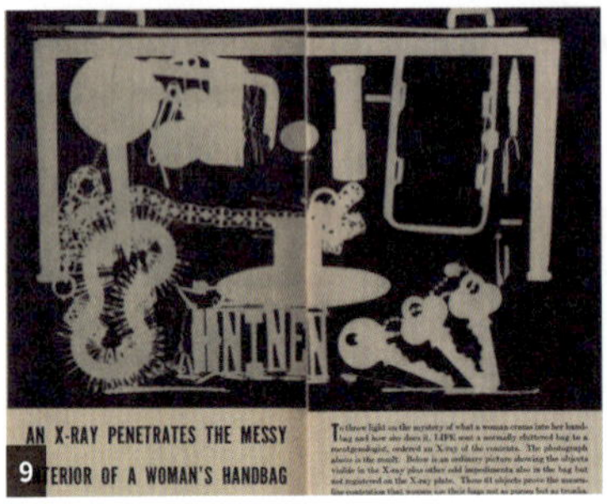

9

圖 9

一位女性的手提包內部。

照片由摩爾斯（Ralph Morse）拍攝，上方 X 光由佛默—皮克斯博士（H. Volmer-Pix）攝影，刊於《生活》雜誌一九三九年十一月號。

圖 10

摩爾斯拍攝的時尚照片。

刊於《生活》雜誌一九三九年十一月號。

10

包裡的物品清單開始出現在報章雜誌，甚至上了白天的電視節目。新聞記者搭訕街上和在地鐵站等車的女性；採訪知己和朋友；找高中生、郊區家庭主婦和從商女性進行非正式或隨機的調查；還安排名人專訪，要線民吐露她們的手提包裡到底有什麼。一九五〇年代初期，饒富魅力又體貼入微的電視節目主持人亞瑟·林克萊特（Art Linkletter）說服許多女性觀眾上CBS的現場節目《家庭派對》

（House Party）透露她們生活的私密細節。該節目是源於廣播、以觀眾參與為基礎的談話和綜藝節目，林克萊特「對他的觀眾有類似精神科醫師的作用」，《星期六晚郵報》（*Saturday Evening Post*）這麼評論，[98]因此，他的聽眾會描述他們最尷尬的時刻，並打開手提包供人察看，也許並不意外。在《郵報》所謂反覆進行的「儀式」中，林克萊特窺視某位自願者的手提包，評論他拿起的假牙、蘭姆酒瓶和還沒繳的電話費帳單，然後一派天真地問：「妳**到底**為什麼要把**那**放在裡面？」[99]女性開始「帶著裝滿東西的手提包」上《家庭派對》，林克萊特在他的回憶錄裡這麼寫，顯然是想向他挑戰。[100]

雖然證據差異甚大，二十世紀萌生出一種女性形象：對於皮包塞滿東西毫無悔意的女人。新聞記者有現成的參考架構。《生活》雜誌在一九四五年指責，對於一天中遇到的瑣碎之物，女性「表現出的占有欲，與小男孩貪戀於彈珠、林鼠（pack rats）執著於閃亮物體類似」。[101]既已喚起林鼠的形象，不用多久，女人手提包是鼠窩的說法便廣為流傳。男孩當然會虐待他們的口袋，當他們在裡面鋪麥稈、草和泥土來收容野生動物時，營造的空間比真正的鼠窩還像鼠窩。但他們的邋遢會被原諒。討論男孩口袋收藏的文章，都寬容地頌揚男童眾所皆知的怪癖。起碼，男孩平常溜達注意到和撿起來的東西，展現了健康的冒險精神，以及對周遭環境的強烈興趣。

要證明女性包包裡亂塞的口香糖包裝紙和收據具有任何建設性的作用，著實比較難。有些婦女宣稱她們的手提包裡有應急所需的一切。[102]女人包包裡收集的大量廢棄物，可視為女人把「家帶出家裡」的一種方式。[103]一九四三年機智的富蘭克林．亞當斯（Franklin Pierce Adams）在《大西洋月刊》裡指控女人帶在身上的東西，相當於一棟儲物極多的公寓裡滿滿一房間的物品。「在我看來，」亞當斯幽幽地說，「她可以在外面過好幾天，不必回家。」他承認他兒子的口袋會在走路時嘎嘎作響，且連拋棄一顆「卵石」都不願意。[104]即便如此，他仍繼續公布他「手提包密友」的存貨清單。[105]

心理學家探究了女性這種像寄居蟹一樣，背著「家」到處走的需求，而好幾位學者同意，包包塞滿東西的行為，有深刻的心理根源。喬伊斯・布羅瑟斯博士（Joyce Brothers）指出，這可能是「強迫性操心」的徵象。[106]身兼諮詢專欄主筆和電視名人，他從一九五〇年代開始幫助建立心理學概念的正當性，並向普羅大眾傳播。對於女性這種需求，心理學的語言和詮釋不勝枚舉，且持續被援用。一九九七年，在標題為「配件危機」（Accessory in Crisis）的文章裡，丹尼爾・哈里斯（Daniel Harris）挑釁地把手提包稱作：把女人與家庭綁在一起的臍帶。[107]他指出女性在被問到她們帶了什麼時，會表現出某種失憶，[108]而一旦被逼著亮出內容物，則會被自己的發現嚇一大跳。就連她們自己也會跟批評家一樣，把某些囤積物稱為垃圾。對哈里斯來說，這便證明女性的收藏行為並非出於自願，[109]而是由久遠以前害怕離家的記憶所驅動。他指責手提包是一根「拐杖」、是浴室的「代用品」，更是一口混雜了「未婚女子的矜持、禁忌、假正經和恐懼的大鍋子。」[110]

也許情況沒有那麼嚴峻。一九五七年，另一位專家在《洛杉磯時報》發表的手提包內幕報導中反駁：大型手提包並未反映出那種根深柢固、害怕離家太久的恐懼。它只是代表「一種對於複雜生活非常明智的調適」。[111]首先，整天需要補妝的事實，加上保持外貌完美的壓力，就使手提包成為一種行動梳妝檯。在一九二〇年代的時髦女郎（Flappers）[§]將化妝變成常態後（之前通常只有妓女和女演員才會化妝），女性對於在大庭廣眾之下拿鏡子畫口紅或進行其他私人儀式，已不會感到內疚。[112]一九三四年，男童軍創始會員丹・貝爾德（Dan Beard）在《男孩生活》發表，「沒有刀的男孩就跟沒有槳的獨木舟、沒有斧頭的伐木工人、沒有小粉盒的女孩一樣糟。」[113]

為了加強化妝品的收納，設計師製作了適合擺口紅、菸盒和梳子匹配的小盒子，以便通通裝進重要的包包裡。時尚媒體殷勤報導了這些套裝組合，說它們包裝高雅，用起來也令人滿意。凱瑟琳・曼斯菲爾（Katherine Mansfield）在一九二〇年出版的短篇故事〈逃離〉（*The Escape*）中意識到，這些工藝品可能成為具有圖騰般象徵意義的物品。故事中的丈夫看到他感情失和的妻子把手提包打開來放在腿上，窺視了裡面的東西——粉撲、唇膏、鏡子，和一只精緻的小玻璃瓶，裝了很像種籽的黑色小藥丸——頓時明白「在古埃及，她會跟這些東西葬在一起」。[114]

根據一般人的說法，女人，跟男孩子一樣，動輒過分重視不必要的東西。雖然很多女人視口紅為必需，但記者們樂於想像手邊沒有完美色彩的口紅，可能引發何種危機。「少女最怕在脂粉未施時碰到真正的帥哥。」一九八五年格倫娜・惠特利（Glenna Whitely）在《芝加哥論壇報》（*Chicago Tribune*）這麼寫。[115]就因為女人會隨身攜帶這種小玩意兒，女人對手提包的依戀從以往至今都是傳說的素材，「遇上船難和暴風雨、火災和洪水，一個女人可能會捨棄她的珠寶，卻會冒生命危險回去拿她的提包。」《時尚》雜誌在一九七三年指出。[116]我們會在消防演習等場合聽到的堅決指令——**留下你的個人物品！**——似乎部分就是衝著這種刻板印象而來。惠特利在她一九八五年那篇文章中介紹了一位德州女子，所搭的船沉沒後仍緊緊抓著她的手提包。她和她的同伴在五公尺高的驚濤駭浪中度過四個鐘頭，最後爬上一座鑽井平台。惠特利愉快地指出了這個故事真正「不可思議」的部分：歷經那場磨難，這名女子仍然保有她的包包，並且能夠拿出紙筆，

§編按：時髦女郎（Flappers）是一九二〇年代西方年輕女性的次文化，她們以鮮明的穿著風格與行為舉止挑戰當時的社會規範。

寫了一張「救命！」紙條塞進一只瓶子裡。[117]雖然那張紙條並非她們最後獲救的原因，但惠特利的結論是，「相信多數人會同意，只有摩西才能讓女人和她的手提包分開。」[118]

有些女性確實同意這句話，自二十世紀末以來，她們愈來愈直率地拒絕因為依戀手提包而遭到欺侮。她們反駁說，手提包裡裝的不只是非必需品，「我整個人生都在裡面！」是常聽到的論調，[119]而流行時裝設計學院（Fashion Institute of Technology）附設博物館的主要策展人薇樂莉．史提爾（Valerie Steele），在她二〇〇五年探討手提包的著作裡就這麼說。史提爾主張，包包的設計固然可能反映主人嚮往什麼——時髦、輕便、實用——但其私密的內部空間卻是女性身分的延伸。[120]那猶如神經中樞；那暗示一個女性身兼多角，但未必是焦慮的源頭；反映她的適應力，但未必暗示她有囤積癖。從正面的觀點來看，手提包被公認為兼具實用性及情感方面的重要性。

即使身處於這個萬事皆可自我揭露的時代，人們對於窺見威廉．迪安．豪威爾斯所謂他人「日常行為與夢想」的渴望，仍未隨時間消退，口袋和手提包也始終是探索他人內在世界的獨特入口。[121]正如人們很想去國會圖書館目睹林肯口袋裡的東西，世人仍希望找到管道突破他人的防備。瑪丹娜（Madonna）二〇〇七年把這股衝動貨幣化：她在坎城拍賣自己手提包裡的內容物（一面放大鏡、髮夾、吸油面紙和唇蜜），所得捐給愛滋研究。[122]在莎朗．史東（Sharon Stone）主持、眾星雲集的會場，瑪丹娜告誡與會者別出太低的價錢，也提醒在場眾人，包包裡的唇蜜是碰過她嘴唇的。瑪丹娜人還活蹦亂跳，就創造出自己的聖物箱了。

攝影師法蘭索瓦．羅伯特（François Robert）提出，手提包和口袋裡的廢棄物可做為肖像的媒介，說那些日常行為的證物比一個人的臉透露更多事情。在他的《內容物》系列（*Contents*，

圖 11

〈二十一包纖而樂〉（21 Sweet' N Lows）。

法蘭索瓦・羅伯特，《內容物》系列，二〇一〇年。

一九七八—二〇一〇），羅伯特只呈現在拍攝對象的口袋、手提包和背包裡發現的物品，以及他們伸出的手（圖11、12）。這系列作品與傳統人像攝影一致的地方，在於拍攝對象要跟著他們的財物擺很久的姿勢。儘管這類物品通常經過仔細挑選，但羅伯特的任務仰賴出其不意的元素。他找了一百二十位四到七十五歲的親朋好友及陌生人做拍攝對象，告知他們將參與一項藝術計畫，但沒有事先警告說會被要求揭露私人隨身物品。一名參與者在打開帆布背包時感覺脆弱，於是考慮「編

圖 12

〈十顆芝蘭口香糖〉（Ten Chicklets）。

法蘭索瓦・羅伯特，《內容物》系列，二〇一〇年。

輯」她的貯藏。這是羅伯特提供給參與者的選項。但她最後沒有編輯，全盤托出，而後訝異羅伯特「能以如此簡略的方式，在那一瞬間捕捉人們的全部生活」。[123]

羅伯特將拍攝對象的物品分門別類、組織排列，用這些日常用品構圖，並注重色彩和字體的樣式。他每一張肖像都用大小相同的紙張做背景或底線，有些貯藏品擺在最上層，有些則在第二層。藉由讓觀者聚精會神於內容物本身，他讓觀者自己思考各種問題，比如多帶某樣東西**上路**或**以防萬一**的一時衝動——以及這些順手拿的「纖而樂」（Sweet' N Lows）代糖包，是怎麼在每天去咖啡館後累積的（圖11）。而關於影中人，除了大致的年紀，這些靜物肖像（圖12）透露的資訊出奇的少——例如，性別、職業或身分地位；羅伯特策略性地不要給這些在包包或口袋塞東西的人（以及他拍攝的少數「極簡主義人士」）貼標籤，以打破圍繞他們產生的迷思，並藉此揭示，自始至終，「你身上帶著什麼，你就是什麼」的觀念背後，就是供奉於我們想像中的社會型態。顯而易見地，許多原本由男孩背負的負面或起碼令人困惑的刻板印象，最終轉移到女人身上。比如有些人說，現在的女人就像十九世紀那些熱愛魯賓遜、口袋裡裝滿「垃圾」的男孩，沒辦法區分有價值和沒價值的東西；她們就是愛囤積、捨不得扔掉東西。諸如此類的描述，只告訴我們現代文化有多重視秩序，以及它假設可以指望誰和不能指望誰達成那種秩序，卻沒有說明女性也屬於可分類的群體。

我們永遠可以攜帶小一號的包包。或是透過某種符合時代潮流的變通方案，完全不帶包包，例如，近來將錢和身分證塞進手機「強化版」的塑膠殼後面、嵌在腰帶裡的方式。[124]但手提包仍留存至今，且仍舊是一種展演、一種表現女性氣質的裝備。女性的手提包仍被視為危險的大雜燴，每當有人需要說明女性在照管財物上有哪些引人注目的習慣，就會提到手提包。《紐約時報》在二〇二〇年「好故事」專欄裡講述他們最喜歡的求婚事例時，決定指出這個細節：準新郎「那天把戒指藏在他說（他未來新娘）永遠不會去找的地方：她的手提包」。[125]

CHAPTER

6

口袋的玩耍

設計「雙重裝飾價值」

NE

POCKETS

The pocket theme dominates the Paris Collections, is structural, a part of the line. Above, Dior's calla-lily pockets, on beige with a linen look. Woodward & Lothrop; Marshall Field.

PANELS

Panels now float over slim skirts, give an illusion of width. Opposite, one of Dior's many. Swinging "Maypole" panels.

RUTLE

克里斯汀・迪奧（Christian Dior）在一九五四年宣稱，「男人的口袋是放東西用，女人則是拿來裝飾。」[1]真的嗎？若是真的，正是迪奧本人積極推動、使之永遠流傳的現象。在他於一九五七年早逝前短短的十年生涯內，新聞媒體常說一種戲劇性的口袋裝飾，「無疑是迪奧風格」。[2]有些迪奧口袋是尖的，「飛掠出肩線之外」，像飛行中的翅膀。[3]他的「袋鼠口袋」在胸口上方拍動，令人多少有些難為情，而「馬蹄蓮口袋」（calla-lily pocket）呈花瓣狀，高至肩膀，以捲起的拱形向前伸出（圖1）。[4]不論是高高設在鎖骨斜角的下方，或沿著臀緣形成銳角，這些擺出姿勢的口袋都有助於凸顯迪奧希望強調的曲線。但它們通常頂多只放得下一條漂亮的手帕。[5]

在二十一世紀初口袋性別政治的討論中，迪奧的那句妙語廣為流傳。這句俏皮話常被引用在文章及展覽的牆上說明文字，點出男女裝的不同設計目的。它濃縮了我們認為大致真實的事情：男裝注重實用性，女裝則是美觀優先。迪奧自己的作品證實，一九五〇年代的女裝就是這樣無誤，而之後一份粗略的十八世紀後口袋置物普查，也會給他所有需要的證據，確定相形之下，男裝就不太為裝飾效果傷腦筋。男人的口袋不會引人注目地凸出來、不會帶性暗示地下垂，也不會模仿翅膀或馬蹄蓮花瓣。它們多半不會影射其他物品，也不涉及玩笑、模仿或視覺陷阱。它們的外形直截了當，就是依照功能設計。

但一如任何簡潔有力的聲明，我們最好還是深入探究一番。很有可能，迪奧誇大了男裝的裝飾用口袋缺乏奇妙創意這件事。也有可能：迪奧並未體認到裝飾用的口袋所具有的文化效用——裝飾可以做為表達美學主張與概念的工具。[6]（畢竟，類比和玩

圖 1

迪奧以他的「馬蹄蓮口袋」協助「口袋主題」稱霸一九四九年的巴黎春裝系列。

克里斯汀・迪奧的日裝，艾瑞・內波（Arik Nepo）攝影，刊於〈巴黎新聞〉（*The News in Paris*），《時尚》，一九四九年三月十五日。

笑都是挑戰穿著和觀者用新的角度觀看事物。）事實上，綜觀二十與二十一世紀，口袋愈來愈熱情洋溢地參與時尚圈饒富想像力的設計案，而且女裝、男裝和中性服裝都不例外。如藝術史學家安妮・哈蘭德（Ann Hollander）所觀察，服裝的實用面向「一付諸使用，便也被用來玩味」。[7]

♣「口袋、口袋，到處都是口袋。」

「口袋、口袋，今年春天到處都是口袋。」筆名伊德（Erté）的羅曼・德蒂爾托夫（Romain de Tirtoff）在《哈潑時尚》裡大力宣傳。[8]那是他在一九一五年三月給該雜誌的第一批稿件中的一段說明文字（圖2）。伊德本身設計作品的圖解亦於同年開始出版，而他在作品中引入一個令他著迷的元素，並在接下來的十年繼續琢磨，看來非常恰當。[9]在十八、十九世紀，口袋很少出現在女裝表面，但隨著女裝往現代服裝演進，裝飾性蕾絲和緞帶的數量減少，口袋便接手一些裝飾的任務。如同伊德的說明文字所暗示，就像乍現的花芽，女裝口袋的到來讓很多人欣喜無比。或許因為史無前例，尚未有固定形式與位置，所以設計師反而無需受限於既定規則，得以自由發揮。如一九一六年《時尚》指出，口袋構成「一種嶄新的裝飾元素」。[10]當時，毫無意外，貼袋——直接縫在服裝表面，而非嵌入側縫處的口袋——尤其風行。

時裝版面毫不掩飾地強調這種新元素的視覺吸引力，凸顯伊德手套形貼袋的新潮：它們以黑色和紅色皮革勾勒輪廓，外加毛皮邊飾，為白色皮外套增添吸引力（圖2中）。另一件有紅皮革貼袋的露背背心，在灰褐色下午裝的襯托下，「像燈塔一樣」引人注目（圖2左上）。[11]口袋提供了展現色彩或材料對比的重要視覺機會，也能以互補的節奏來重複衣領或下襬的活動。「新奇的口袋」

Les Modes créées à Paris

Pockets, pockets everywhere this spring, on the frocks, on the jackets and on the great top-coats. Like beacon lights the old red chamois skin pockets stand out against the taupe satin background of the simple little afternoon frock (A). Straps of the chamois skin, and a hood of black satin dropped across the back add to the charm of this gown. On a jacket of white chamois skin (B) the pockets are in the shape of gloves outlined in black and red leather to match the trimmings of the garment. She hides her face behind the high collar.

On a motor coat of leather (D) the pockets are also of the skin, but in this model they are second in importance to the great sleeves and muffler of striped silk tricot. On a motor coat of beige-coloured cloth (C) the pockets are a part of the bretelles. These are of orange leather piped in dark green leather. Buttoned pockets add chic to the bodice of vague outline in this gown of green and écru cloth (E). From this model one may glean a clear understanding of the new silhouette for the spring.

Harper's Bazar, March, 1915 34

圖 2

「口袋、口袋，今天春天到處都是口袋。」《哈潑時尚》在報導巴黎冬裝時如此宣傳。

伊德的時裝設計及插圖，刊於《哈潑時尚》，一九一五年。

圖 3

一件網球衫，伊德設計及繪圖。針織衫的肘部和臀部連著菱形格子網，模仿網球網，並且在臀部繞圈形成口袋，來放置網球。

刊於《哈潑時尚》一九二〇年八月號。

作用宛如標點符號，讓原本簡樸的外套和洋裝變得活潑，使它們「分外時髦」。[12]

伊德既是少數被請求為本身作品繪製圖解的設計師，也是少數被要求偶爾提供評論的設計師之一。在他寫給《哈潑時尚》編輯的幾封公開信中，伊德告誡，任何裝飾都該有目的。他描述自己「非常痛恨……有過多無用裝飾的服裝」。[13]因此大體上，他設計的口袋似乎都是有功能的。他把口袋放在手容易伸入取用的位置。如《時尚》在一九一六年指出，這樣的口袋具有「雙重裝飾價值」。[14]對伊德而言，那樣的雙重職責似乎更具概念性，而不只是漂亮而已：他善於操控形式，因此能夠追求一系列的類比，且通常以某種方式考慮了內容物。有些類比具體得天真爛漫，例如像連指手套的口袋。有些則較為抽象，關係到如何將平面的布巧妙處理成立體空間。多年下來，伊德設計了像紙信封那樣摺疊的口袋、像籃子那樣編織的口袋，以及像傳統裁縫袋子那樣用繩子打結的口袋。一種受歡迎的變動也是最簡單的：把外套、洋裝、袖子或圍巾的一塊鑲片翻起來，固定成一個大口袋。伊德的一些口袋反映了這類收納容器曾為獨立配件的悠久歷史，包括掛在腰帶和飾帶上、扣到外套上，以及繫在露背背心上模仿圍裙的袋子。一九二〇年發表的黃色網球衫，伊德於手肘和臀部設計了對角線格子網，暗示網球網。臀部的網子摺成口袋，可以攜帶很多顆網球（圖3）。

儘管這種網狀口袋別出心裁，但這件網球服比較適合「消磨夏日午後時光」，[15]而非穿來打認真較勁的比賽。同年八月《哈潑時尚》一位記者報導，他／她看到一位選手在蒙地卡羅穿了伊德的網球裝（伊德當時住在那裡）。他／她也指出那名選手遵照設計師建議，在網球表面畫上各種表情的男人臉，顯然是為了提高猛力擊球的樂趣。[16]在這個海濱度假村，量身打造休閒活動是有可能的。出了蒙地卡羅，不僅多數女性負擔不起他詩意的奇想，裝飾他「漂亮花園衣裳」的籃子口袋，用途也相當有限，恐怕連玫瑰花都無法有效攜帶。[17]話雖如此，伊德對於口袋的大膽嘗試，仍展現口袋是適應力極強的服裝要素——因為口袋可以採取任何形式。

♣口袋裝飾權力套裝

其他設計師也仿效伊德，開始製作外形怪誕的實用口袋，其中最負盛名的是運動服設計師克萊兒・麥卡岱和邦妮・卡辛，她們精心製作了什麼都能裝的口袋，讓人聯想到圍裙和彈片口手提包等附屬配件。不過，真正將靈感來源發揮得最為多元且出人意表的，則是艾莎・夏帕瑞麗（Elsa Schiaparelli）。她與前衛藝術家齊名，會運用服裝做為創作現代藝術的媒介。[18]正當薩爾瓦多・達利（Salvador Dalí）致力於處理超現實主義題材，夏帕瑞麗發現服裝是種無與倫比、可「讓幻想成真」的工具。[19]夏帕瑞麗的設計讓許多購買時裝的民眾大惑不解，但她「顯而易見的瘋狂」——她在一九五四年出版的自傳《震撼人生》（*Shocking Life*）中如此自稱——[20]可以更貼切地形容為一種意願：她樂意思考衣服到底是什麼奇怪的東西，包括這個事實：特地為合身而塑造的服裝，也

圖 4

時裝速寫，圖解艾莎·夏帕瑞麗的五斗櫃抽屜套裝。

波道夫·古德曼繪，一九三六。

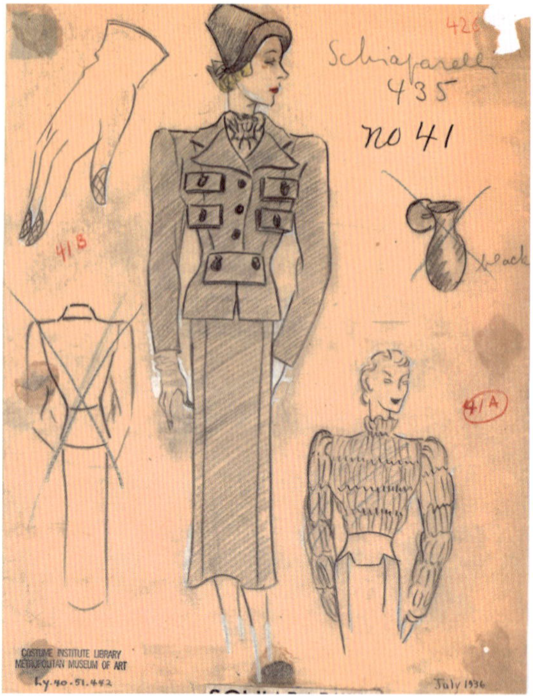

評論了我們的身體，以及身體的色情本質。正因有這些戀物的可能性，衣服永遠不只是表面看起來的樣子。

夏帕瑞麗很多出名的玩笑、雙關語，以及所謂的「插科打諢」都跟口袋有關，[21]包括她一九三七年一套日裝的「唇飾」（lip-applique）口袋，和一九三六年與達利合作的「五斗櫃抽屜」（bureau drawer）口袋（圖4）。「達利老是不請自來。」夏帕瑞麗回想兩人第一次合作，[22]「我們一起設計了那件有很多抽屜的外套，靈感來自他的一幅名畫。」[23]對達利來說，那一系列的畫作都是圍繞一個主題展開的變體：一個五斗櫃變成一個女人，他稱之為「擬人化五斗櫃」。[24]身為佛洛伊德（Freud）的忠實讀者（就算不是最細緻入微的），達利的抽屜以撩人的姿態開啟。抽屜和口袋都是佛洛伊德在一八九九年著作《夢的解析》（*The Interpretations of Dreams*）中鑑定的封閉中空空間，具有明顯的性暗示。[25]同樣在一九三六年，達利褻瀆了愛神米洛的維納斯（Venus de Milo）：在那座大理石雕像一半尺寸的石膏複製品上裝了好多個抽屜——煽情極了（圖5）。[26]

相反地，裝飾夏帕瑞麗日裝的「視覺陷阱」抽屜，就牢牢關著。其中多個五斗櫃抽屜沒有附加口袋，但有幾個被做成實用的真口袋——這樣的虛實互見設計，承認了這些內部空間的親屬關係。不過，夏帕瑞麗沒有像達利那樣深入探究某些個人的性心理焦慮，而是投入一件熟悉藝術品的雙關詮釋，探索這種人類的癖性：喜歡在居家環境看到類似身體的東西。（比如五斗櫃，就用四隻腳站立，可能還有個高大的背板。）但夏帕瑞麗在這件套裝放置「抽屜」的位置，以及抽屜的大小，卻拐彎抹角地暗示其他肉體部位。藉由提供兩個、五個及八個「口袋抽屜」版的套裝，狡詐地凸顯胸部和腹部，夏帕瑞麗創造了重新排列的「抽屜五斗櫃」，既暗示卻也抗拒身分認同。

為完成這五斗櫃的錯覺，夏帕瑞麗在「抽屜口袋」上配備各式各樣的抽屜把手，用了塑膠水

圖 5

《有抽屜的維納斯》。

薩爾瓦多．達利製作，一九三六。

晶球形門把、黑色塑膠環和懸掛的拉環。如她在自傳中所言，夏帕瑞麗與才華洋溢的寶石匠、雕塑家和工匠密切合作，請他們用「最不可思議的東西」來製作她的口袋。[27]「沒有一個（鈕釦）長得像人們心目中鈕釦該有的樣子。」她回想。[28]那些鈕釦用塑膠、木頭或金屬製成，外形像爬行的昆蟲、花生、鏈條、鎖、夾子、用過的彈殼和棒棒糖。[29]在這個例子（抽屜和門），夏帕瑞麗使用她慣用的素材，而達利的維納斯雕像卻用了貂皮絨毛球做為抽屜的把手。這些選擇差異暗示，雖然合作激盪出火花，兩個夥伴仍各走各的路。達利的抽屜把手引誘人去觸摸。夏帕瑞麗的拉環乍看妙趣橫生，再看卻令人略感驚恐，固然提出邀請，但觀者心知肚明，最好不要接受。在所有選項中，位置非常接近乳頭的懸掛拉環，對波道夫・古德曼百貨（Bergdorf Goodman）而言，似乎太露骨了點（圖4）：從模特兒的設計草圖可見，某位買主把它劃掉了。

夏帕瑞麗是否如同一些評論家所言，將達利的作品馴服成任何女性都可以穿的保守套裝了？[30]她顯然不願公然表露性慾。但我們也可以說她有其他動機，例如，她打算讓穿著者保守自己的祕密。加斯東・巴舍拉（Gaston Bachelard）在一九五四年的著作《空間的詩學》（*The Poetics of Space*）中觀察道，抽屜和我們給抽屜上的鎖與鑰匙，除了精神分析學家「單調如一」的性聯想之外，還有更多層次值得探究。[31]櫃子和抽屜都是藏東西的地方，是對於富有想像力的生活格外重要的「混合物」，能滿足我們對於隱私和神祕的需求。[32]抽屜尤其是「不對任何人開放的空間」。[33]然而，沒有哪個櫃子或抽屜是不會被洗劫一空的，因此，巴舍拉思忖，與其試圖用華麗的門閂和插銷「嚇唬」入侵者，「不如誤導他」。[34]穿著夏帕瑞麗的「五斗櫃抽屜」套裝，只有穿的人才有伸入私密空間的權利；只有穿的人知道哪些口袋是真的、哪些是用來轉移注意力的。關注女性的想像力生活，夏帕瑞麗提供富有想像力的作品，與其說是馴服套裝，不如說是讓穿著者得以掌控一切。

圖 6

艾莎・夏帕瑞麗的晚禮服大衣，有十八世紀塞夫爾瓷花瓶形狀的口袋，一九三八－三九年冬。黑羊毛，搭配粉紅色絲綢、金色刺繡、亮片和瓷器的花卉。

當時，套裝本身就是女性希望能夠獲取若干掌控權的東西。二十世紀女裝的戲劇性變化，大都涉及挪用男裝的形式與象徵性權威。受到夏帕瑞麗的影響（珍娜・福蘭納〔Janet Flanner〕一九三二年在《紐約客》〔*New Yorker*〕雜誌稱呼她為「狡詐的服裝木匠」），[35]素材種類更廣泛、外形更雅致的套裝，逐漸取代洋裝成為時髦城市生活所趨。這些套裝普遍搭配裙子，使之仍展露女性氣質，但看起來具現代感且嚴肅。女性逐步入侵男性服飾領域，以及她們對權力與地位日益高漲的追求，引發的矛盾心態，偶爾也會直接反映在那些專為女性身形剪裁的外套與套裝表面——這樣的現象，並不令人意外。與此同時，口袋以及口袋在胸部、臀部的運用方式，既流露也刺激了這些跨性別的緊張。

胸前口袋持續成為夏帕瑞麗挑戰設計界限的實驗場域，而她的創作並不全然保守內斂。例如，一九三八至三九年一件用六個貼袋裝飾的晚禮服大衣，就率直地令人咋舌（圖6）。那些絲綢貼袋是鮮豔的粉紅色——夏帕瑞麗稱這種顏色「鮮亮、不真實、放肆、好看、生氣勃勃」。[36]其外形仿自十八世紀

圖 7

可可・香奈兒一九五九年的套裝。香奈兒的裝飾微乎其微：她的粗花呢外套內襯相配的方格圖案，捲起袖子時，也會形成與貼袋邊緣相互應的袖口。

（版權：紐約服裝時尚博物館）

的塞夫爾（Sèvres）瓷花瓶，堪稱洛可可風格（rococo）的經典作品，咄咄逼人地襯托了乳房。這六個容器每一個都以金色刺繡勾勒輪廓、點綴白色陶瓷花卉（塞夫爾工坊的特色），且正中央都有深粉紅到藕色的亮片圖案。從遠處看，深藕色的亮片只會讓人聯想到「像信標燈一樣」明顯的乳頭，且滑稽地一再重複。[37]觀者知道眼睛該看哪裡嗎？「結果是誰會感覺不自在呢？」[38]羅賓・吉布森（Robyn Gibson）在思考這件大衣時說，「是選穿這件衣服的女性，還是眼睛定住不動的觀者呢？」

藉由如此堅持不懈地吸引人們關注乳房，夏帕瑞麗打破了菁英服裝的禮儀規範。她的設計並非透過刻意露出乳溝來凸顯乳房，而是運用繁複的裝飾手法反過來質疑這種期望。[39]然而，使用裝飾來達成顛覆性目的是件難事。閃閃發光的亮片、質地和鮮豔的色彩，通常會讓人想到藝術文化中的輕浮行徑，而那種輕浮有損害穿著者名譽之虞。

與夏帕瑞麗時代相近、也曾是競爭對手的可可・香奈兒（Coco Chanel），就對此耿耿於懷，她痛恨女裝一天到晚被拿來調侃或消遣。歷史學家卡羅琳・

伊文斯（Caroline Evans）和米娜・索頓（Minna Thornton）解釋，香奈兒堅持「不受侵害的尊嚴」，而擁護反裝飾的制服。[40]一九五四年，在夏帕瑞麗關閉時裝店之際，香奈兒以七十高齡捲土重來，推出一系列合身又好穿的套裝，也就是她至今仍為人念念不忘的作品（圖7）。這些套裝低調處理指涉身體的部分，被喻為「二十世紀最接近男士雙釦或三釦西裝的女裝」。[41]

在一系列宣告東山再起的訪問中，香奈兒提供了她心目中好設計的入門知識。她將裁製一套合身的套裝比作製表，[42]認為設計師必須鉅細靡遺地關注套裝內部機制的每一個細節。她主張，衣服須對穿著者「有作用」。[43]「口袋要放在真正能派上用場的地方，」[44]她斥責道。「絕對不要有哪個鈕釦是沒扣眼的。」[45]不同於美國運動服名牌有結實堅固的口袋，香奈兒的口袋，如《時尚》漫不經心地說：從未邀請「諸如一把鑰匙、一支打火機」以外的東西入內。[46]然而，那些口袋是實用的。香奈兒沒有耐心讓口袋變成別種東西，也對那些「留給（女性）假東西，或充其量一個小笑料」的設計師感到不耐。[47]

香奈兒懷疑，那些點綴在女性套裝和洋裝上的玩笑式設計與假口袋，是為了逗人開心和貶低女性用的。一九五二年時《時尚》雜誌盛讚一款有「視覺陷阱」口袋的度假洋裝——當時這款洋裝在巴黎熱賣，如同「熱蛋糕般搶手」——[48]一位編輯用典型膚淺、馬虎的方式稱讚它，惹惱了香奈兒（圖8）。《時尚》宣布新的絲網印刷技術已經問世，指出這件洋裝的領子、口袋和鈕釦「全是假的」，但無意欺騙任何人。[49]它綜合這些客製化的元素，「只是蒙印刷工法恩賜，但坦白說，其存在目的是為了消遣。」[50]這件洋裝頌揚「欺騙」是女裝的核心概念，這並非如夏帕瑞麗所言，是為了揭露女性在父權底下的困境，而是為了重申某些現狀。[51]很多消遣顯然與見證洋裝轉型成套裝有關，而人們知道，這樣的轉變永遠不會完成。

除了不時語帶輕蔑地默許虛假的口袋，時裝記者常無法解釋設計師互開的玩笑：他們會透過引用和戲仿來評論彼此的設計作品。[52]一九七〇年香奈兒過世後，隨著愈來愈多女性進入勞動市場，實驗性套裝的時期隨之而至。不知該穿什麼去辦公室的女性，一開始遵照約翰．莫洛（John T. Molloy）等形象顧問的建議——他在一九七七年的《成功的穿著》（*Dress for Success*），建議女性看起來愈沒有威脅性愈好。如《時尚》指出，這個靠不住的建議導致「令人驚駭」、單調無趣的妥協，且不時穿插一點意義也沒有的「愚蠢小女孩蝴蝶結」。[53]較有自信的權力套裝在一九八〇年代中期出現，風格張揚、時髦、令人嚮往。顧客付好幾千美元、大排長龍等「一件香奈兒」——現在由公司新設計總監卡爾．拉格斐（Karl Lagerfeld）操刀或審核。[54]拉格斐採用香奈兒粗花呢套裝的所有可識別元素，包括一對有對比滾邊的貼袋，以及兩個C字金色鈕釦，並為爭取品牌正當性的菁英客戶稍加修改。

義大利設計師法蘭柯．莫斯基諾（Franco Moschino）對一九八〇年代香奈兒的代表性套裝發動攻擊，連帶使香奈兒的老對手夏帕瑞麗重獲新生。為了嘲弄時尚界的浮華鋪張，莫斯奇諾製作了一款仿香奈兒套裝，借用夏帕瑞麗擅長的雙關語和文字遊戲，在原本應有金鏈腰帶的位置，繡上「Waist of Money」（揮霍金錢／浪費腰部）。在其他作品，莫斯基諾繼續攻擊這家設計公司，製作了十公分長的迷你香奈兒外套，拿來用作貼袋裝飾與香奈兒類似的套裝。在另一件粗花彩格呢上，他用荷葉邊的黑毛氈來反襯衣領、袖口和口袋的局部，模仿

圖 8

「假口袋度假洋裝」（The Trompe-L'Oeil Resort Dress）。這件洋裝原由法國愛馬仕公司（Hermes）和賀伯．桑德安（Herbert Sondheim）生產。桑德安經營一家女裝製衣公司，專門製造巴黎高端時裝的平價版本，也複製這款洋裝引進到美國各大百貨公司販售。

諾曼．帕金森（Norman Parkinson），刊於《時尚》，一九五二年十二月一日。

圖 9

法蘭柯·莫斯基諾胸前口袋上下顛倒的套裝。

沃爾特·錢（Walter Chin）攝影，「適宜的彩格呢」（Suitable Plaids）評論，《時尚》，一九八九年八月一日。

香奈兒色彩與材質精準呼應的「一套到底」風格，但把胸前口袋上下顛倒（圖9）。模特兒緊緊抓著一款類似香奈兒的雲朵包（quilted bag），手上還緊纏著金鏈子。她看來不需要實用的口袋。《時尚》雜誌僅指出這件套裝有「高貴的幽默感」。[55]

《時尚》所謂「莊重的幽默感」是什麼意思並不明確。莫斯基諾認為拉格斐對香奈兒的改造更像是一種拼貼模仿，不但沒有為這個受人推崇的設計品牌注入新生命，反倒忽略了基本原則。（拉格斐似乎不像可可．香奈兒那樣在意，要讓女性「比（她們的）衣服更重要」。[56]）透過上下顛倒的口袋，莫斯基諾也許闡明了他的論點——但穿著者可能要付出代價。畢竟，誰會想穿口袋上下顛倒的套裝呢？在考慮拿口袋玩遊戲時，我們也必須考量玩笑究竟是開在誰身上。

在莫斯基諾把他的貼袋顛倒過來的那一年，派崔克．凱利（Patrick Kelly）把口袋用古怪的角度扔在條紋套裝上（圖10）。從夏帕瑞麗的作品獲得靈感，凱利在其作品注入機智與頑皮。他解釋

圖 10

派崔克．凱利設計的口袋隨意放置的套裝。

《蒙娜的賭注》系列，一九八九年春、夏季。

圖 11

派崔克・凱利一九八九年春夏季特展邀請函。凱利扮成蒙娜麗莎，披著用鈕釦裝飾的披肩。鈕釦是他最喜歡的裝飾物品。

道，「我希望我的衣服能逗你笑。」[57]並讓時尚「貨真價實」、容易取得。[58]凱利是第一位被選入知名時裝設計師同盟工會（Chambre Syndicate du Prèt-a-Porter，法國成衣業的官方管理機構）的美國設計師及黑人設計師。他以該組織會員的身分在羅浮宮的庭院舉辦個人首展，向《蒙娜麗莎》（*Mona Lisa*）致敬，更在展覽邀請卡上以多種形象假扮她（圖11）。這套細條紋的套裝非常適合其中一個角色：「拉斯維加斯的麗莎」；她是賭徒，手中亮出一組紅心牌。

這套細條紋的「拉斯維加斯的麗莎」套裝，是一系列以裝飾性骰子為特色的作品之一。這一系列合稱為「蒙娜的賭注」（Mona's Bet）。四散各處的口袋暗示隨機擲骰子，幫助凱利展現帶有男子氣概的正式制服。他的設計不僅以休閒感更強的棉斜紋布呈現，條紋本身也呈現更俏皮的顏色：亮黃、鮮紅，而且錯位、不對齊。凱利也可能在這裡加入自傳性的指涉。是巴黎，而非美國，「賭」了凱利的藝術才能，對他的事業表示認可、給予支持。不過，這裡也有相當多玩笑讓穿著者和觀者品味，包括肩胛骨上方的假口袋。如果穿著者把右手搭在左肩上，就剛好能搆到它。透過這種存心安排的隨機和心照不宣的欺騙，凱利的套裝廣泛反映了女性訂作套裝放置口袋的不確定性。儘管搞笑和插科打諢可能不是所有人（包括香奈兒本人和現代主義盟友）認同的策略，但凱利著實延續了女裝的一個悠久傳統：編排看似無用的裝飾來闡明有用的論點。

♣男裝的口袋：因應場合

《君子》雜誌（*Esquire*）一名作者在一九五五年寫道，男性時裝「是本質保守的東西」，不會有調皮或「視覺陷阱」的口袋。[59]做為幾百年來身分地位的既定形式和職業女性嚮往的中性標準，男性的衣裝似乎沒什麼好開玩笑的。同一位作者多少帶點防衛地補充，有用、實用的口袋，是「女士在服裝方面留給我們的少數特權之一」。[60]這段話暗示男性已經和保守主義和睦相處。然而在一九五〇年代，我們也見到不少人嘗試將更浪漫、原始或「粗獷的男子氣概」融入日常穿著。[61]

如果女裝的戲劇性大多涉及挪用男裝的權威，那男裝的戲劇性就著眼於掙脫一點那種權威的窒悶。這裡，口袋也扮演值得注意的角色。秉持傳統，男裝的口袋一直在形式上受限。設計師並未將他們塑造成籃子或百合花。男裝的口袋不會暗示底下的身體，亦不反映隱私或賭運。但根據那位《君子》的記者所言，男裝的「字面意義」繫於「口袋的標點」（以及鈕釦、開衩、領嘴等）。外貼袋尤其是關鍵轉折點，暗示「工作與娛樂之間的過渡」。[62]

貼袋發源於工作服。無論是置於耐穿的圍裙，或從十九世紀開始置於長褲和工作褲，貼袋都明顯可見。例如，眾所皆知，Levi's牛仔褲的後貼袋就是以鮮豔的明線車縫勾邊。這種強化，結合鉚釘（雅各・戴維斯〔Jacob Davis〕在一八七三年拿到專利），象徵工作服的耐用。「特別為礦工、技工、工程師和勞動人員製作。」利惠公司（Levi Strauss and Co.）的皮革標籤宣稱，[63]Levi's的「及腰工作褲」（waist-overall，牛仔褲的原名）和「背帶褲」（bib-overall）非常強韌堅固，就連兩匹馬朝反方向拉也扯不破。

詹姆斯・艾吉（James Agee）一九四一年的著作《現在讓我們讚美名人》（*Let Us Now Praise Famous Men*），記錄了經濟大蕭條高峰期佃農的生活，他在書中寫了篇浪漫的頌詞給背帶褲，並搭配沃克・伊凡斯（Walker Evans）拍攝的照片（圖12）。回想他見過的典型服裝，艾吉判定工作褲獨特之處在於它們是「這個國家原生的」。[64]工作褲的縫紉尤其令艾吉感興趣。他寫道，「萬用口袋的複雜縫線」亮白映襯深靛，看來宛如「藍圖」。[65]這張藍圖「胸口有結構複雜的歪斜口袋，可以放置鉛筆、

圖 12

法蘭克・譚格爾（Frank Tengle）肖像，在阿拉巴馬州黑爾縣芒德維爾附近。

由沃克・伊凡斯拍攝，刊登在詹姆斯・艾吉的著作《現在讓我們讚美名人》，一九三六。

尺和表」，象徵著對美國農業區生產力極為重要的標記和測量行為。[66]貼袋的輪廓顯眼，則象徵著能力和某種靈巧及獨創性，而艾吉希望透過他的書重新評估這些價值。

除了農人和工匠，從古至今，獵人和士兵（需要某些相同技能和工具的專業人員）也會穿有外貼袋裝飾的衣服。不過，士兵一開始相當反對任何會破壞其華麗軍服的功能元件。十七世紀以來，歐洲和北美的軍隊都穿著全套服裝打仗，制服皆仿造當時流行西裝的樣式設計。由於士兵可藉放肆無畏的外表壯膽，提高氣勢往往比務實的考量更重要。一八八九年，一位英國軍事改革者眼見志願軍士兵，穿著緊身剪裁的外套趾高氣揚地走來走去，卻「無法在戰爭期間按照要求完成每日的工作量」，勃然大怒道，那些士兵必須**願意**穿制服才行。[67]

人們會改變心意，部分是受到一種新樣式催化：十九世紀中葉的狩獵裝（safari suit），也就是英屬東印度公司官員穿去打獵的衣裝。[68]趁閒暇追求冒險、獵捕老虎大象之際，官員開始意識到實用服裝的效能。[69]狩獵裝運用了兩上兩下的口袋結構，在胸口和臀部設了外貼袋。[70]這些通常是立體的吊袋，像風箱一樣，中間有肥厚的褶襉向外膨脹，來容納龐大的物體。內襯皮革，這些口袋可拿來裝小火藥瓶、其他彈藥和必需品。實用，但也對一些人具吸引力，像這樣的狩獵裝提供

圖 13

第一次世界大戰士兵的訂製羊毛束腰外衣，口袋裡發現菸嘴。

一九一四－一八。

圖 14

在一九四四年十月一場戰鬥後，身穿棉製 M1943 戰鬥外套的七十九步兵師士兵。從左至右：一等兵穆斯（Arthur Henry Muth）、中士席利歐（Carmine Robert　Sileo）和中士拉薩爾（Kelly C. Lasalle）。

13

14

軍隊一種調和功能與銳氣的方式。吊袋外套（即如今眾所熟悉、現代卡其服軍隊的戰鬥裝）的出現，代表軍隊總算意識到，平民的狩獵服裝遠比正式西裝更適合在設計軍裝時參考（圖13）。

顯然相當實用的吊袋繼續累積意義。在二次世界大戰頭幾年倉促動員時，美國軍方稍微調整卡其束腰外衣，生產出第一套既非訂製也不緊貼胸部和腰部的軍服（圖14）。棉製、類似風衣的M1943戰鬥服（名稱表示研發的年分），用細繩在腰部收緊，胸口和臀部有多個吊袋，褲子上還有新設計的工裝口袋（cargo pocket）。這套制服似乎是為一種截然不同的戰事做了調整：不同於一次大戰的靜態塹壕戰，二次大戰是機動戰。見證新制服測試的部隊指揮官報告說，「發現士兵可以仰賴外套和褲子口袋戰鬥」，是新戰鬥服最重要的特色。[71]艾森豪將軍鄙視這些制服的寬鬆剪裁，擔心穿著它們不可能顯得「整潔又俐落」。[72]但身穿制服的美軍一再出現於報紙和影片，其始終英勇的形象徹底改變了民眾的看法。在艾森豪眼中無精打采又不吸引人的軍裝，最後廣獲青睞。

平民的便服最後將納入這些制服的所有口袋。從工作服到軍裝到運動服，明顯的口袋配置引發一連串動人的聯想：那是「一張工人的地圖」，將他的能耐、剛毅、決心和驍勇展露無遺。在緊跟著二次世界大戰而來的休閒革命中，設計師徹底劫掠了上述現行男裝，借用口袋等標誌來營造不拘形式的美感。一九四九年，《服裝藝術》（*Apparel Arts*）正確預見這股不正式的趨勢，「不只是一時風尚」。[73]注意到美國男人「天生隨興」又堅持舒適，[74]這本以男裝製造商及零售商為受眾的產業雜誌提出，只要做些聰明調整，男人無論在什麼樣的情況都能「輕鬆自在」。時尚版面向讀者保證，他就連「在歌劇院裡」都可以更像自己。[75]

一開始供應的非正式服裝，以外衣最為成功。附皮帶和口袋的休閒外套，包括影業大亨穿的絲質或麂皮外套，以及郊區父親身上更耐穿的皮衣和粗花呢外套，都成了衣櫃裡的必需品。若是以前，一件羊毛大衣就足夠了。《GQ》在一九五五年堅稱，外套「到處都看得到」，[76]指出各種類型的運動愛好者和觀賞性運動選手，現在都可以穿著休閒外套，而這種服裝的目的就是「在偏僻小路」、「在體育場」和「自己的後院裡」陪伴他。外貼袋裝飾著「運動縫紉」[77]吊袋的尖頂翻蓋具有「風格意義」。[78]時尚媒體對這些口袋使了眼色，說嚴格來講口袋雖不是絕對必要，卻能鼓舞「永遠充滿希望」的週末戰士。[79]

這類休閒服上市供貨，顯示人們的選擇變多了，但專業領域的服裝規範卻改變緩慢。男性仍然深受「正確」的焦慮困擾，而穿衣的情境依舊重要。因此，男裝時尚媒體擅自扛起責任，要引導男人做出治裝決定——聽起來更像禮儀手冊而非時尚選擇的供應者。如《GQ》在一九六四年所言：「穿衣要因應場合」，提醒讀者這種或那種元素是給「運動服、少男少女，而非辦公室的」。[80]穿錯衣服，穿著者便可能被嘲笑揶揄，因此男性在面對穿衣決定時，仍舊在「走鋼索」。[81]

但男士還是想在小鎮或鄉下的家中、在都市街道和曠野穿一樣的衣服，因此實驗繼續進行。當聖羅蘭在一九六八年的不分性別系列挪用了狩獵裝，休閒美學就往西裝移動了。到了這時，狩獵裝已經帶有一絲反抗意味，因為當非洲民族主義領袖選擇穿上狩獵裝，捨棄以往殖民者的三件式西裝，狩獵裝就跟非洲的反殖民起義連在一起了。[82]但時尚媒體傾向強調狩獵裝的多功能，推薦穿去「平靜的短途旅遊」，[83]像是假日的早午餐或畫廊開幕（圖15）。極寬大的有蓋口袋會營造「自信感」，[84]減輕了西裝在自信方程式的分量。穿休閒西裝的人可能看起來優雅而不做作，可以去每一個「非正式場合」。[85]

休閒西裝在幾年後式微，但浮誇的口袋細節卻在別的地方崛起，尤其是在明確的隨興光譜上。例如，西部服裝採用了襯衫和外套的口袋：[86]可能像上弦月呈半圓，也可能像V形臂章那樣尖，讓人想到牛仔競技會上的馴馬牛仔。口袋也以流蘇皮革勾勒出比利小子（Billy the Kid）*的外形。一九二〇年代，隨著 Levi's 的五口袋牛仔褲專利到期，其他公司開始與之競爭，精采絕倫的細節設計也開始美化牛仔褲的後口袋。經典的 Levi's 501 牛仔褲「沒有什麼噱頭」，[87]然而，《GQ》在一九七七年納悶，一件好東西可以做得更好嗎？各大品牌紛紛軋上一腳，以大膽的皮革滾邊表現出曲線、虹、星星和V形臂章（圖16）。這裡還有「外加拉鍊的款式」，[88]象徵牛仔褲轉趨時尚。

嬉皮拒絕設計師品牌，而是在二手商店挖寶，運用個人的華麗裝飾讓它活潑起來，於是口袋也成為精緻刺繡和鮮豔拼布的所在地。零售業者希望搭上這股反文化趨勢的便車，開始在牛仔褲、裙子、外套和背心上增添補釘，灌注民俗氣息。一九七三年一件出自紐約精品店 Pinky & Dianne 的外套，完全由方形補釘製成，[89]材料可能來自數條牛仔褲，有幾件是把裡面翻出來，其他則是正面示人（圖17）。妙趣橫生的是，這件外套的胸前口袋重新利用了原本 Lee 牛仔褲的後貼袋，仍可見到 Lee 的「Lazy-S」刺繡標誌。胸前貼袋的位置較平常略低，古怪得引人注意。除了反面與正面示人的遊戲，也有後面挪到前面的遊戲。這打破了口袋該放在哪裡的規定，堪稱男裝最顛覆之舉。正如 Pinky & Dianne 的男外套所證明，男裝拿口袋開的玩笑，比女裝低調——主要是將與某種情境有關的口袋類型調換到另一種情境，享受因此產生的錯亂。[90]

這種再脈絡化的實驗將繼續進行，川久保玲、薇薇安．魏斯伍德（Vivienne Westwood）、尚—保羅．高緹耶（Jean Paul Gaultier）等後現代設計師，都曾運用這種策略來擴大反主流文化的挪用。例如，高緹耶曾從軍事和運動的集合，選取一系列斜口袋和貼袋，在一件其他方面都很正式

* 編按：比利小子（Billy the Kid）是美國西部傳奇的亡命之徒，在流行文化中象徵叛逆與自由。

圖 15

隨興外出穿的狩獵裝。請注意這位女性針織洋裝上的「視覺陷阱」腰帶和前襟（模仿裹身裙）和顯然是真的的口袋（手帕暗示）。

史坦畢克／霍頓（Steinbicker/ Houghton）攝，刊於〈適合非正式場合〉（Suited for the Non-Occasion），《*GQ*》，一九七二年二月。

圖 16

後口袋什錦拼貼。

約翰・佩登（John Peden）攝影，刊於〈牛仔褲學：向流行的長褲致敬〉（*Jeaneology: A Tribute to Fashion's Hot Pants*），《*GQ*》，一九七七年四月。

圖 17

Pinky & Dianne 的外套，重新利用丁尼布製成，一九七三年。

版權：FIT 博物館。

圖 18

有口袋的西裝外套，尚—保羅・高緹耶製，一九九〇年。

版權：FIT 博物館。

的西裝上，以格狀沿軀幹排成兩條直行（圖18）。這些口袋包含實用五金，以及與西裝布料相稱、具侵略性的拉環式拉鍊。高緹耶並未試著想像沒那麼正式的西裝替代品，反倒非常刻意地左側翻領上保留一個完美的扣眼，讓人想到塞維街（Saville Row）†的傳統。（這種扣眼曾是方便穿著者把翻領拉起來固定保暖用，但後來已廢棄不用。）高緹耶提醒觀者，這套口袋很多的西裝從未真正達到人們所稱頌的完美境界。正如在他之前的男性所抱怨，要是口袋裡塞了太多東西，怎能保持苗條的身形？然而，經由召喚吊袋，高緹耶不只是就承載力的問題提出天真的解決方案；他也打破了長久以來商務與休閒之間的分野，質疑是什麼決定一套服裝是否「適合某種場合」。[91]

♣工裝口袋：一九九〇年代的徽章

關於裝飾用、巴洛克風格的口袋，比高緹耶的前衛手段更普遍的例子，出現在有工裝口袋的長褲上。當工作服、軍裝和運動服在一九七〇年代晚期結合次文化風格，創造出一種得仰賴一名生力軍的「城市生存制服」，[92]供主流運用的工裝口袋便逐漸進化。一開始，腿上有吊袋的褲子並未在便服中留下太深刻的印象，但反文化對軍用剩餘物資的興趣，又使吊帶重新獲得矚目。一九七〇年代的年輕龐克搖滾樂手，創造出一整個令保守主流震驚的致命造型，工裝褲幫了大忙。[93]設計師很快採納這種風格，明白長褲也可以更有表現力。為什麼做出牛仔褲的後口袋就收手呢？「今天，時裝口袋的處置已不限於臀部的前後，而是可以放在任何有空間或有道理的地方。」《GQ》在一九七三年熱情洋溢地說。[94]

《GQ》所謂的「生存服裝」，在某些觀察家眼中帶後工業風。它為不是真的工人制定工作服，也強調明顯具備功能的設計細節，包括「足夠的口袋，魔鬼氈或拉鍊封口，可貯存一星期的口糧」。[95]整套服裝以連帽襯衫外套、套頭風衣或派克大衣（parka top）為主體，搭配邋遢的工裝口袋褲，再加上腿套、高筒運動鞋或更大膽創新的靴子。皮爾・卡登（Pierre Cardin）在一九七七年對「生存服裝」的詮釋，包括一件帶有D形環扣（一種軍事發明）的羽絨大衣、一件有袋鼠口袋的麻花針織連帽衫、有工裝口袋的「戰鬥風格」長褲，以及Wolverine公司製造的登山靴。附冊指出，哪些東西適合在城鎮步行，哪些東西適合登山健行，這兩者的差別正進行遠比以往積極的測試。「你可能會碰到更多交通壅塞，多於原木擋路」。[96]但這種關於情境或適當性的老舊區別，似乎不再起作用。

工裝褲在一九九〇年代捲土重來。[97]新一代的年輕人、X世代的滑板手和饒舌歌手在搜遍廉價剩餘物資時，重新發現工裝褲，精心製作了能在這個老是忽視他們的世界賦予其權力的準制服。這些時尚的再創新者，融合了卡其服、有工裝口袋的戰鬥褲和無袖羽絨外套、純白T恤和復古的愛迪達運動鞋，賦予一九七〇年代生存服裝全新風貌。業者推出新的街頭服飾商標來滿足這個世代的需求，營造出一種在美學方面反時尚的簡約風格。諸如Supreme等滑板褲和街頭服飾品牌，連同注重實用的設計師（CP公司的莫雷諾・法拉利〔Moreno Ferrari〕、Stone Island的保羅・哈維〔Paul Harvey〕和馬西莫・奧斯蒂〔Massimo Osti〕），納入形形色色的工裝褲。而隨著嘻哈和街頭服飾更趨近主流，多口袋的工裝褲儼然成為一九九〇年代的標誌。

---

†編按：塞維街（Saville Row）正確拼寫為Savile Row，位於倫敦，以高級訂製西裝聞名。

《時尚》雜誌在一九九四年向讀者解釋了工裝褲的由來，「設計師受到城市街頭風格的影響，捲起袖子，精心製作出靈感來自農活工作服、工人制服和其他實用經典款的服裝。」[98]「人人都想看起來朝氣蓬勃。」一九九八年《女裝日報》在詳盡介紹這股趨勢時這麼解釋，[99]也指出，不論是身穿緊臀、綁繩、露腰工裝褲的女性，或是在中檔體育用品店購買沒那麼講究身材的工裝褲女性，都非常熱中於穿著這種褲子。從設計師到大眾市場零售商，從男裝擴散到女裝，工裝褲能如此迅速地席捲所有人，顯見街頭服飾和實用品牌正在傳遞某種饒富魅力的東西。工裝褲顯然提供了運動長褲和瑜伽褲並未提供的東西，或許可以為單調乏味的雜務增添一點目的感。

一般相信工裝褲起源於軍事。美國陸軍設計、打版和原型團隊（Design, Pattern and Prototype Team）總監安奈特・拉弗羅爾（Annette La Fleur）說，士兵是「終極運動員」。[100]「一般大眾怎會不想要實用且具機能性的衣服呢？」她問。[101]民間設計師滿心渴望地探究軍裝涉及的工藝，因為要考慮戰備狀態，需要特定的心性或技能，一種一絲不苟、因應運動中身體的工程學，而這種工程學在他們的學科裡已經萎縮了（圖19）。[102]通常，一些新細節的問世，都是仔細研究軍事檔案的結果。例如，工裝褲口袋上某些翻蓋和鈕釦的位置，可以回溯到加拿大北極巡邏隊（Artic Patrol）的服裝或丹麥空軍的軍褲。[104]

一些最實用的解決方案來自設計給傘兵穿的制服：傘兵在搭機飛進敵方領土後，必須從空中降落，不僅攜帶裝滿彈藥的武器，還攜帶生存所需的一切。根據二次世界大戰的回憶錄，傘兵被德國戰俘稱作「穿寬鬆褲子的紅魔鬼」。[105]設計師與空降部隊磋商後，將工裝口袋設在大腿較低的位置，以便綁安全帶的士兵取用物品。他們也在靠近腳踝處增設超窄的工裝口袋，存放萬一被降落傘繩纏住時，可割斷繫繩的刀子。同時代的照片顯示，士兵也在最後一刻做了修改，例如，用來

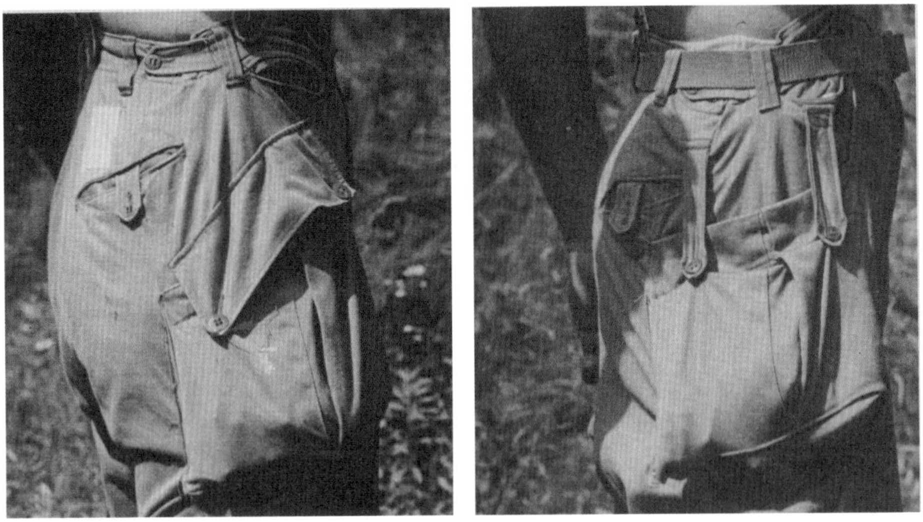

圖 19

工裝褲口袋的兩個例子，兩個都裝了三枚手榴彈，從一九四二年十一月到一九四三年七月在維吉尼亞州李營（Camp Lee）測試。[103] 照片顯示了設計方面的一些挑戰，包括口袋在裝入三枚手榴彈時（即其預設用途），會因受重而變形，且容易劇烈擺動；士兵報告，手榴彈可能會妨礙快速移動，並造成腿部擦傷。

固定沉重口袋內容物的皮帶，而像是赫姆特・藍恩（Helmut Lang）等設計師（藍恩製作了好幾代的工裝褲），顯然參考了這些。

就算設計師努力在細節上追求真實性，批評家仍懷疑他們的動機，於是這種在伸展台上重新詮釋的風格被稱作「實用時尚」（utility chic）。對駐倫敦記者詹姆斯・薛伍德（James Sherwood）來說，這股風尚暴露了情境問題：戰鬥口袋看起來「不適合凡賽斯的伸展台」，他說。[106] 唐娜泰拉・凡賽斯（Donatella Versace）在她一九九八年首度推出的女裝系列，將工裝口袋移到一件鑲粉紅水晶的禮服，這種做法令他略感驚駭。薛伍德將這種轉化比作化裝舞會，[107] 就像瑪麗・安東妮（Marie Antoinette）在她度假的小特里亞農宮（Petit Trianon）扮成一個貧窮的擠奶女工，穿著白紗直筒洋裝在鄉下生活玩耍，避開宮廷和宮廷服裝的束縛。**女人幹什麼玩戰爭遊戲？**這是一些批評家提出的問題，反映出英、美分別到二〇一六及二〇一五年才准許女性參與戰事的事實。但這樣的質問忽略了這種借用的悠久歷史，以及促成這種借用的真正渴望。有史以來，在軍事衝突期間，女性都會採用軍人的外觀，以展現感同身受的支持和參與。[108]

《哈潑時尚》在二〇〇二年一篇探討城市制服的時尚專題中，刊登了模特兒沿著一條忙碌街道行走的照片，他們身穿「新街頭時尚風」，[109]如文章指出，「那融合了實用的基本要素和絕倫的魅力」（圖20）。大面玻璃櫥窗賦予這條購物街獨特的氛圍，也倒映一位模特兒一邊走、一邊出神地凝視，一派從容。在這樣的街景，你可能需要一件「高雅突出」的制服，[110]因為你一定會被看見。這位模特兒穿著戰鬥背心和相襯的工裝褲，像是「滿滿口袋」的七巧板，輪流用帶扣的皮革帶和壓扣固定，加了拉鍊的腰部凸顯了身形。這套杜嘉班納（Dolce & Gabbana）藉由增添毛絨滾邊和尖頭高跟鞋，順利從「粗獷過渡到精緻」。[111]光是背心就要價一萬兩千四百三十美元。她是城市女戰士嗎？就算沒做好戰鬥準備，她起碼熟悉街頭生態（好比：**別惹我**）。

大都會藝術博物館時裝學院的策展人理查・馬汀（Richard Martin），在一九九五年一場展覽，將那十年的關注置入更大的脈絡中。[112]他把那場展覽取名為「化劍為犁」（Swords into Ploughshares），靈感是時尚記者蘇西・門克斯（Suzy Menkes）所提出的尖銳問題：時尚界借用的某些元素，例如，納粹的長筒靴和薩姆・布朗（Sam Browne，英屬印度陸軍軍官）的腰帶，已經越線了。「時尚圈是在玩危險冷酷的戰爭遊戲，還是在實現以賽亞的願景，將鋒利的劍改造成多產的犁頭？」她問。[113]這則聖經寓言暗示，軍事物品可能在轉換為平民生活後變得無害，事實上，這樣的轉變乃和平所不可缺。穿上具有攻擊性、威脅性的服裝，能否產生類似的安撫效用尚不明確。

儘管退伍軍人已出版的記述，打破民間社會對戰爭的浪漫幻想，但戰爭在時尚界仍是一個看似難以抗拒的參照標準。

工裝褲受歡迎的程度毫無衰退跡象，直到二〇〇〇年代初，觀察家才不得不承認，工裝褲在傳播過程中，已經失去一些原有的威望。很多工裝褲穿得鬆垮垮，而且很多衣衫不整的人也愛穿。不過，工裝褲的「除魅」不代表它死期將至。到二〇一〇年，時尚媒體說工裝褲捲土重來，且獲得重要的升級。有些設計師把口袋移到褲子前面來，保持「像牛仔褲一樣的輪廓」。[114]指令現在變得比較強硬了，「別把口袋塞滿東西。你會想維持褲子新而苗條的線條。」[115]工裝褲人人都能穿，更重要的是，如羅茲．查斯特（Roz Chast）在《紐約客》一則漫畫裡厚著臉皮說的：人人都可以嘗試穿出自己的版本。她的「新奶奶工裝褲」，從針織品到遺囑什麼都能裝，而且都「預設」好了，非常方便（圖21）。工裝褲已加入「五口袋牛仔褲」和卡其褲的休閒服陣營，誠如《女裝日報》在二〇一六年指出，工裝褲的口袋被視為一種「承繼的實用特色」，[116]一種可以策略性地分離和「部署」到任何地方，以發表「時尚宣言」的招牌元素。

所以，那些時尚宣言長什麼樣子呢？在這個開始懷疑時尚的適切性、穿著轉趨低調簡單的時代，口袋訴說的故事令人咋舌。多功用的口袋（不只是長褲上的口袋）有時有助於賦予菁英時裝秀正當性。它們現在補足了舊式風格的魅力和優雅，例如，維吉爾．阿布洛（Virgil Abloh）拿寬大的軍用翻蓋貼袋裝飾了路易威登（Louis Vuitton）的狩獵裝，呈現出「不真實又放肆」的色彩，讓人想起夏帕瑞麗的正字標記，驚世駭俗的粉紅色（圖22）。口袋裝飾毋庸置疑，它就是發出某種反時尚的美德信號。這種醒目的口袋似乎在宣稱，穿著者什麼都準備好了。瑪琳．塞爾（Marine Serre）是將時裝和運動服融合成「生態未來主義」（eco-futurist）觀點的設計師，[117]對她來說，在

圖 20

杜嘉班納附口袋的毛絨滾邊背心、七分褲和帶飾手鍊。

彼得・林博（Peter Lindbergh）攝，刊登於《哈潑時尚》，二〇〇二年十一月。

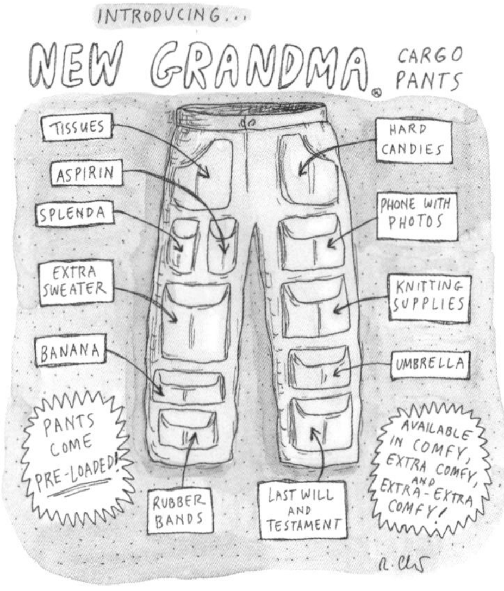

圖 21

《為您介紹……新奶奶工裝褲》（Introducing … New Grandma Cargo Pants）。

羅茲・查斯特繪，《紐約客》，二〇二一。

圖 22

維吉爾・阿布洛為路易威登男裝設計的西裝，二〇二〇年秋季。阿布洛藉由在胸前添增外貼袋，巧妙地擾亂了軍事風格西服的對稱性，也放棄通常設在臀部的口袋（臀部只剩下翻蓋）。

圖 23

瑪琳・塞爾的洋裝，二〇一九年春季成衣。有翻蓋的工裝口袋（有些有拉鍊和補釘）像藤壺般黏在卡其禮服上，暗示口袋的激增是出於自然成長。

這個城市生存制服的新時代，口袋是精心策劃的一招（圖23）。

雖然表面注重功能，但幻想並未落後太遠。如果過度戰備是重點，那麼透過讓穿著者表現為準備完善的生化人（cyborg，或稱「賽博格」），或不時轉換艱鉅任務的「祕密行動自行車快遞」（black-ops bike courier），[118]這個重點就變得顯而易見了。無可避免地，這樣的白日夢很容易被嘲笑。在相對安全的情況下穿著偽戰備服裝，會不會太誇張了？我們「上下計程車」真的需要「Gore-Tex 綁腿、厚底鞋和緊急手電筒」嗎？[119]羅素・史密斯（Russell Smith）在他二〇〇七年的著作《男士風格：理性男士的穿衣指南》（*Men's Style: The Thinking Man's Guide to Dress*）裡問道。也許不需要，也許需要。口袋表明設計師有多努力，將穿著者置於本身參與戲劇演出的中心。透過口袋，設計師暗示，在這個飽受威脅、社會和環境方面的挑戰可能隨時意外出現（或醞釀已久）的現代工業化世界，他們的衣服會處理人們遭遇的一些真正心理損傷。

《女裝日報》在一篇評論當今男裝系列的文章歸結道，貼袋就算沒有偏離軍事或工作服的源頭太遠，也可能承擔「超越原有功能」的角色。[120]這樣的觀察也在其他地方得到呼應，既肯定又反駁了迪奧的這個論點，「男人的口袋是放東西用，女人則是拿來裝飾。」儘管寄望一九五四年的迪奧能預見男裝未來的表現力（包括與口袋有關的表現）是不公平的事，但他顯然忽略了在其之前和同時代女裝設計師的奠基努力：那些設計師精心製作的口袋，直截了當地探討了口袋的性別政治。

大約從一九〇〇年以來，隨著時裝逐漸發展成為一門設計學科、藝術形式和專業，人們的想像力有多豐富，介入方式就有多麼多樣化。正當婦女參政論者提出對口袋的要求，抱怨口袋「時有時無」，設計師開始提供令人驚嘆的成果。這種產出的特色，可以回溯到各種美學興趣和意識形態觀點，已經造就了形形色色的口袋，從香奈兒低調、周到的口袋，到瑪琳．塞爾荒唐古怪的豐盛，應有盡有。口袋仍是不斷被用來製造各種「趣味與噱頭」的主題。[121]設計師可能以愉悅或不拘一格的方式詮釋：一九七三年卡辛設計一款附帶收納包的雨衣，名稱就取為「媽你看，沒有手欸！」（Look ma, no hands!）。其他設計師也不由得思考口袋的親密配置，並樂於使用口袋來凸顯胸部和臀部的曲線，比如約翰．保羅．高緹耶就在一九九三年的一個系列中，於臀部應用了獨立式工裝口袋，會隨著穿著者走動彈起。穿著者在後口袋塞愈多東西，口袋就彈得愈肆無忌憚。

有些最尖銳的玩笑指涉了偽口袋的漫長歷史，包括繆西亞．普拉達（Miuccia Prada）二〇〇二年的透明雨衣（圖24）。[122]儘管這件外套是向夏帕瑞麗早期的透明材質實驗致敬（例如，她一九三五年用塑膠纖維製成的斗篷），普拉達裁製了她的外套，以黑絲滾邊點出俐落縫線。從遠處看，那些縫線讓人想起筆墨時裝草圖的生動線條，或經典平面動畫的賽璐珞片（celluloid），彷彿這位設計師是公然希望我們相信，這件外套並不堅固牢靠似的。然而有用的壓扣固定了普拉達的外套、可用的口袋則讓模特兒毅然佇立，雙手穩穩地放在裡面。普拉達的虛張聲勢精采絕倫；她做出一個外觀相似又圖解自身結構的仿製品。

不過，這類設計圖與藍圖並未為女裝帶來一貫的口袋設計。口袋的外貌與擁有口袋的權利沒有直接關係。時尚的遊戲或許確保「口袋問題」不會有單純或單一的解決之道，尤其當構想仍在純粹概念設計與大眾市場產品之間來回擺盪，希望賺錢的製造商可能不會特地考量新口袋配置的實用面向。但無論外表看來有多異想天開，口袋都可以被這樣理解：它一面以某種方式回應本身令人憂慮的融入史，一面回應過往一連串饒富創意的貢獻。新的口袋可能會繼續執行裝飾性的「雙重任務」。

圖 24

繆西亞・普拉達的雨衣，二○○二至○三年秋冬季。在這件透明外套所有具備功能的部件中，口袋需要最明顯的構思。普拉達揭露，要製作一個有用處且又能平貼又能以某種方式垂下（稍微傾斜）、讓雙手可舒服置於臀部的口袋，需要大得驚人的面積。

大衛・席姆斯（David Sims）攝影。

CHAPTER

7

口袋的烏托邦

夢想一個沒有口袋的世界

圖 1

西蒙娜・黛彥可（Simone d'Aillencourt）穿著特里格（Trigere）設計的洋裝。

由理查・阿維頓攝於佛羅里達州卡納維爾角，一九五九年十一月十三日。

只要有設計師堅持設置口袋，就會有設計師同樣固執地拒絕口袋。那些設計師欣賞簡單、抽象的造型，創造出從樸素、極簡的外衣到舒適、貼身的緊身衣等，各種顯然沒有位置放口袋的服裝。儘管有人質疑這種服裝供應（絕大多數賣給女性）蘊含性別政治，但我們也可以換另一種方式，來區分支持口袋和反對口袋的陣營——非關性別，而是態度；如此我們就會見到，憂慮派和樂觀派之間針對衣服表面展開的爭論，而這完全取決於個人觀點。

現代主義設計師可能不會用「樂觀」一詞來形容無口袋的外觀，但這種減少口袋的承諾是在二十世紀，由於對技術發展充滿信心而演化的。透過模仿光滑的機器表面，這些衣物宣告與進步和未來結盟。[1]時尚編輯及攝影師在評論一九六〇太空時代的簡約洋裝時，都熱情地強調這種「關聯性」。[2]理查・阿維頓（Richard Avedon）幫《哈潑時尚》在佛羅里達州卡納維爾角拍照時，就把一種簡單改變的「整潔完美」，與充當戲劇化背景，由火箭、塔樓、發射台、遙測天線構成的「銀河之美」連結起來（圖1）。[3]《哈潑時尚》主張，空軍飛彈試射中心的發射場是展現現代主義時尚的「完美場景」：這件洋裝和太空探索的軍械似乎「在機能設計的概念頗為一致，都崇尚樸實無華」。[4]

時尚版面既描述了現代服裝與高速火箭相互輝映，也吹捧人可以輕裝上路的概念。注意到一九六〇年春季展示的所有服裝，都具備「輕盈簡約」（bareness）的特質，《哈潑時尚》贊同地寫道，「時尚終於不再用重量和覆蓋範圍來束縛我們了。」[5]這種說法很容易被視為閒聊的社論而不當回事，但它們確實揭露了一種時尚的抱負。阿維頓照片裡的模特兒穿著簡單得不得了的炭灰色針織洋裝，看來跟亞特拉斯飛彈（Atlas Missile）一樣無拘無束，彷彿隨時會起飛。口袋不僅會破壞那件洋裝的俐落線條，也可能形成討厭的阻力。

樂觀是未來派設計與生俱來的特色，而類此拒絕口袋的作法，凸顯了這種樂觀的另一個面向，雖然是較少人認識的面向。人們會選擇穿什麼衣服，取決於穿衣的情境。在考慮該穿什麼才適合當天的活動（例如，不該穿睡衣去應徵工作）之外，情境的特殊性也很重要。那也反映了這個人對其日復一日所處環境抱持的信念。一個人在哪些情況不需要手提包，也不需要任何口袋呢？認為或許真有這種情況存在，是頗為激進的主張。

♣H．G．威爾斯烏托邦小說裡的未來時尚

對於二十世紀初那些醉心於想像「美麗新世界」的願景家來說，決定一個人該穿什麼相當重要。例如，負責好萊塢第一部大型科幻電影：一九三〇年《五十年後的世界》（Just Imagine）的服裝設計師就認識到，要營造未來技術進步的氛圍，服裝和建築一樣重要。[6]他們精心設計，讓未來的西裝看起來跟設計過的環境一樣時髦且具機能性，而福斯電影的廣告詞更凸顯了這個連結，「紐約充滿未來感……高樓成群、高架道路和橋梁縱橫交錯……衣服多麼時尚！」[7]嚴謹應用減法和簡約的原則，設計師特別關注男裝，排除任何可能破壞三件式西裝光滑表面的東西：衣領、翻領、袖口，以及最挑釁的——口袋和口袋的翻蓋。當男主角開著他的個人飛機穿梭城市各地（他的飛機永遠是同一架、西裝永遠是同一套），他展現了現代生活的整合與無縫。[8]

但影響最深遠的是H．G．威爾斯（H. G. Wells）的未來服裝。威爾斯被喻為「發明」未來的人，[9]撰寫了多部烏托邦寓言，勾勒透過技術和有效規劃實現的更完美世界，在其心目中，服裝正是「日常生活重新裝備」的一部分，他於許多寓言都討論了這點。[10]我們可以感覺到，威爾斯期待

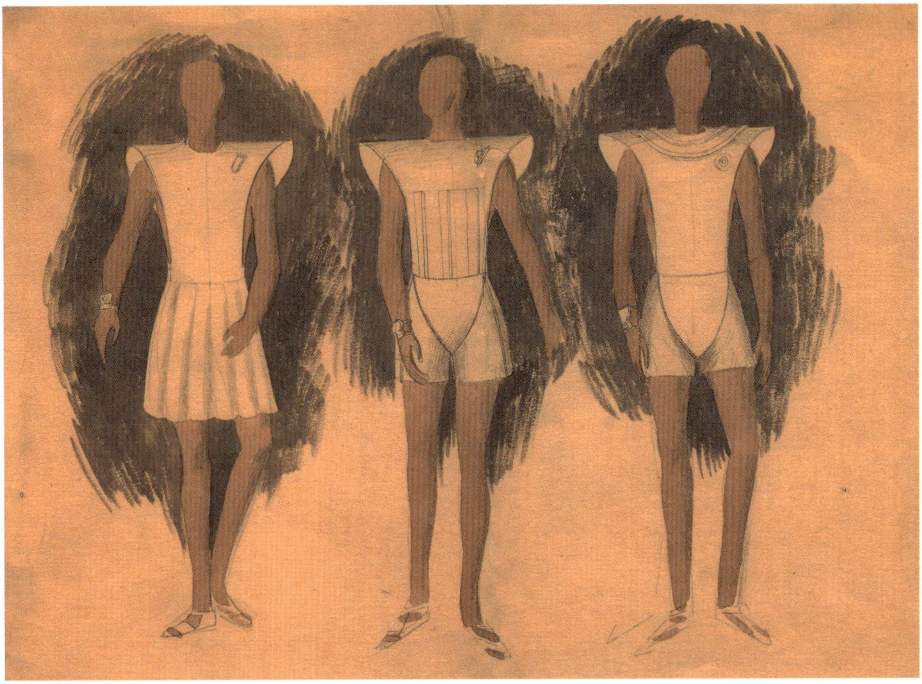

圖 2

《三件服裝設計》（Three Costume Design）。將威爾斯的概念轉換成具體形式的重責大任，落在英國畫家及劇場設計師約翰·阿姆斯壯肩上，他似乎非常仔細地研讀了威爾斯的書面描述和指示，包括未來的服裝應該無性別之分，且只需要簡單的無袖上衣和短褲即可。

約翰·阿姆斯壯（John Armstrong）為《未來之事》所設計，一九三六，威廉·梅隆·曼澤斯（William Cameron Menzies）執導。

服裝出現徹底變革，而他無意透過排除男裝領子和翻領之類的東西，來細微調整現有款式。威爾斯認真考慮了這個概念：服裝，在一個更和諧的世界，一個經由理性規劃、可來去自如的世界，可能有顯著不同。

當威爾斯推測未來歷史的著作《未來事物的形狀》（*The Shape of Things to Come*）在一九三六年被改編成科幻電影，廣大觀眾便可親眼目睹他的構想。他在片中做出對未來服裝影響深遠的貢獻：線條簡潔、展現身體的藍圖，引發後來《星艦奇航記》（Star Trek）到《星際大戰》

（Star Wars）等科幻片戲服的共鳴（圖2）。[11]威爾斯積極參與改編電影，即《未來之事》（Things to Come）的拍攝，但編劇與製片人的合作困難重重；儘管威爾斯享有罕見的自主權——親自撰寫劇情大綱和多個改編劇本，並天天到片場擔任顧問——但他常不同意製片人、布景設計師、攝影師和服裝師的未來構想。製作人亞歷山大・寇達（Alexander Korda）火冒三丈，抱怨威爾斯「對服裝非常挑剔」，到處進行「微小的更動」，希望「精確地展現他對未來的憧憬」。[12]

與此同時，威爾斯對製片過程的不滿也愈來愈強烈，使他寫了一份備忘錄發送給所有相關人員，後來更公開發表。在備忘錄中，威爾斯希望描繪一套勾勒未來風格的指導方針——這種風格難以精確描述，但其最顯著的特色是該「不突兀」。[13]「看在上帝的分上，」威爾斯鼓勵設計師，「放下你的自我。」[14]「有創意和原創性不是揮霍無度、不是犯蠢。」[15]威爾斯那篇語氣尖銳的公開備忘錄，透露他對未來服裝美學與方向的對立觀點深感不滿——那意謂著雙方對未來的願景也不一致。被技術和機器主宰的未來會是不人道和陰鬱的，或是如威爾斯所展望，是公平、和睦的呢？你的衣服是該如一些人相信的那樣，需要讓你做好「大膽、冒險」的準備，還是一件簡單的無袖上衣就能做到這件事？[16]

威爾斯設計這些戲服的理由，如今已被世人遺忘，但回顧威爾斯為未來服裝設定的原則，仍是有啟發性的，尤其是在科幻小說試圖影響時尚的時代。這麼做有助於解開一個原本令人困惑的難題：雖然俐落的現代主義風格模仿了流線型機器的實用外觀，卻沒有為穿著者提供太多實用的便利。

但實用的便利卻一直惦記在威爾斯心底。在《未來之事》上映前的一連串訪問中，威爾斯更徹底地敘述了他的預言，堅決主張，對於技術發展可實現什麼樣的服裝，他不只是「猜測」而已。

他解釋，他仔細思忖過為什麼我們的穿著會是現在這樣，據此研判，那些有「無數口袋」、承載生命「累贅」的厚重套裝所提供的保護，我們大多已不再需要。[17]未來的公民不會需要「釦子或小裝置就能緊緊相繫」，[18]他愈說愈激動，擔心那部電影的劇場和服裝設計師不了解他的用意，反倒依賴出自連環漫畫和聳動科幻的概念（圖3）。威爾斯相信，未來的時尚不需要提供保護。在設計更周到，並非由「牆壁、圍籬、鎖和鐵柵欄」治理的世界，衣服的靈感「比較不會出自防禦和貯藏」。[19]他熱切地主張：未來，「我們將有更自由、更簡單、更漂亮的衣裳」。[20]

威爾斯預見，這樣的自由逍遙在一個充斥無線裝置的世界就能實現，那與我們這個數位年代極為類似，也就是某些工具可以縮到最小、置於衣服表面（圖4）。他承認「未來的男性和女性會攜帶與今天的皮包、手提包、皮包、鋼筆、手表等等相仿的東西」。[21]就算人類無法擺脫這些隨身裝置，他們也將不再需要帶著「裝滿銅板到處付錢的口袋」到處走。[22]對於金錢，他想像了一種E-ZPass系統，類似今天可拿手機使用的數位金融服務。至於工具，包括「可攜式無線電話」、[23]手電筒和筆記本，都能以縮小的狀態隨身攜帶，固定在墊肩或手鐲上。對威爾斯來說最重要的是，這些裝置不該「突兀」。[24]他堅信，未來的人該穿「有尊嚴」的服裝，看起來不要像「全身加了厚墊的瘋子，或覆蓋盔甲的鬥劍士」。[25]

威爾斯認為這種「像電線桿般掛滿東西」的心理渴望，與過度準備的心態有關，[26]而這種心態根植於經濟大蕭條的匱乏；在那場災難中，除了少數菁英，人人「捉襟見肘」，[27]甚至連基本必需品都失去，人們只能焦急又警戒地守護自己確實擁有的一切。在威爾斯的願景裡，社會主義國家可充分支應每個人民的生活，且這樣的支援可讓人民擺脫囤積的衝動。他寫道：富足有個似非而是的成果，即「消滅累贅」。[28]他名副其實想像了人們不必帶旅行箱、不必帶傘出發旅行的情景。

圖 4

《未來之事》（一九三六）的劇照，雷蒙·梅西（Raymond Massey）飾演約翰·卡巴爾（John Cabal）。請注意胸前和手鐲上的「無線電裝置」，能存取「身分磁碟」、皮包、手提包、鋼筆、手表、筆記本和手電筒。

圖 3

一位「飛人」。在一九三八年超人問世之前，早期科幻及漫畫書的「飛人」，是將飛行包牢牢固定在軀幹和大腿上，戴著防護頭盔走訪世界。

《驚奇故事》（Amazing Stories）一九二八年八月號的封面圖畫，法蘭克·保羅（Frank R. Paul）繪。

圖 5

唐納德・德斯基對未來洋裝的預測。

安東・布魯爾（Anton Bruehl）攝，刊於《時尚》一九三九年紐約世界博覽會特刊，一九三九年二月一日。

衣服將變成拋棄式，洗衣店會被淘汰；百貨公司將取代衣櫥。未來公民需要的任何東西，「在路上都找得到」。[29]

威爾斯設想的未來派服飾，並沒有在一九三〇年代晚期造成廣泛影響——要到六〇年代的太空時代才掀起波瀾。但威爾斯的構想確實改變了小說與奇幻故事裡描繪的服裝。一九三八年六月，傑瑞．西格爾（Jerry Siegel）和喬．舒斯特（Joe Shuster）推出漫畫英雄「超人」：他可以在不帶飛行包、不綁安全帶、不背氧氣筒的情況下飛行。

當旁觀者看到這個神祕人物不靠輔助疾馳天際，不禁讚嘆，「那是鳥嗎？是飛機嗎？不，是超人！」威爾斯顯然贏得了「防禦性服裝是否有必要」的爭論；直至今日，一般的超級英雄看起來仍像「裹著銀色假皮膚的裸體太空人」，小說家麥可．謝朋（Michael Chabon）非常貼切地描述他們的制服。[30]

威爾斯對未來的構想，也在一九三九年紐約世界博覽會上獲得熱烈討論（儘管不是十分正確）。[31]那是第一個以「未來」為策展主題的國際展覽。參展廠商展示他們最有希望的研發成果，從自駕汽車、洗碗機到空調，說服正從大蕭條復原、猶豫不決的美國人相信現代化的好處——借用威爾斯的話，就是用「未來事物的形狀」吊他們胃口。[32]

推銷的一部分是展示未來時裝的樣貌，因此展覽籌備人員找上《時尚》雜誌，邀請雜誌投入一期專門探討「服裝未來」的各種可能性。擔心這樣的安排會導致時裝設計師做出戲服而非時裝，編輯艾德娜．伍爾曼．蔡斯（Edna Woolman Chase）出手干預，提出讓頂尖工業設計師做這份工作。儘管缺乏紡織品方面的知識（在這種專業的初期階段，工業設計師以整頓機械裝置的外殼著稱：製造船艦、火車和各種家用電器的「流線版」），九位設計師仍勇敢提交他們對西元兩千年時裝的預測。[33]

《時尚》以唐納德．德斯基（Donald Deskey）的作品為首，他恪遵威爾斯概述的原則（圖5）。德斯基解釋，「未來的女性」將生活在空調完美的宇宙（當時空調才剛發明，很多人非常興奮地體驗所謂的完美天氣）、搭「平流層飛機」、[34]一天只要工作幾個小時，身強體健。如此愜意的生活只需要「一點點布料」，因此他提出用飄逸的雪紡綢製成的簡單混搭衣物。[35]德斯基進一步詮釋未來如何形塑他的思維：女人的化妝將「永遠附著」；錢會被廢棄，「因為生活將以信用為基礎」。「自動鎖」將讓門的鑰匙成為多餘。[36]以此觀之，「完全解放」的未來女性永遠不必使用包包或口袋裝化妝品、錢和鑰匙。[37]但她可能不會享用這樣的福利；德斯基以一句隨興的厭女言論為專訪做總結，與傳說中女性對皮包的依戀有關，「身為女性，她可能無論如何都會帶著手提袋（手提包）。」[38]

在威爾斯和德斯基的烏托邦想像中，簡約的輪廓展現了「全面設計」的優勢。[39]簡單而「不突兀」的服裝，印證了未來環境設計得宜的功效。[40]既然責任將從服裝轉嫁給計畫妥善的環境、從人轉嫁給地方，因此人們將更有信心不事先安排食宿就出門。威爾斯和德斯基預期，未來，人們將能把責任託付給身邊的物體和系統。未來，威爾斯信心十足地宣布，「我們穿的衣服（會）比祖先少，一部分是因為我們身體更健康，一部分是因為我們不喜歡隱藏動人的身體，但更重要是，過去人們是為了應付各種意外狀況，才會把自己包起來。」[41]

一般人大多沒特別注意，一九六〇年代的未來派時裝缺乏像口袋之類的機能元件。一九九〇年代出現的新一代樸素服飾也是如此。極簡風格的時尚在這時扎根。評論家重視美學，讚揚繆

圖 6

CO Collections 製作的極簡主義洋裝。二〇二〇年春夏季。

西亞・普拉達、卡爾文・克雷恩（Calvin Klein）、吉兒・桑德（Jil Sander）和赫姆特・藍恩等設計師的禁欲和克制。[42]桑德曾於極簡趨勢如日中天時接受《哈潑時尚》訪問，承認自己夢想住在僧侶的單人室，那裡比例均衡優美、邊緣乾淨俐落，「此外別無他物。」[43]她解釋，「你在我作品裡看到的其實更像一種生活方式的概念。甚至是一種試圖讓人們變得更的狂熱嘗試。我真的好討厭庸俗、浮華的東西。」[44]

這種完美主義的派別把純粹的外表視為一種道德責任，藉此確保女性看起來不會「像耶誕樹」。[45]儘管這種風格的服裝很好地抗拒了裝飾的衝動，同時也擁抱減負的概念。雖然這個主題未獲承認，但一股擺脫過多包袱的渴望（出門什麼都不用帶），可以從它們一貫缺少口袋這點看出來。經由簡約的設計，人們宣告自己什麼都不在意，也相信自己什麼都不需要、什麼都不會出錯。

一九九〇年代的極簡主義，每隔一段時間就會重新流行一次，而它也是一些設計師最屬意的樣式。偶爾，時裝設計師或部落客會拐彎抹角提到它機能不足的缺點。一位作家在列舉體現一九九〇年代極簡主義的祕訣時指出，你會需要「更大的包包！」[46]，有些時尚品牌開始用大型旅行包或背包搭配吊帶裙（圖6），不過在伸展台上，許多模特兒沒有這樣的配備。他們以此非常明確地宣示身分地位。沒有地方放手機，這些服裝（合身的也好、輕薄透明的也好）都暗示穿著者什麼都不需要——他們已經把後勤支援和人身安全外包給一群你看不見的侍從。還有其他隨侍在側的人負責攜帶鑰匙和安排約會。這些幸運的穿著者，已成功將自己從累贅的重擔中解放出來。極簡主義的衣裳既表明「我是現代的、自由的」，也宣告「我有信心在這個世界來去自如，不必為它佩戴什麼」。

♣高連結未來的智慧型口袋

這份輕裝旅行、甚至空手上路的抱負，在新一波「科幻遇見時尚」的協同作用中獲得更明確的表達：可穿戴的領域。穿戴式技術指任何可當成配件穿戴的電子裝置，無論是嵌入衣物，或植入一個人的身體。現在你可以把電腦綁在手腕上，這是威爾斯所預見、由蘋果電腦透過智慧型手表實現的解決方案。透過變形聚合物、電子紡織品和奈米電子學，將網路和通訊設備納入實驗性布料，使技術人員更加渴望縮減或消除人與所攜工具和設備之間的界線。[47]在當今的設計師考量工程用紡織品的最新可能性之際，關於口袋的問題——我們到底是否需要口袋——似乎來得正是時候。

這場辯論的利害關係乍看下沒那麼清楚。可攜式工具和穿戴式工具之間有顯著的差異嗎？[48]技術理論家史蒂夫・曼（Steve Mann，一九九〇年代麻省理工學院所謂「賽博格」之一）認為沒有。他主張「穿戴式計算從時間肇始以來就有了」。[49]眼鏡、手表、計算尺、口袋型計算機等等，都可以視為穿戴式工具。這些工具可以增強穿戴者的能力、執行計算，並提高視覺敏銳度。其他人並不認同。根據一九九一至二〇一一年飛利浦設計（Philips Design，皇家飛利浦電子〔Koninklijke Philips〕的分公司）執行長史帝法諾．馬薩諾（Stefano Marzano）的說法，目標不該是微型化，而是整合。馬薩諾贊同威爾斯的觀念，主張人類「並不想受物質拖累」。[50]這樣的累贅包括這位技術專家曾如此驕傲地塞進胸前口袋的迷你計算機——此舉既象徵他完全不具時尚意識、也象徵他信奉極為理性的世界觀。

儘管穿戴式技術的研究，向來主要集中在軍事及健康方面的應用（至今猶然），飛利浦開始為一般消費者市場認真探究穿戴式電子，並提出一連串建議，記錄在書名道盡一切的《新游牧民族》（*The New Nomads*）之中。這支設計團隊呼應了稍早技術烏托邦的語言，說技術應造福人類，無模稜兩可，說穿戴式工具可以促進「無所不在、無所不能、無所不知——哪裡都能去、什麼都能做、什麼都知道的能力」。[51]馬薩諾在一九九九年一場演說中推測，「人們真正想要的」：

> 是擺脫所有附著物。我們一點也不想為工具費心。不想搭飛機飛行，想要像鳥兒那樣飛翔。我們不想坐在車子裡受困堵塞，想要像《星艦奇航記》裡的光波輸送器那樣瞬間移動。[52]

為了實現這個宏大的目標，馬薩諾建議飛利浦設計超越微型化，走向「漸進式整合」。[53]飛利浦聚焦的游牧民族是深諳科技的年輕人，從想要測量心率的運動員，到希望透過追蹤裝置控管小孩行蹤的焦慮父母。其中最引人注目的是需要在機場、咖啡館和其他臨時場所保持聯繫的「游牧工人」。[54]新游牧民族的商務套裝：「給專業人士穿的數位套裝」主要的特色，就是織入袖子、方便穿著者和網路裝置互動的刺繡袖珍鍵盤。[55]

這些原型當中只有一個：飛利浦和利惠公司合作生產，名為Levi's ICD+的外套，在二〇〇〇到〇一年上市。[56]這款外套有特別設計的口袋，可以放置飛利浦的電子裝置，受到媒體極大關注，但銷售奇差無比。一些重大問題尚未解決，包括各種「智慧型口袋」似乎還是很笨，[57]仍是被委託來收納或隱藏一些早期穿戴式工具的基本要件：電池組、揚聲器和電纜。如同一些評論家所指出，市面上多的是價格較低廉並附有專用隔間收納電子裝置的服裝。「新游牧民族」服裝甚至連對目標族群也一敗塗地，飛利浦在評估失敗時坦承，「能源必須嵌入紡織結構之中。用口袋攜帶電池並非萬全之策。」[58]

飛利浦也設計了一款名叫「感覺不錯」（Feels Good）的「新游牧民族」服裝，旨在「提升身體照護與裝飾」，而這款服裝納入口袋做為一種熟悉（儘管受到質疑）的用途。[59]這件乳黃色的長袍是合成纖維製成，背部和袖子都織入導電線面板。它的口袋裡有個裝置會產生靜電荷，而靜電荷會流經導電線，造成一種刺痛感，目的是讓穿著者放鬆。長袍中的生物識別感測器，會監控穿著者的放鬆程度，據此自動調整充電等級。為說明可從「感覺不錯」獲得的平靜，飛利浦描繪了一位修道士，他穿著橡膠Teva涼鞋，虔誠地拿著一碗香煙裊裊的香，暗示穿著者與裝束的神祕邂逅。會有人說「把你的手拿出『感覺不錯』」嗎？也許不會，但這股隱匿不現、透過控制手來使人愉悅的刺痛感，令人想起過去引發「禁止把手伸進口袋」忌諱的種種指控。

不少非消費品設計領域的藝術家和設計師，批評這種在日常服飾嵌入感測器和監視器的設計，認為此舉雖宣稱能帶來療癒益處，實則暗藏各種資料收集的企圖。他們製作了許多荒誕不經的可運作或不可運作物品，用於刊物出版或博物館展出。[60]這些穿戴式工具消耗了多少能源，這種技術真的有效率嗎？——這些是喬安娜・柏佐斯卡（Joanna Berzowska）透過二〇一〇年推測設計

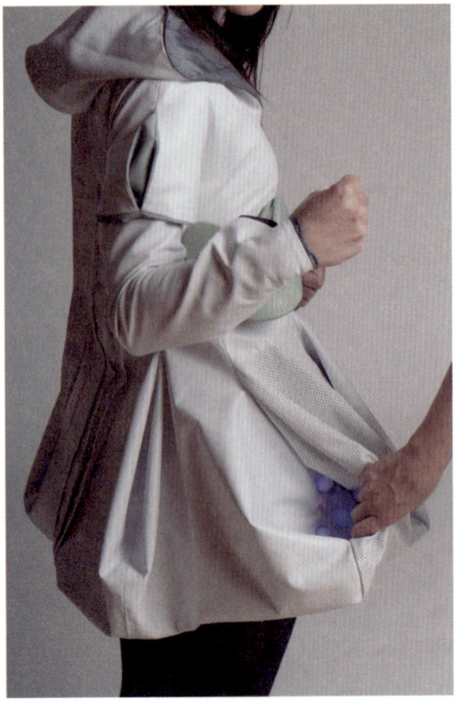

圖 7

〈卡卡的〉。穿著者拉動附著於皮帶的袖子就會產生電力（左圖）。而電力會讓「口袋石」（右圖）發光發熱，帶給穿著者安慰，發揮類似解憂珠的作用。

喬安娜．柏佐斯卡製作，「電力隊長與電池男孩」系列，二〇〇七－二〇一〇年。

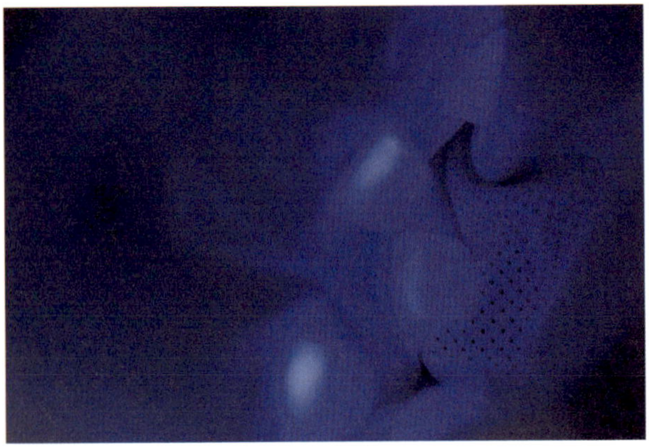

圖 8

喬安娜．柏佐斯卡〈卡卡的〉臂部口袋裡的發光石，「電力隊長與電池男孩」系列，二〇〇七－二〇一〇年。

服裝〈卡卡的〉（Sticky）提出的問題。這件有帽的皮革洋裝出自「電力隊長與電池男孩」（Captain Electric and Battery Boy）系列（圖7、8），旨在召喚一九三〇年代的超級英雄：它不使用外來能源，而是自己產生動力。它的袖子拴在臂部和胸前柏佐斯卡稱為「外殼」（shell）的結構上；穿著者用力拉，外殼內的感應式發電機就會將身體的動能轉換為電能。累積的能量會供電給藏在口袋裡的發光石：那是矽膠做的，附LED，通電就會有節奏地發出藍光。那些發光石柔軟、有觸感又溫暖，功用宛如解憂珠，也像薩繆爾・貝克特（Samuel Beckett）一九五一年實驗性小說《莫洛瓦》（*Molloy*）中，同名主角在幾個口袋裡挪來挪去的「吸吮石」（sucking stone）。[61]

柏佐斯卡沒有參考莫洛瓦。莫洛瓦這位二十世紀中葉的虛構人物，設計了技術需求最低的自我安慰方式，但並非完美無瑕。沿著海邊散步時，莫洛瓦沿途撿了十六顆石子，而他遇到方法上的難題：唯有順利完成「一個回合」，即連續吸吮一顆又一顆石子而沒有重複吸到同一顆時，他才能獲得「相對的內心平靜」。[62]所以他決定拿長褲和外套的口袋做為某種計算系統，區分已經吸過和還沒吸到的石子。莫洛瓦是在與問題好一番「角力與搏鬥」後，才想出口袋計算這個辦法；[63]同樣地，穿上柏佐斯卡〈卡卡的〉的人也必須經過好一番角力與搏鬥。這似乎就是柏佐斯卡的主旨。世人不時沾沾自喜地頌揚技術可以解除日常焦慮，但柏佐斯卡提醒我們注意技術之累贅。如果你必須自行為那種技術提供動力，或許可以靠自己消除所有神經緊張。

技術提升後的智慧型口袋究竟是何面貌？什麼樣的口袋可以承擔新的挑戰呢？想像這種口袋的穿戴式提案不多，其中一個出自短命的i-Wear設計案，是由Starlab實驗室和比利時男裝設計師沃特爾・范貝倫東克（Walter Van Beirendonck）合作。[64]范貝倫東克在二〇〇〇至〇一年秋冬系列〈解剖〉（Dissections）中提出一套六件襯衫的原型。[65]六件襯衫要一件一件套上，每一件都有特定技術功能。一件能量補給衫（基本衫）為全體提供動力，其他五件則可穿可不穿；穿著者可視需要增減襯衫，例如，「記憶衫」、「運動感應衫」或「貯物衫」的口袋可以追蹤內容物。這個提案純屬理論性質，但有人想謀求如此複雜的系統來進行如此簡單的工作，反映出技術專家如何拚命為這些炫技創新尋找合理性。如同迄今穿戴式領域的諸多技術，「貯物衫」並未解決迫切需求，反而剝奪穿著者發現物品的樂趣。

直至二〇二〇年代初期，零售設計師不僅保留了口袋，也適度約束了口袋的企圖心。利惠公司在結束與飛利浦的合作後，轉而與 Google 聯手打造世界第一件「智慧牛仔外套」Commuter x Jacquard by Google Trucker Jacket，並以相對低廉的價格上市販售。[66]目標擺在一個小眾市場族群：年輕、都會通勤騎士，這款外套讓穿著者不必把手機拿出口袋就能與之互動。技術節省了那一個步驟。袖口的可拆式「按扣標籤」（snap tag）——基本上是用電池的傳輸器或藍牙連接器，電量可維持數天——在穿著者的袖子和手機間進行無線資訊傳輸。透過光線和震動，它提醒穿著者有來電和簡訊。縫入左手袖口的導電紗線可設定程式來辨識各種手勢，穿著者只要輕敲、摩擦或握住袖子，就能執行「一般數位任務」，像是接聽或拒接來電、切換歌曲或透過聲音存取導航資訊。清洗外套前可先拆下「按扣標籤」，這也讓這件外套更加實用。

這個專案名稱——Jacquard by Google——隱含了 Google 的宏大企圖心：由約瑟夫・瑪麗・雅卡爾（Joseph Marie Jacquard）在一八〇四年發明的卡片式可編程機械織布機 Jacquard loom，常被科技史視為將控制權從人體轉移至機器的先驅。[67]透過將電腦的電傳導性帶入絲線，利惠和 Google 的合作似乎讓運算回歸起點，並在此過程中讓技術變得沒那麼突兀。Google 的工程師兼設計首席伊萬・普皮列夫（Ivan Poupyrev）是二〇一九年庫珀・休伊特美國國家設計獎（Cooper

Hewitt National Design Awards）得主。這項專案也因為「將數位及實體的互動性無縫融入日常物品和裝置」而得到表揚。[68]這是「人類未來數位生活互動技術的一大突破」，國立設計博物館這麼寫。[69]顧客的評論也溫和多了。紐約市一位顧客這麼寫：這不是一件智慧外套，不過堪稱是一件「才華洋溢的外套」。[70]雖然很清楚未來一定會有更多功能，但這位評論者指出，目前穿這件外套的人只能執行三種指令。

在接受訪問時，智慧牛仔外套的專案成員坦承，起初，技術專家和服裝界人士之間劍拔弩張，前者想要「讓牛仔布上用於技術的空間愈明顯愈好」，後者則希望只有穿的人知道在哪裡。[71]最後，團隊發現許多潛在顧客看到穿戴式裝置，就會聯想到那些過氣的科幻小機件，而且在早期實驗中，那些難看的電纜和電池，與瘋狂科學家頭頂冒出玻璃燈泡和電線的形象相差無幾。服裝界人士贏得辯論。「技術完全不該顯露出來。」利惠全球商品創新副總裁保羅．狄林傑（Paul Dillinger）這麼主張。據他的說法，穿戴式裝置應當要以能力令人驚訝，「就像魔術師變戲法一樣。」[72]

不論智慧牛仔外套看似實現幾分技術專家的夢想，也就是人與機器之間的介面有可能消失，它都沒有實現他們的終極夢想：完全不必費心使用外部工具；你需要的工具都可以植入身體。不過，到目前為止，那些工具其實沒有離開身體。就像魔術師，我們比出各式各樣的手勢，只是沒有俏皮的魔杖。就像魔術師，我們了解，成功的魔術表演通常需要將工具和道具藏在舞台下，至少不讓觀眾看到。可以說，到目前為止，透過穿戴式裝置，我們已經可以與留在舞台下的工具互動——那些都塞在他們的口袋裡，安全無虞。

成功的新技術有辦法讓穿戴者養成頻繁使用的習慣。技術專家就是藉此獲致他們想像中的未來。Google 當然沒有問過，是否真的有人需要在上班途中不時與辦公室聯繫才能保持競爭力。也許等人到了公司再處理就可以？人們期望隨時隨地都能取得聯繫（continuous reachability），即雪莉·特克（Sherry Turkle）所謂「永遠在線上」（being on）的文化；[73]為挑戰這種期望，最近一些設計師開始提出擾亂的版本——讓穿戴者中斷連結的設計。二〇一九年，紐約市品牌 The Arrivals 推出一款冬季派克大衣，其胸前口袋的內襯是混合聚酯纖維、銅、鎳製成。援用法拉第籠（Faraday cage）的技術——英國科學家麥可·法拉第（Michael Faraday）在一八三六年創造的防電磁場屏障網，把這些材料組合起來，就會阻擋智慧型手機的行動網路和 GPS 訊號。The Arrivals 共同創辦人傑夫·強生（Jeff Johnson）解釋，「我們生活在一個與裝置連結比身處環境連結還要緊密的時代。所以我們開始設想解決之道，希望透過讓使用者斷開與其他一切事物的聯繫，重新與戶外建立連結。」[74][75]這個目標或許值得讚賞，但又是用一個複雜得毫無必要、耗費大量資源的方案去解決虛構的問題。穿戴者不能關掉手機就好嗎？

銅製襯裡的口袋可能有其他更引人注目的用途，例如，可讓抗議者躲過專制國家的監視。我們可以想像，抗爭與異議人士可能會欣然接受防電磁場屏障提供的保護，勝過簡單地關掉手機。這些例子證明，任何接收和傳輸數位訊號、穿戴或安裝更貼近身體的服裝或配件，都會構成威脅。用具體化的網際網路取代我們現在擁有較集中、以裝置為主的系統，並不符合每個人的利益。

不過，具體化的網際網路或許會來得比我們想像中快。二〇一八年，未來學家艾美·韋伯（Amy Webb）預測智慧型手機會在二〇三一年絕跡，而她又在二〇二二年再次確認這個預言。[76]「像我們現在這樣用一個裝置完成的事情會愈來愈少。」蘋果宣布將在二〇三〇年代以擴增實境隱形眼鏡取代 iPhone，等於認同這個預測。韋伯推測，數位技術「將更貼近我們，穿戴全身上下」。她這番預測讓對於工具是該可攜帶、可穿戴或充分整合的爭論變得毫無意義。真正重要的是：在我們將

圖 9

沃特爾・范貝倫東克，二〇二一年春夏季。時裝秀雖然在二〇二〇年停辦，范貝倫東克仍製作了一個可以在小型娃娃上展示的系列。

本身工具的掌控權委託給他人時，要做哪些權衡與取捨。

♣「有口袋欸！」

擺脫累贅的渴望，或許是設置口袋背後最初且持久的動機，而這個動機在十六世紀裁縫師決定於男士馬褲裡縫製抽繩袋包時，首次表露出來。人類是否信任或嚮往技術所承諾無摩擦力的世界、是否盼望更少的妨礙，仍有待觀察。在我們已然實現某種更無接縫的第二層皮膚後，仍想保留口袋嗎？

在未來學家推測新興趨勢的跡象、試圖預測長期變化的同時，一個關鍵事實仍然存在：穿衣服的人仍然重視口袋。技術專家聚焦於「文明要求」的無數裝備，並對「裝備齊全」的務實需求感到焦躁，遂將本身擺脫累贅的渴望描繪成一種普世一致的渴望。[77]他們想像技術擁有一切解答，但直到今天，仍沒有人發明數位形式的手帕。這些假設忽略了人類依戀物質的事實，這種依戀並不總是功利性的，也擴及到非必要的範疇。儘管不是人人都需要類似莫洛瓦「吸吮石」的東西來撫慰一些存在的焦慮，但紀錄顯示，人類會無可救藥地收集零碎物品，而那些零碎物品具備各式各樣的功能。

有些功能顯然屬於迷信。面臨威脅時，我們相信魔法的保護能靈驗，因此希望佩戴某種護身符，像是「裝滿花束」就能抵禦感染的「口袋」，能給予我們平安度過危險環境的特別通行證。設計師始終理解人們對於能提供保護，或灌注信心、維持動力的事物沒那麼祕密的渴望。例如，沃特爾·范貝倫東克雖然曾於二十年前提出，有技術加持、可追蹤內容物的「貯物口袋」，卻在二〇二〇二一年疫情期間的虛擬時裝秀上發表截然相反的作品：讓人想起現代化之前的多口袋服裝。胸口、手臂和背上每一個硬挺的貼袋，看起來都像聖物盒之類的東西，而且每一個都嵌入鏡面面板，「具有防禦邪惡力量的保護作用。」他解釋，[78]援用從南歐到東南亞的服裝傳統：在衣物繫上小鏡子或反光金屬來反射邪惡之眼，迷惑或誤導惡靈（圖9）。[79]做為一種美學主張，寬大的貼袋美化了身形，提供時尚所需的種種新穎外形。做為一種情感主張，這些口袋能應付更基本的切身之事。

口袋裡的花束和貯藏物未必能在當下保護穿著者：二〇二二年二月，普丁發動烏克蘭戰爭的頭幾天，有人拿手機錄了一場令人難忘的對峙，一名來自烏克蘭格尼切斯克的婦女，請求一名俄羅斯士兵收下她獻出的種籽，並放在他的口袋裡，「這樣當你死在這裡，向日葵就會從這地方長出來。」[80]女人給士兵種籽既不是為了保存、也不是為了保護他，但就跟任何複雜的禮物一樣，種籽確實帶給她一些回報：她預言，這些種籽最終將從他軍裝的口袋裡掉出來，回到他和他的軍隊最近踐踏過的土地上。它們會在土壤裡，以他的屍體為肥料發芽生長，像是某種贖罪。要到那個時候，她向他解釋說，他的出現才有「一絲益處」。[81]

女性對口袋的渴望至今仍未被滿足，就表示沒有人想對口袋放棄希望。女性為什麼要放棄她們現在才開始獲得的東西呢？那句高興的驚呼「有口袋欸！」仍時有所聞，通常是在購買新服裝的決定之前。這句話也可以在你收到讚美後說，搭配會心的眨眼：**是啊，我喜歡這件洋裝，這有口袋喔**。程式設計師及企業家吉姆．沙寶（Jim Sabo）觀察到，他一個朋友把手放在新洋裝的口袋裡「捻來捻去」，[82]不由得呼喊，「我要買下 dresseswithpockets.com，一定會發大財。」遲疑了一陣子，又受到一些鼓勵後，沙寶真的買了，並且在二〇一九年二月開通網站。沙寶沒有開創自己的優質口袋產品線，而是決定成為口袋資訊整合網站，開始從其他服裝網站抓取所有元資料，包括個人消費者通常看不到的結構細節。透過介紹已經上市的口袋，他的網站既為客戶提供服務，同時也透過網站提供的連結賺取小額佣金。沙寶的事業蒸蒸日上。他指出，跨性別的女性熱愛這個網站，因為他們處於一種罕見的位置，同時經歷過口袋分水嶺的兩邊。「我設置這個網站的終極目標，是讓它變得無關緊要。」他這麼主張。[83]

一些品牌直言「有口袋欸！」是他們廣告宣傳的重點（雖然未必會長久持續）。女性擁有、經營的運動服飾品牌「第九條」（Title Nine），用社群媒體特有的反諷語氣來賦予商品定位，邀請消費者：享用我們「賦予口袋權力」的洋裝吧，「在第九條，我們熱中於口袋，所以你絕不會在我們的洋裝裡找到一件沒有口袋的款式。口袋讓我們可以丟掉錢包、過得更自由，還可以挾帶我們見不得人的個人物品。」[84]其他公司也在網路服裝介紹附帶的資訊細節，和功能表中添加了相當於「它有口袋！」的圖示。一家緊身牛仔褲製造商貼了一幅可愛的後口袋小草圖，顯示後口袋裡塞滿用口袋夾牢牢鉤住的工具。[85]

這樣的圖示會變得更普遍嗎？或者口袋會變成女性服飾的「標配」，讓這樣的保證已無必要？目前，穿著者仍需費心查明衣服有沒有口袋，連女英雄都面臨不確定的情況。「好吧，的確有很多口袋！」二〇二一年愈發龐大的漫威電影宇宙的《黑寡婦》（Black Widow）中，主角葉蓮娜・貝洛娃（Yelena Belova）這麼說；她承認她上網買了一件萬用背心，並且自己加了好幾個口袋。那是她自己買的第一件衣服（如果你從小就加入國家主導的暗殺小隊，這種自我決定是很難的）。「重點是，我以前從未掌控過自己的人生，而現在我掌控了。我想要自己**做**很多事情。」她這麼解釋。葉蓮娜把這件背心穿在她復仇者聯盟的制服外面（那看起來比較像時髦的連身工作服，而非傳統的緊身衣搭緊身褲），藉此對超級英雄的裝束提出史無前例的批判。如果完全沒有像口袋這樣的便利裝備，連超級英雄出不了門，遑論我們其他人呢？

口袋本身並不出鋒頭，而是憑藉著攜帶其他東西及名副其實留在我們身邊的能力引人注目。如同一位「口袋哲學家」所言，口袋和口袋的內容物構成了一種縮影，代表我們的「另一個自我」。[86]誠然，探索這些小小世界所發掘的事物，很多也會在他處以某種形式顯現出來。我們不需要窺視口袋就能明白，人們喜歡隱藏有罪的東西，不必鑑定手插口袋的姿態就能了解，我們怎麼穿衣服跟我們穿了什麼一樣重要。也不只有口袋在兩性服裝分配不均的事實才能證明，各式各樣的傳統都支持家長制。然而，透過口袋為媒介進行分析，這些與隱匿、舉止和權力有關的爭論，便生動、具體多了。

綿延數世紀的裁縫傳統進一步透露，我們其實是靠著一種工藝與決心縫合在一起。口袋（如同衣服）有正反之分，堪稱一種工程學難題。正如湯瑪斯・卡萊爾所言，正如湯瑪斯・卡萊爾所言，若過於追究那些不雅的「粗糙縫線」，就有可能動搖那威儀外表的「形象」。或許正因如此，人類對有袋動物的嫉妒才歷久不衰。「它居然有口袋！」二〇二〇年《紐約客》[87]一幅漫畫（雪倫・李維〔Sharon Levy〕作）中的登山客，在遇到雪怪時這麼說；他們沒有因為這頭神祕野獸赫然出現而嚇壞，反倒為它天生就有口袋大吃一驚（圖10）。這種夾雜羨慕的驚訝，是我認為我們短期內仍不會放棄口袋的一大原因。有口袋在身邊，我們就能保有一些信心，相信能夠應付或起碼避開一些偶發事件。

"Oh, my God—it's got pockets!"

圖 10

「噢，我的天啊——它居然有口袋！」（Oh, my God—it's got pockets!）。

雪倫・李維作，刊於《紐約客》，二〇二〇年一月二十日。

致謝

ACKNOWLEDGMENTS

在提出這件案子做為論文主題幾天後，我便萌生退意——意識到會有人質疑口袋那麼小，裝不下任何具有實質意義的東西。我不禁想像那些即將出現的困惑表情，而事實證明我的想像某種程度滿準確的。**你是說你要寫口袋的事情，就像我褲子的這個口袋？**是啊。波士頓大學的蘇珊·米茲魯奇（Susan Mizruchi）不僅鼓勵我繼續，還在聽到我的替代方案時真情流露地翻了白眼——在她無微不至的指導期間，罕見地運用了一點反向心理學。

幾年後重回口袋這個主題時，我遇到其他許多啦啦隊，他們的興致助我付諸行動。Piers Gelly 和 Avery Trufelman 兩位 Podcaster 都問了鞭辟入裡的問題；他們旺盛的好奇心和高超的說故事本領鼓舞了我。我的經紀人 Susan Ginsburg 看出以此寫一本書的潛力。她給我始終睿智的忠告，並和 Catherine Bradshaw 一起教我寫書的要領。我也感謝 Algonquin Books 的 Amy Gash 對這個案子的信心，以及建立架構的敏銳建議。我真的好喜歡跟他們聊天，就算我們不時得應付真正的難題。感謝 Algonquin 整支團隊引領這本書順利出版，並且悉心照料，把它做得這麼美。

這本書大部分是在疫情第一年的隔離期間進行，當時的時間感覺混亂失序，也無法跟人在咖啡館或圖書館獨處和建立同志情誼。所幸，在一位出乎預料的寫作夥伴——家父勞勃・卡森——的幫助下，那次經驗變得沒那麼孤單了。他勇敢而自信地踏上一個陌生的領域——以及明顯不符合律師風格的寫作方式。他是個精明、有時無情的編輯，雖然他總是閃爍其詞，說他的意見純屬建議，但當我一收到某種「我們得聊聊」的簡訊，就知道我嘗試去做的某件事情，沒有擊中目標。他對行話尤其反感，所以如果這本書裡還有行話，都是我的錯。爹地，謝謝你。我超開心的。

其他讀者包括我的姊妹：Julia S. Carlson，善於理解文字的細微差別，她要我慢下來，讓我變得更好——可以說，她從五歲就一直在做這件事。Janet Carlson 對語句節奏極為敏銳，她讓我體會到一個恰到好處的轉折有多麼重要。同事 Jen Liese 很早就對本書的市場定位提出有益的評論。Pascale Rihouet 讀了前兩章，提出優秀的構想，例如，堅持一定要有圖描繪世界第一起手槍刺殺案的場景。Gabriel Cervantes 在最後階段上場代打，那時我們正書呆子般地驚嘆於笛福《傑克上校》（*Colonel Jack*）裡那位身為扒手卻沒有口袋的角色。他提供了極具洞察力的概念性觀點。

研究得到美國古文物研究學會（American Antiquarian Society）、美國服裝學會、波士頓大學人文基金會、大都會藝術博物館和溫特圖爾博物館（Winterthur Museum, Garden & Library）慷慨的獎助金支持。數間機構允許我戴著手套翻查他們悉心保存衣物的口袋，包括時裝學院、迪爾菲德歷史博物館（Historic Deerfield）、FIT博物館、RISD博物館、碧波地博物館博物館（Peabody Essex Museum）和北安普頓歷史博物館（Historic Northampton）。特別感謝羅德島歷史學會的 Dana Signe K. Munroe 一起探討約瑟夫・諾伊斯的馬甲背心：研究助理 Kyra Gabrielle

Buenviaje 和 Sophia Ellis 不厭其煩地追蹤資料庫裡的線索；Kyra Gabrielle Buenviaje 還分享了敏銳的時尚洞見；Marc Calhoun 和 Emily Coxe 靈巧地解決了許多研究謎團。Bethany Johns 和 Doug Scott 大方指導我平面設計的問題。Kristie Peterson 協助破解影像授權世界的迷津，並堅持不懈地追蹤一些神祕事件。

感謝親朋好友和同事不吝提供有關口袋的參考資料，還有更多人溫柔敦厚地忍受我嚕哩嚕囌地分享又一個口袋故事。Charlotte Biltekoff 發現一個一九〇七年的女性主義論戰；Matthew Bird 鑑定出一九三七年的男孩可能收在口袋裡的所有物品；Nancy Ekholm Burkert 講述她描繪艾蜜莉．狄金生口袋的感想；Stuart Burrows 提醒我注意莫洛瓦的口袋紀錄；Anna Carlson 轉寄了一個女性參政權支持者的口袋給我；Julia Carlson 發現勞倫斯．史特恩的口袋默劇；John Dunnigan 發現家具也會留空間放置口袋；Tim Fulford 寄來勞勃．騷塞透過有口袋的長褲，抒發對兒子成年的深情感想；Evelyn Fischer 和 Hannah 不斷傳來迷因和社群媒體產物的口袋；Henry Hawk 提到一款當代的男用手提包，完美呼應了一幅十六世紀肖像畫描繪的包包；Jessica Sewell 介紹我認識足智多謀的袋鼠凱蒂；Katherine Stebbins 指出傑佛遜總統依賴口袋大小的工具。羅德島設計學院服裝部的學生，分享他們這些年來創意十足的口袋設置，教導我所有與納入口袋有關的想法。

我要感謝母親 Nancy Whittaker Carlson 讓我明白，物品也有故事可以說。不管是帶我去看最新的服裝展，或仔細研究 Bob Knopper 尊貴二手店裡的東西，她都會指出材料和表現形式上的細微差異，把每一次參觀都變成探險。（媽！我還是得靠你敏銳的眼光！）我要給凱倫和伊莉莎大大的擁抱，感謝你們聽我訴說所有容易離題的口袋趣事，並對我的每一項發現展現熱情。最後，感謝查理的一切——你知道的，發自我「口袋」深處誠摯地感謝。

註釋

NOTES

INTRODUCTION ｜序

1. *London Journal*, Sept. 4, 1725，引用於 J. Paul Hunter, “Gulliver’s Travels and the Novel,” in *The Genres of Gulliver’s Travels*, ed. Frederick N. Smith (Delaware: Univ. of Delaware, 1990), 68。杭特尋回這個同時代的玩笑，並用它來檢視喬納森・史威夫特對甫出版的《魯賓遜漂流記》，以及「笛福謬誤的寫實主義」之抨擊。多位評論家說笛福的小說「從頭到尾都是昭然若揭的謊言」，而小說的連貫性問題也有助於證明這點。

2. 對於後世那些寫漂流故事的作者們而言，這種作者巧妙介入的「天降神力」不免令人詬病——舉凡從尚—雅克・盧梭（Jean Jacques Rousseau，《愛彌兒》〔*Emile*〕）、約翰・大衛・魏斯（Johann David Wyss，《瑞士魯賓遜家族》〔*Swiss Family Robinson*〕），到電視實境節目《原始生活二十一天》（Naked and Afraid）的製作人——問題變成：要在荒野生存，究竟需要多少工具？

3. Hunter, “Gulliver’s Travels,” 68。

4. Thomas Carlyle, *Sartor Resartus*, ed. Rodger L. Tarr (Berkeley: Univ. of California Press, 2000), 31。

5. 同上，50。

6. 同上，50。

7. George Barrington, *The History of New South Wales* (London: Printed for M. Jones, [1802] 1810), 432。這本書刊登了歐洲第一張凸顯袋鼠育兒袋的印刷圖片，作者據推測是一個惡名昭彰的紳士扒手，名叫喬治・巴林頓。因犯罪被放逐到新南威爾斯的囚犯流放地，這位「扒手王子」很快洗心革面，而據說由他講述的流放地歷史也大大引發人們的好奇心。亦請參閱 Ronald Younger, *Kangaroo: Images through the Ages* (Sydney: Hawthorn, 1988)。

8. William Livingstone Alden, *Domestic Explosives and other Sixth Column Fancies* (New York: Lovell, Adam, Wesson, 1877), 50。

9. Sally Sketch, *An Alphabetical Arrangement of Animals for Young Naturalists* (London: Harris & Son, 1821)。

10. Emmy Payne, *Katy No Pocket* (Boston: Houghton Mifflin, 1944)。

11. 同上。

12. 工人的禮物也讓凱蒂得以從事專業的工作。當她回到森林裡的家，開始提供日間托兒服務，把森林裡各種小動物通通放進她的工作圍裙裡。

13. Howard Nemerov, "Pockets," in *The Western Approaches* (Chicago: Univ. of Chicago Press, 1975), 39。

14. Bernard Rudofsky, *Are Clothes Modern? An Essay on Contemporary Apparel* (Chicago: Paul Theobald, 1947), 124。

15. "Give Woman Equality in Pockets," *Baltimore Sun*, Feb. 23, 1894, 4。

16. William Golding, *Lord of the Flies* (New York: Penguin, [1954] 2006), 111。

17. Elaine Scarry, *The Body in Pain: The Making and Unmaking of the World* (New York: Oxford Univ. Press, 1985)。在考慮設計的本質時，史凱瑞主張，即便沒有名字，大規模生產的物品也代表「客觀化的人類同情」；這一部分是因為工藝的世界既「投射」又「回報了活生生的人體」。史凱瑞主張，人類想像和創造的工藝品有助於「改變人類的種種能力和需求」。（288, 324）

CHAPTER 1 ｜口袋的起源

1. Mark Twain, *Notebooks*，引用於 Henry Nash Smith, *Mark Twain's Fable of Progress* (New Brunswick, NJ: Rutgers Univ. Press, 1964), 41。

2. 同上。

3. Mark Twain, *Connecticut Yankee in King Arthur's Court*, vol. 9 of *The Works of Mark Twain*, ed. Bernard L Stein (Berkeley: Univ. of California Press, 1979), 144。

4. Philip Klass, "An Innocent in Time: Mark Twain in King Arthur's Court," *Extrapolation* 16, no. 1 (Dec. 1974): 23。

5. Twain, *Connecticut Yankee*, 116。

6. 同上，119。

7. 同上。

8. 同上。

9. 根據艾倫・格里本（Alan Gribben）的《馬克・吐溫的藏書室》（*Mark Twain's Library: A Reconstruction* (Boston: G. K. Hall, 1980) ），馬克・吐溫擁有保羅・拉克魯瓦（Paul Lacroix）一八七四年出版的《中世紀和文藝復興時期的風俗習慣和服裝》（*Manners, Customs, and Dress During the Middle Ages, and During the Renaissance Period*）等書。

10. Alison Clarke, *Tupperware: The Promise of Plastic in 1950s America* (Washington, DC: Smithsonian Institution Press, 1999)。

11. 例如可參閱 Harry Oliver, *Bubble Gum and Hula Hoops: The Origins of Objects in Our Everyday Lives* (2010)；Trevor Homer, *The Book of Origins* (2007)；Joel Levy, *Really Useful: The Origins of Everyday Things* (2002)；Charles Panati, *Panati's Extraordinary Origins of Everyday Things* (1987)。

12. Mary Stella Newton, *Fashion in the Age of the Black Prince* (Woodbridge, Suffolk, UK: Boydell Press, 1980), 15–18。裝飾用鈕釦的歷史，可以回溯到史前時代和大約西元前兩千年的印度河流域，但鈕釦配合鈕孔的使用，是隨著中世紀歐洲合身服裝的到來而興起。

13. 請參閱 Dorothy K. Burnham, *Cut My Cote* (Toronto: Royal Ontario Museum, 1973), 3。

13. M. Ahmed and S. Vickery, "Dress of the Exile: Tibetan," in J. Dhamija, ed., *Berg Encyclopedia of World Dress and Fashion: South Asia and Southeast Asia* (Oxford: Bloomsbury Academic, 2010), 194–200。

15. F. P. Leverett, ed., s.v. "sinus," *A New and Copius Lexicon of the Latin Language* (Boston, 1850).「羅馬人會利用長袍的褶縐做為口袋，挾帶信件、錢包、匕首等等；因此，每一個接近他的人，奧古斯都會要求搜查羅馬寶。」

16. Frances Horgan, trans. and ed., *The Romance of the Rose*, Oxford World's Classics (Oxford: Oxford Univ. Press, 1999), 33。

17. Claire Wilcox, *Bags* (London: V & A Publications, 1999), chap. 1。

18. Newton, *Fashion*, 6–7。

19. Gale R. Owen-Crocker, "Sensuality and Sexuality," in *Encyclopedia of Medieval Dress and Textiles*, http://dx.doi.org/10.1163/2213-2139_emdt_SIM_000751（二〇一八年一月十七日查詢）。

20. *Oxford English Dictionary*, vol. 2, P–Z (Oxford: Oxford Univ. Press, 1987), s.v. "pocket, n. and adj."; *Middle English Dictionary* (Ann Arbor: Univ. of Michigan Press, 1956–), s.v. "pocket"。

21. Geoffrey Chaucer, *The Canon's Yeoman's Prologue and Tale, in Selected Tales from Chaucer*, ed. Maurice Hussey (Cambridge: Cambridge Univ. Press, [1965] 2016), 85。

22. William Copland, *A Boke of the Properties of Herbes Called an Herball* (London: Wyllyam Copland for Iohn Wyght [1552?]; Ann Arbor: Text Creation Partnership, 2011), http://name.umdl.umich.edu/A03040.0001.001。

23. François Boucher, *20,000 Years of Fashion* (New York: Harry N. Abrams, 1966), 433。

24. Walter L. Strauss, *German Masters of the Sixteenth Century: Erhard Schoen, Niklas Stoer* (New York: Abaris Books, 1984), 336。

25. Sarah Grace Heller, *A Cultural History of Dress and Fashion in the Medieval Age* (London: Bloomsbury Academic, 2017), 50–51。

26. Naomi Tarrant, *The Development of Costume* (London: Routledge, 1994), 44 –48。

27. Else Østegärd, *Woven into the Earth: Textiles from Norse Greenland* (Aarhus: Aarhus Univ. Press, 2004)。

28. 同上，94–95、179–80。

29. 請參閱 Desiree G. Koslin and Janet E. Snyder, eds., *Encountering Medieval Textiles and Dress: Objects, Texts, Images* (New York: Palgrave Macmillan, 2002)。這一段資訊來自與寇斯林的私人通訊，二〇〇七年二月十五日。

30. Naomi Tarrant, Mayake Wagner, et al. "The invention of twill tapestry points to Central Asia: Archaeological record of multiple textile techniques used to make the woollen outfit of a ca. 3000-yearold horse rider from Turfan, China," *Archaeological Research in Asia 29* (March 2022)。

31. 請參閱布蘭奇（Oldie Blanc）對緊身男用棉背心（pourpoint）的討論：那是最早穿在盔甲裡面的緊身上衣，後來被平民服裝採用。Blanc, "From Battlefield to Court: The Invention of Fashion in the Fourteenth Century," in Koslin and Snyder, *Encountering Medieval Textiles*, 163。

32. Laura Gowing, *Domestic Dangers: Women, Words, and Sex in Early Modern London* (Oxford: Clarendon Press; Oxford: Oxford Univ. Press, 1996), 83。

33. U. Fulwell, *Like Will to Like* (1568)，引用於 C. Willett Cunnington and Phillis Cunnington, *Handbook of Costume in the Sixteenth Century* (London: Faber and Faber, 1954), 121。

34. Philip Stubbes, *Anatomie of Abuses* (1583)，引用於 Aileen Ribeiro, *Dress and Morality* (New York: Holmes & Meier, 1988), 68。

35. 引 用 於 Wilfred Hooper, "The Tudor Sumptuary Laws," *The English Historical Review* 30, no. 119 (July 1915): 439。

36. 同上。製襪商和裁縫師也必須簽訂合約，每人繳納四十英鎊的保證金遵守這些規定，拒絕者有罰款和入獄監禁之虞。

37. Richard Edwards, Damon and Pithias, in *The Oxford Anthology of Tudor Drama*, ed. Greg Walker (Oxford: Oxford Univ. Press, 2014), 376。

38. 同上。

39. Hooper, "Tudor Sumptuary Laws," 443。

40. 同上，441。

41. 同上。

42. 同上。

43. John Bulwer, *Anthropometamorphosis: The Man Transformed or the Artificial Changeling* (London: William Hunt, 1653), 541–42。他是從 Lucas Gracian Dantisco 的《西班牙豪俠傳》（*Galateo Espagnol*）或 Della Casa《豪俠傳》（*Galateo*）一五九〇年的英譯本引用這則軼事，而後剽竊，一字不漏地照抄。

44. 引用於 Janet Arnold, *Patterns of Fashion: The Cut and Construction of Clothes for Men and Women, ca. 1560–1620* (London: Macmillan; New York: Drama Book, 1985), 76–77。

45. 同上。

46. 同上。

47. 同上。

48. 同上。

49. 同上，59。

50. Jean MacIntyre, *Costumes and Scripts in the Elizabethan Theatres* (Edmonton: Univ. of Alberta Press, 1992), 132。

51. William Shakespeare, *Cymbeline*, act 3, scene 1, line 47。

52. William Fisher, *Materializing Gender in Early Modern English Literature and Culture* (Cambridge: Cambridge Univ. Press, 2006), 68–69。雖然現代史學家認為這種配件是為了表明「永久勃起的狀態」，但費雪指出，許多配件「顯然與陽具無關」，且正如其名稱所暗示，與陰囊／睪丸以及與生殖、血統等相關概念的關係較為密切。

53. Carolyn Dinshaw and David Wallace, *The Cambridge Companion to Medieval Women's Writing* (Cambridge: Cambridge Univ. Press, 2003), 72–73。

54. Henry Medwall, *Fulgens and Lucres, I.734–5, in The Plays of Henry Medwall*, ed. Alan H. Nelson (Cambridge: D.S. Brewer, 1980)。

55. 引用於 Fisher, *Materializing Gender*, 59。

56. 這幅畫像清楚表現遮陰布有時會被拿來裝東西。遮陰布為袋狀，而當遮陰布流行起來，人們也注意到這種外形（就算不是功能）的關聯性。例如，在一四六〇年的湯利（Towneley）連環神祕劇中，一個角色提到「遮陰布就像口袋」。*Middle English Dictionary* (Ann Arbor: Univ. of Michigan Press, 1956–), s.v. "codpiece"。

57. Bulwer, *Anthropometamorphosis*, 540。

58. 引用於 Rebecca Unsworth, "Hands Deep in History: Pockets in Men and Women's Dress in Western Eu-

rope, ca. 1480–1630," *Costume* 51 no. 2 (2017): 160。

59. Fisher, *Materializing Gender*, 78。

60. Arnold, *Patterns of Fashion*, 3。

61. 引用於 Cunnington and Cunnington, *Handbook of English Costume*, 122。

62. Arnold, *Patterns of Fashion*, 59, 63, 75, 87, 89, 91。

63. Unsworth, "Hands Deep in History," 156。

64. Paul L. Hughes and James F. Larkin, eds., *Tudor Royal Proclamations*, 2 vols. (New Haven, CT: Yale Univ. Press, 1969), 2:398–99。

65. 一五四九年一月十六日，某位心懷妒意的托馬斯・西摩（Thomas Seymour，據說希望取代胞兄接任愛德華六世的攝政官）用他保管的鑰匙，進入國王的私人宅邸討論事情。他驚動到愛德華的狗，而狗的吠叫聲嚇到西摩，西摩掏槍射殺了那隻狗。後來的事情對西摩來說不太順利。他被控謀反，接受審判，雖然三名法官中有兩個為他辯白，他還是被判叛國罪而處決。請參閱 Lois G. Schwoerer 在《近代英國初期的槍枝文化》（*Gun Culture in Early Modern England*, Charlottesville: Univ. of Virginia Press, 2016）對此事件的描述，頁 61。

66. Bert S. Hall, *Weapons and Warfare in Renaissance Europe* (Baltimore, MD: Johns Hopkins Univ. Press, 1997), 190。

67. Lisa Jardine, *The Awful End of Prince William the Silent: The First Assassination of a Head of State with a Handgun* (New York: Harper Perennial, 2007), 77–85。

68. Schwoerer, *Gun Culture*, 3。

69. 弗羅比舍曾三次航往新大陸，而這幅肖像畫是在半災難性的第二次航行後完成。這次航程，他既沒有發現傳說中通往亞洲的西北航道，其他方面也沒有取得夠多成就來滿足投資者的期望。弗羅比舍的姿態——他將自己描繪成決不妥協的老練水手——可視為某種宣傳噱頭。請參閱 James McDermott, *Martin Frobisher: Elizabethan Privateer* (New Haven: Yale Univ. Press, 2001)。

70. Philip Stubbes, *The Anatomie of Abuses* (London: John Kingston for Richard Iones, 1583), 62。

71. John Stow, *Annales, or a General Chronicle of England* (London: Richardi Meighen, 1631), 869。

72. Schwoerer, *Gun Culture*, 60。

73. 同上，46、61。

74. Joyce Lee Malcolm, *To Keep and Bear Arms: The Origins of an Anglo-American Right* (Cambridge, MA: Harvard Univ. Press, 1994), 2。

75. Paul L. Hughes and James F. Larkin, eds., *Tudor Royal Proclamations*, 2 vols. (New Haven: Yale Univ. Press, 1969), 2:398–99。

76. 同上，2:442– 45。

77. Schwoerer, *Gun Culture*, 97。

78. 有兩份十九世紀服裝史的資料宣稱，法國統治者曾試圖禁止口袋。在查找相關法令時，我只見到提及讓口袋保持小尺寸的資料，顯然是為了讓口袋無法攜帶三十公分長的槍枝。請參閱 See James Robinson Planché, *A Cyclopaedia of Costume or Dictionary of Dress* (New York: J.W. Bouton, 1877), 84。

79. "Anti Hip-Pocket Bill: South Carolina's Newest Plan for Reducing the Number of Murders," *Boston Daily Globe*, Jan. 6, 1898。

80. England and Wales, Sovereign (1603–1625: James I), *A Proclamation against the Use of Pocket-Dags* (London: Robert Barker, 1613)。

81. James I, King of England, *Basilikon doron, or, King James's Instructions to His Dearest Sonne, Henry the Prince* (London: Simon Stafford for Thomas Salisbury, 1604；Ann Arbor: Text Creation Partnership, 2011), 113, https://quod.lib.umich.edu/e/eebo2/A04230.0001.001/1:7?rgn=div1;view=fulltext。

82. John Fletcher and Philip Massinger, *The Custom of the Country, in The Dramatic Works in the Beaumont and Fletcher Cannon*, vol. 8, ed. Fredson Bwers (Cambridge: Cambridge Univ. Press, 1992), 672。

83. 同上。

84. 請參閱 *Jardine, Awful End*。弗朗西斯・沃爾辛厄姆爵士（Sir Francis Walsingham）說，刺客走近威廉三世，「彷彿有信要交給他似的」（52）。

85. Andrew Pettegree, *The Invention of News: How the World Came to Know Itself* (New Haven, CT: Yale Univ. Press, 2014), 88–93。

86. 同上，54、58。

87. Todd M. Richardson, *Pieter Bruegel the Elder: Art Discourse in the Sixteenth-Century Netherlands* (Farnham, Surrey: Ashgate, 2011), 151。

88. John Dunton, *An Hue and Cry after Conscience, or, The Pilgrims Progress by Candlelight in Search after Honesty and Plain-dealing Represented under the Similitude of a Dream* (London: Printed for John Dunton, 1685; Ann Arbor: Text Creation Partnership, 2011), 132–34, http://name.umdl.umich.edu/A36902.0001.001。這名「潛水夫」描述了提供給有志從事「這一行」年輕人的教育，還找了學校和教師來宣講理論與實踐。實習課程包括綁一條繩子橫越房間，掛上一條馬褲，如果年輕的志願者能解下錢包而不碰到掛在口袋開口處的鈴鐺，就代表他們達到門檻。

89. Robert Greene, *The Second Part of Conny-Catching . . .* (London: Iohn Wolfe for William Wright, 1591; Ann Arbor: Text Creation Partnership, 2011), http://name.umdl.umich.edu/A02141.0001.001。

90. 同上。

91. Peter Aretine, *Strange News from Bartholomew-Fair, or, the Wandering-Whore Discovered Her Cabinet*

Unlockt . . . (London: Printed for Theodorus Microcosmus, 1661; Ann Arbor: Text Creation Partnership, 2011), 4, http://name.umdl.umich.edu/A61777.0001.001。

92. George Basalla, *Evolution of Technology* (Cambridge: Cambridge Univ. Press, 1988), vii。

93. 同上，viii。

94. 同上，209。

95. 同上。

96. *Oxford English Dictionary*, vol. 2, P–Z (Oxford: Oxford Univ. Press, 1987), s.v. "pocket," extended uses。「口袋」這個字最早的「延伸用法」，是「打消」為惡的念頭。「承擔或接受（公然侮辱等）而不表現出怨恨；屈服，逆來順受；吞下去。」

97. Anthony Stafford, *Stafford's Niobe: Or His age of Teares* (London: Humfrey Lownes, 1611; Ann Arbor: Text Creation Partnership, 2011), 104, http://name.umdl.umich.edu/A12821.0001.001。

98. 同上。

99. 同上。

100. 同上。

101. Giovanni Della Casa, *Il Galateo*, trans. Konrad Eisenbichler and Kenneth R. Bartlett (Toronto: Centre for Reformation and Renaissance Studies, [1558] 1986), 11。

102. William Shakespeare, *The Tempest*, act 2, scene 1, line 63。

103. Thomas Dekker, *A Tragi-comedy: Called, Match Mee in London* (London, 1631; Ann Arbor: Text Creation Partnership, 2011), 55, https://quod.lib.umich.edu/e/eebo/A20088.0001.001/1:4.4?rgn=div2;view=fulltext。

104. Joseph Hall, *Virgidemiarum*, 2 vols. (1599; Ann Arbor: Text Creation Partnership, 2011), book 4, satire 6, line 8, https://quod.lib.umich.edu/e/eebo/A71324.0001.001/1:3.7?rgn=div2;view=fulltext;q1=Virgidemiarum。

105. 一五六〇到六四年間，義大利、法國、德國和英國有許多男性人物的畫像，都描繪了這種 O 型環的袋包，其中好幾個都放了手帕。例如請參見 Alessandro Allori, *Portrait of Tommaso De' Bardi* (1560)；Hans Eworth, *Portrait of Thomas Howard, 4th Duke of Norfolk* (1563)；Pieter Pourbus, *Portrait of Pierre Dominicle* (1558)。

106. 引用於 Jane Ashelford, *Dress in the Age of Elizabeth* (London: Batsford, 1988), 114。格林警告，這種裝束讓鄉下人成為騙子或小偷容易下手的獵物。

107. Sonja Kudei, "The Problem with Man-Bag and Other Man Words," *The Atlantic*, April 10, 2014. https://www.theatlantic.com/health/archive/2014/04/the-problem-with-man-bag-and-other-man-

words/359830/。

108. Christian Allaire, "I Test-Drove the 'Murse,' Summer's Surprising Breakout Trend," *Vogue*, July 4, 2019。

CHAPTER 2 ｜口袋的普及

1. Jonathan Swift, letter to Alexander Pope, Sept. 29, 1725, in *Gulliver's Travels*, ed., Albert J. Rivero (New York: W. W. Norton, [1726] 2002), 261。
2. Swift, *Gulliver's Travels*, 25。
3. 同上，237。
4. 同上，29。
5. 同上，28–31。
6. 在《格列佛遊記》的尾聲，格列佛為他的計畫辯護，並試著消除所有對他的旅行的「異議」，包括殖民指控。他指出，「我描述的那些國家，似乎毫不期盼被殖民者征服、奴役、殺害或驅逐，也不盛產黃金、白銀、蔗糖或菸草。」（Swift, *Gulliver's Travels*, 249）。
7. Barbara Burman and Ariane Fennetaux, *The Pocket: A Hidden History of Women's Lives, 1660–1900* (New Haven, CT: Yale Univ. Press, 2019), 26。
8. 多位作者討論了英王查理二世採用這種西裝的情況。請參閱 Diana de Marly, "King Charles II's Own Fashion: The Theatrical Origins of the English Vest," *Journal of the Warbug and Courtald Institutes* 37 (1974): 378–82；David Kuchta, *The Three-Piece Suit and Modern Masculinity: England, 1550–1850* (Berkeley: Univ. of California Press, 2002); Aileen Ribeiro, *Fashion and Fiction: Dress in Art and Literature in Stuart England* (New Haven: Yale Univ. Press, 2005), 224–38。
9. Ann Hollander, *Sex and Suits* (New York: Knopf, 1994) 15。
10. Ribeiro, *Fashion and Fiction*, 202。
11. John Evelyn, *Tyrannus, or The Mode*, ed. J. L. Nevinson (Oxford: Published for the Luttrell Society by B. Blackwell, 1951), 11。
12. 引用於 Ribeiro, *Fashion and Fiction*, 230。
13. 同上。
14. 引用於 Kuchta, *Three-Piece Suit*, 90; Ribeiro, *Fashion and Fiction*, 232。
15. 引用於 Kuchta, *Three-Piece Suit*, 83; Ribeiro, *Fashion and Fiction*, 230。
16. Charlotte Jirousek, "The Kaftan and its Origins," in *Berg Encyclopedia of World Dress and Fashion: Central*

and Southwest Asia (Oxford: Berg, 2010), 134。

17. 引用於 Kuchta, *Three-Piece Suit*, 121。

18. Avril Hart and Susan North, *Historical Fashion in Detail: The 17th and 18th Centuries* (London: V & A Publications, 1998), 96。

19. J. M. Rogers and R. M. Ward, *Süleyman the Magnificent* (Secaucus, NJ: Wellfleet Press, 1988), 166。

20. Beverly Lemire and Giorgio Riello, eds., *Dressing Global Bodies: The Political Power of Dress in World History* (Abingdon, Oxon: Routledge, 2020), 44。

21. Jan van Bremen and Akitoshi Shimizu, *Anthropology and Colonialism in Asia and Oceana* (Richmond, Surrey: Curzon, 1999), 53。

22. Lemire and Riello, *Dressing Global Bodies*, 44。

23. 同上，45。

24. Hollander, *Sex and Suits*, 65。

25. Richard Steele, *The Guardian*, no. 149, Sept. 1, 1713。

26. Hart and North, *Historic Fashion in Detail*, 98。

27. Claudia B. Kidwell and Margaret C. Christman, *Suiting Everyone: The Democratization of Clothing in America* (Washington, DC: Published for the National Museum of History and Technology by the Smithsonian Institution Press, 1975), 23。

28. *Virginia Gazette* (Williamsburg), April 2, 1767，可上 Freedom on the Move 網站查詢：https://www2.vcdh.virginia.edu/gos/search/related Ad.php?adFile=sg67.xml&adId=v1767041552.

29. 「一般的奴隸服裝」有沒有口袋，是一九三〇年代公共事業振興署採訪者關注之事。Charles L. Perdue Jr., Thomas E. Barden, and Robert K. Phillips, eds. *Weevils in the Wheat: Interviews with Virginia Ex-slaves* (Charlottesville: Univ. Press of Virginia, 1976), 374。請參見 appendix 6, question 265。

30. 一則協尋逃亡者的啟事，區分了大衛在維吉尼亞州威廉斯堡附近隨身攜帶的兩件外套，「他隨身帶著一件棕色的克爾賽呢外套，和一件藍白相間的維吉尼亞布外套，上面有粗劣的奧斯納布魯格口袋。」*Virginia Gazette* (Williamsburg), November 5, 1772，可上 Geography of Slavery 網站查詢：http://www2.vcdh.virginia.edu/saxon/servlet/SaxonServlet?source=/xml_docs/slavery/ads/rg72.xml&style=/xml_docs/slavery/ads/display_ad.xsl&ad=v1772110772。

31. Linda Baumgarten, *What Clothes Reveal: The Language of Clothing in Colonial and Federal America* (Williamsburg, VA: Colonial Williamsburg Foundation, in association with Yale Univ. Press, 2002), 135。

32. 引用於 Phillip Morgan, *Slave Counterpoint: Black Culture in the Eighteenth-Century Chesapeake and Lowcountry* (Chapel Hill: Univ. of North Carolina Press, 1998), 129。

33. Lydia Parris, *Slave Songs of the Georgia Sea Islands* (Georgia: Univ. of Georgia Press, [1942] 1990), 131 n4。

34. Kidwell and Christman, *Suiting Everyone*, 19。

35. David Waldstreicher, "Reading the Runaways: Self-Fashioning, Print Culture, and Confidence in Slavery in the Eighteenth-Century Mid-Atlantic," in "African and American Atlantic Worlds," special issue, *William and Mary Quarterly* 56, no. 2 (Apr. 1999): 243–72。

36. *City Gazette* (Charleston, SC), Aug. 8, 1794，可上 Freedom on the Move 網站查詢：https://fotm.link/cYzxWrCQBWFVWwcUbXzKhR。天鵝絨披肩延續大衣的風格，而且是價格較貴的服飾物件。

37. 尚恩・懷特（Shane White）和葛拉姆・懷特（Graham White）主張，頭髮是受奴役美國人自我表現的重要領域。在十八世紀的美國，有些人會「把頭髮理得像統治階級成員戴的假髮」，作者主張，他們這麼做不是為了模仿，而是諧仿諷刺。Shane White and Graham White, *Stylin': African American Expressive Culture from Its Beginnings to the Zoot Suit* (Ithaca, NY: Cornell Univ. Press, 1998)，請參見 chap. 3。

38. Waldstreicher, "Reading the Runaways," 256。華茲特萊希指出，之所以很難確定誰是奴隸、誰是自由人、誰是僕人、誰是逃亡者，「正是因為服裝和技能的指標本身已被商品化，而正因為逃亡者精於投機，這些族群標記固然可以仰賴，但通常不能可靠地做為判斷個人身分地位的標準。種族亦如是——如果種族代表膚色的話。」（257）

39. *Virginia Gazette* (Williamsburg), Jan. 10, 1771，可上 Geography of Slavery 網站查詢：http://www2.vcdh.virginia.edu/saxon/servlet/SaxonServlet?source=/xml_docs/slavery/ads/rg71.xml&style=/xml_docs/slavery/ads/display_ad.xsl&ad=v1771010636。

40. 會讓人搞糊塗的是，「棉花」一詞在十八世紀是用來形容品質低劣的羊毛。

41. *Virginia Gazette* (Williamsburg), Mar. 5, 1772，可上 Geography of Slavery 網站查詢：https://www2.vcdh.virginia.edu/saxon/servlet/SaxonServlet?source=/xml_docs/slavery/ads/rg72.xml&style=/xml_docs/slavery/ads/display_ad.xsl&ad=v1772030702。還有一個例子：一個名叫倫敦的奴隸，曾待在南卡羅萊納三個月，後於一七七二年冬天和其他三人一起逃離聖約翰教區。其他三人都穿著廉價白色羊毛製成的外套和馬褲——奴隸主芮維納（Daniel Ravenel）提供的。倫敦穿得不一樣，雖然芮維納未確切表示此變更是否出自倫敦之手，但這似乎很有可能，因為只有倫敦「有一件用山核桃樹皮染色、附帶紅色口袋的外套」。*South-Carolina Gazette and Country Journal* (Charleston), Feb. 25, 1772, quoted in Baumgarten, *What Clothes Reveal*, 135。

42. 例如請參見一件一七七八至八五年法國法院訴訟案，大都會藝術博物館時裝學院收藏，Fletcher Fund, 1961, C.I.61.14.2a–c。

43. 一個廣告商指出大外套的大型口袋的功用，「他帶了下面這件衣服，即一件用法國斜紋布製成的大外套，有好幾個相同的口袋，口袋側面有翻蓋，便於攜帶文件。」Virginia Gazette or American Advertiser (Richmond), Apr. 16, 1785，可上 Geography of Slavery 網站查詢：http://www2.vcdh.

virginia.edu/saxon/servlet/SaxonServlet?source=/xml_docs/slavery/ads/vg1785.xml&style=/xml_docs/slavery/ads/display_ad.xsl&ad=v1785040016。

44. *Oxford English Dictionary*, vol. 1, A–O (Oxford: Oxford Univ. Press, 1987), s.v. "fob, v. 1." 如果表袋一開始指祕密的口袋，就可能是援用這個意義。

45. Trial of Timonthy Robinson (t17290827-58), Aug. 1729, Old Bailey Proceedings Online, https://www.oldbaileyonline.org version 8.0, accessed July 15, 2022), August 1729。

46. 引用於 Silvio Bedini, *Jefferson and Science* (Chapel Hill: Univ. of North Carolina Press, 2002), 16。

47. 同上，16、35。

48. Thomas Jefferson Foundation, "I Rise with the Sun," A Day in the Life of Thomas Jefferson, https://www.monticello.org/thomas-jefferson/a-day-in-the-life-of-jefferson/i-rise-with-the-sun/（二〇二二年十月三日查詢）。

49. 這副紙牌每一張上面都畫有用於測量、航海、採礦、工程、天文學等領域的儀器圖片，也附上圖說（紙牌背面為空白）。"Nine of Spades: Pocket Cases," Rare Book Division, New York Public Library Digital Collections, 1702, https://digitalcollections.nypl.org/items/510d47dd-cdea-a3d9-e040-e00a18064a99。

50. 引用於 Madeline Siefke Estill, "Colonial New England Silver Snuff, Tobacco, and Patch Boxes: Indices of Gentility," in *New England Silver and Silversmithing*, 1620–1815, ed. Jeannine Falion and Gerald R. Ward (Boston: Colonial Society of Massachusetts, 2008), 54–55。

51. Douglas L. Stein, "Seamen's Protection Certificate," Mystic Seaport Museum, 1992, https://research.mysticseaport.org/item/l006405/l006405-c041/。

52. Alicia Olushola Ajay, "Bondage by Paper: Devices of Slaveholding Ingenuity," in *The Black Experience in Design: Identity, Expression and Reflection*, ed. Anne H. Berry, Kareem Collie, Penina Acayo Laker, Lesley-Ann Noel, Jennifer Rittner, Kelly Walters (New York: Allworth Press, 2022), 219。

53. Frederick Douglass, *Life and Times of Frederick Douglass* (Boston: De Wolfe, Fiske & Co., 1892), 247。

54. 同上。誠如道格拉斯所解釋，「我的逃脫方法，正是那些制定法律，以便用奴隸制度牢牢約束我、捆縛我的人提供給我的。」阿傑（Ajay）說，「道格拉斯是透過表演取出文件來假裝成自由人。」（Ajay, "Bondage by Paper," 219）

55. "The Paradox of Liberty: Joseph Trammel's Freedom Papers," March 7, 2017, National Museum of African American History and Culture, https://nmaahc.si.edu/explore/stories/joseph-trammells-freedom-papers。

56. Ajay, "Bondage by Paper," 225。他寫道，「自由黑人契約——也就是那張紙，通常會小心照顧、靠近身體，以便隨時取用——成為一個人的身分證明，代表一個人已從被擁有的財產轉變為擁有財產的人。」

57. *The Soldier's Pocket Bible* (London: G.B. for G.C., 1644), title page; "Soldier's Bible," in *Puritans and Puritanism in Europe and America*, vol. 1, ed. Francis J. Bremmer and Tom Webster (Santa Barbara, CA: ABC-CLIO, 2005), 584。

58. Harriet Preble, letter to Anica Preble Barlow, Aug. 10, 1817, in *Memoir of the Life of Harriet Preble: Containing Portions of her Correspondence, Journal and Other Writings, Literary and Religious* (New York: G.P. Putnam's Sons, 1856), 409。「當我們駕車回家，他從口袋拿出他最愛的莎士比亞，一路大聲念給我們聽。」

59. Laurence Sterne, *A Sentimental Journey through France and Italy by Yorick* (London: Macdonald, [1768] 1975), 93–94。

60. Swift, *Gulliver's Travels*, 189。

61. 同上，213。

62. 如同西斯金（Clifford Siskin）和華納（William Warner）在寫到「啟蒙」時所言，「知道必要的工具使用法。」Siskin and Warner, "This Is Enlightenment: An Invitation in the Form of an Argument," in *This Is Enlightenment*, ed. Clifford Siskin and William Warner (Chicago: Univ. of Chicago Press, 2009), 5。

63. 不過，十七世紀晚期一件式女用外套的發展，確實簡化了結構，在這段期間，女性裁縫師也取代男性接手這種外套的製造。

64. Daniel Defoe, *Moll Flanders*, ed. Edward H. Kelly (New York: W. W. Norton, [1722] 1973), 139.「但我知道，只要口袋裡有錢，人就無入而不自得。」

65. 欲見關於女性紮綁式口袋的深入分析，請參閱 Barbara Burman and Ariane Fennetaux, *The Pocket: A Hidden History of Women's Lives, 1660–1900* (New Haven, CT: Yale Univ. Press, 2019)。

66. 同上，40。

67. Sally Bronsdson, clothing list, 1794–1800, Winterthur Library: Joseph Downs Collection of Manuscripts and Printed Ephemera, Doc 1136。

68. Burman and Fennetaux, *Pocket*, 116。

69. 同上，67–69、79。

70. Eliza Yonge Wilkinson, *Letters of Eliza Wilkinson, during the Invasion and Possession of Charleston, S.C., by the British in the Revolutionary War* (New York: S. Colman, 1839), 40。「如果你一定要看我口袋裡有什麼，我自己掏給你看。」威金森的母親堅持。

71. Jedediah Oldbuck, "Lament for an Extinct Article of Female Dress," *The Artist; A Monthly Lady's Book*, Nov. 1842, 124。

72. 引用於 Burman and Fennetaux, *The Pocket*, 114。

73. 同上，21、187–97。

74. Samuel Richardson, *Clarissa, or the History of a Young Lady*, vol. 4 (London: Printed for S. Richardson, [1749] 1750), 44。

75. 同上。

76. Christopher Flint, "Speaking Objects: The Circulation of Stories in Eighteenth-Century Prose Fiction," *PMLA 113*, no. 2 (Mar. 1998): 212–26。

77. *The Adventures of a Black Coat* (Edinburgh: Printed for and sold by Alex. M'Caslan, 1750), 69。這部歷險記的敘事者是一件物品：一件為特殊場合出租的破舊黑色外套。所謂的物敘事可追溯到十八世紀初的英國，通常是貨幣，但也包括其他日常生活用品。物敘事者會嘲笑使用和傳播這些物品的人類。

78. 同上，71。

79. 請參閱 Aileen Ribeiro, "Dashing Amazons: The Development of Women's Riding Dress, c. 1500–1900," in *Defining Dress: Dress as Object, Meaning, and Identity*, ed. Amy de la Haye and Elizabeth Wilson (Manchester: Manchester Univ. Press; New York: St. Martin's Press, 1999), 10–29。

80. Randle Holme, *Academie or Store House of Armory and Blazon* (Chester: Printed for the author, 1688; Ann Arbor: Text Creation Partnership, 2011), bk. 3, chap. 3, 95, http://name.umdl.umich.edu/A44230.0001.001。

81. *Addison, Spectator*, no. 435, July 19, 1712, in *The Spectator*, by Joseph Addison and Richard Steele, ed. Donald F. Bond, 5 vols. (Oxford: Clarendon Press, 1965), 4:27。

82. 同上。

83. 同上。

84. "Remarks on the Rage of the Ladies for the Military Dress," *Gentleman's Magazine*, vol. 51 (London: J. Nichols, 1781), 58。

85. Alexis McCrossen, Marking *Modern Times: A History of Clocks, Watches and Other Timekeepers in American Life* (Chicago: Univ. of Chicago Press, 2013), 85。

86. "Remarks," 58。

87. Arnold, "Dashing Amazons," 16。

88. Richard Steele, *The Spectator*, Friday, June 29, 1711, No. 104，引用於同上。

89. 時尚也規定手帕的展示法，明訂「手帕該從右邊口袋露出多少」。引用於 Ribeiro, *Fashion and Fiction*, 262。

90. 請參閱 Pat Rogers, "The Breeches Part," in *Sexuality in Eighteenth-Century Britain*, ed. Paul-Gabriel Boucé

(Manchester: Manchester Univ. Press; Totowa, NJ: Barnes & Noble Books, 1982)。

91. 請參閱 Diane Dugaw, *Warrior Women and Popular Balladry, 1650–1850* (Cambridge: Cambridge Univ. Press, 1989)。

92. 引用於 Ribeiro, *Fashion and Fiction*, 266。

93. Harriet Jacobs [Linda Brent], *Incidents in the Life of a Slave Girl*, ed. L. Maria Child (Boston, 1861), 169。

94. 同上，170。

95. 同上，170、172。

96. Aileen Ribeiro, *Dress in Eighteenth-Century Europe, 1715–1789* (New Haven: Yale Univ. Press, 2002), 211。

97. Charlotte Perkins Gilman, "Why These Clothes?," *Independent* 58 (Jan. 26, 1905): 468–69。

98. Michael Zakim, *Ready-made Democracy: A History of Men's Dress in the American Republic, 1760–1860* (Chicago: Univ. of Chicago Press, 2003)。

99. Linzy Brekke-Aloise, "'A Very Pretty Business': Fashion and Consumer Culture in Antebellum American Prints," *Winterthur Portfolio* 48 (Summer–Autumn 2014), 206。布魯克斯兄弟一開始不是有產階級的高檔西服供應商，而是在紐約市東河碼頭販賣低價成衣。

100. William Livingstone Alden, *Domestic Explosives and other Sixth Column Fancies* (New York: Lovell, Adam, Wesson, 1877), 49。

101. 卡萊爾的《衣裳哲學》在整個十九世紀反覆被提及，當然在討論口袋期間也是如此。例如，請參閱朱利安・霍桑（Julian Hawthorne，納撒尼爾・霍桑〔Nathaniel Hawthorne〕之子）所寫的一篇關於口袋的文章："Pochiasty," *Christian Union* 32, no. 12 (1885): 6。

102. Alden, *Domestic Explosives*, 48。

103. 同上，49。

104. 同上。

105. 同上，48。

106. "A Boy's Pockets," *Harper's Bazaar* 27, no. 13 (Mar. 31, 1894), 257。

107. 引用於 Christopher Breward, *The Suit: Form, Function and Style* (London: Reaktion Books, 2016), 8。

108. 同上。

CHAPTER 3 | 口袋的姿態

1. Kitty Delicate [Joseph Dennie?], letter to the editor, in “Original Papers,” *Port-Folio*, Mar. 27, 1802, 89。
2. Cornelia Holroyd Bradley Richards, *At Home and Abroad* (New York: Evans and Brittan, 1858), 40。
3. 引用於 Ed Folsom, “Appearing in Print: Illustrations of the Self in *Leaves of Grass*,” in *Cambridge Companion to Whitman*, ed. Ezra Greenspan (Cambridge: Cambridge Univ. Press, 1995), 136。
4. Elizabeth Wilson, *Adorned in Dreams: Fashion and Modernity* (New Brunswick, NJ: Rutgers Univ. Press, 2003), 10。
5. Richards, *At Home*, 40.
6. John Russell, “Boke of Nurture,” in *Babbes Book*, ed. Frederick James Furnivall (New York: Greenwood Press, [1868] 1969), 21。富尼沃的現代英語翻譯用「別搔你自己」，代替羅素較具描述性的措辭。
7. 請參閱 Harry Berger, *Absence of Grace: Sprezzatura and Suspicion in Two Renaissance Courtesy Books* (Stanford, CA: Stanford Univ. Press, 2000)。伯格認為德拉・卡薩太過浮誇，其實是在諷刺行為手冊這類書籍。
8. Giovanni Della Casa, *Galateo* (Toronto: Centre for Reformation and Renaissance Studies, [1558] 1986), 4–5。
9. 同上，5。
10. 同上。
11. 伊拉斯謨在他稍早以小男孩為對象的行為手冊中建議，「站立或坐著時，一手放在鼠蹊部並不適當，儘管這種姿態對某些人來說很優雅，且散發軍人的氣質。」Desiderius Erasmus, “On Good Manners for Boys” (“De civilitate morum puerilium”), in *Collected Works of Erasmus: Literary and Educational Writings*, vol. 3, ed. J. K. Sowards, trans. Brian McGregor (Toronto: Univ. of Toronto Press, 1985), 277。
12. Della Casa, *Galateo*, 5。
13. Jean Racine, *The Litigants*, trans. Mr. Ozell (London: Printed for Jonas Brown, 1715), act 3, scene 1, 30。
14. 德拉・卡薩在後來的版本堅決要求僕人不應「把手放在身上任何有衣物遮蔽的部位，就連只是看起來要這樣也不行；有些粗心的僕人會把手伸進襯衫裡面，或是置於背後的衣服底下，皆有失允當」。（*Galateo*, 9）
15. *The Polite Academy: Or School of Behaviour for Young Gentlemen and Ladies* (London: Printed for R. Baldwin and B. Collins, in Salisbury, [1758] 1765), 37。
16. Norbert Elias, *The Civilizing Process*, trans. Edmund Jephcott (Oxford: Blackwell, [1939] 1994)。伊利亞斯

證明，與身體私密功能有關的行為規定在十六、十七世紀後便逐漸退出禮儀的論述——這也是伊利亞斯拿來證明以下論點的主要證據：對於身體愈來愈重的羞恥感，支配著現代國家的日常社會行為。

17. "Original Papers," Mar. 27, 1802, 89。

18. "Original Papers, No. 1," *Port-Folio*, Jan. 16, 1802, 1。

19. François Nivelon, *The Rudiments of Genteel Behavior* (London: Paul Holberton, [1737] 2003), introduction。

20. 「閒蕩的美國人」系列，滿是「對我們性別……猛烈抨擊」的指控與反指控。雖然丹尼邀請「許多聰明靈巧的女性」寫信給他的系列，但他也大方承認他覺得自己可以任意捏造，「倘若偶爾有人察覺信是我自己寫的，我可能會拿以前作家的例子做辯護。」"The American Lounger, No. 1," *Port–Folio*, Jan. 1, 1803, 1。

21. "Original Papers, No. 1," Jan. 16, 1802, 1。

22. Arline Meyer, "Re-dressing Classical Statuary: The Eighteenth-Century 'Hand-in-Waistcoat' Portrait," *Art Bulletin* 77, no. 1 (Mar. 1995), 53。

23. Nivelon, "Standing," in *Rudiments of Genteel Behavior*。

24. Meyer, "Re-dressing Classical Statuary," 49, 61。

25. Joseph Addison, *Spectator*, no. 119, July 17, 1711, in Joseph Addison and Richard Steele, *The Spectator*, ed. Donald F. Bond, 5 vols. (Oxford: Clarendon Press, 1965), 1:489。

26. Tom Brown, *Letters from the Dead to the Living* (London: Printed for Sam Brisco, [1702] 1720), 144。

27. George Farquhar, *The Beaux Strategem*, ed. H. Macaulay Fitzgibbon (London: J. M. Dent, [1707] 1898), 43。

28. 同上。

29. Diane Donald, *The Age of Caricature: Satirical Prints in the Reign of George III* (New Haven: Yale Univ. Press, 1996), 80。

30. Peter McNeil, "'That Doubtful Gender': Macaroni Dress and Male Sexualities," *Fashion Theory* 3, no. 4 (1995): 425。

31. "On Fashionable Practices," *The Lady's Miscellany; or, the Weekly Visitor* 11, no. 5 (May 26, 1810), 75–76。

32. Ann Lively, *Philadelphia Repository and Weekly Register* 3, no. 21 (May 21, 1803), 166。

33. "On Fashionable Practices," 76。

34. 同上。

35. Della Casa, *Galateo: Or, a Treatise on Politeness and Delicacy of Manners. Addressed to a Young Nobleman*, ed. Richard Graves (London: Printed for J. Dodsley, in Pall-Mall, 1774), ix, xxi。葛拉芙引用了山繆・詹森（Samuel Johnson）一七三八年的詩〈倫敦〉（*London*）。

36. Erin Mackie, Rakes, *Highwaymen, and Pirates: The Making of the Modern Gentleman in the Eighteenth Century* (Baltimore, MD: Johns Hopkins Univ. Press, 2009), 2。

37. Earl of Chesterfield, *The Letters of Phillip Dormer Stanhope, 4the Earl of Chesterfield, ed. Bonamy Dobré* (London: Eyre & Spottiswoode, 1932). London, May 31, O. S. 1748, 3:1151。

38. 同上。

39. 同上。

40. 同上，London, June 21, O. S. 1748, 3:1170。

41. Chesterfield, *Letters, Greenwich*, June 13, O. S. 1751, 23, 4:1752。

42. 同上，London, September 27, O. S. 1749, 4:1408。

43. George Coleman, *The Heir at Law, a Comedy in Five Acts* (London: Printed for Longman, Hurst, Rees and Orms, Paternoster Row, 1808), 42。

44. Ellen Moers, *The Dandy: Brummell to Beerbohm* (Lincoln: Univ. of Nebraska Press, [1960] 1978)。

45. Coleman, *Heir at Law*, 42。

46. 同上。

47. Cooper, "On American Deportment," in *The American Democrat: or, Hints on the Social and Civic Relations of the United States of America* (Cooperstown: H & E Phinney, 1838), 155。

48. A Gentleman, *The Perfect Gentleman; or, Etiquette and Eloquence* (New York: Dick & Fitzgerald, 1860), title page。

49. Fred Kasson, *Rudeness and Civility: Manners in Nineteenth-Century Urban America* (New York: Hill and Wang, 1990), 121。

50. *The Canons of Good Breeding* (Philadelphia: Lee and Blanchard, 1839), 14。

51. "The Family Journal," *New Monthly Magazine and Literary Journal*, vol. 9 (London: Henry Colburn, 1825), 166。

52. Michael Zakim, "The Business Clerk as Social Revolutionary; or, A Labor History of the Nonproducing Classes," *Journal of the Early Republic* 26, no. 4 (Winter 2006): 563。

53. Charles Dickens, *American Notes* (New York: Appleton, 1868), 79。

54. "Hireling Scribblers—Tom Nichols and the Charleston News," *Subterranean* 4, no. 29 (Dec. 12, 1846), 2。

55. Walt Whitman, *Leaves of Grass* (Brooklyn, NY, 1855), 13，可上 Walt Whitman Archive 網站查詢，ed. Matt Cohen, Ed Folsom, and Kenneth M. Price, https://whitmanarchive.org/published/LG/1855/poems/1。

56. 請參閱 See Folsom, "Appearing in Print"。

57. Roger Asselineau, *The Evolution of Walt Whitman* (Iowa City: Univ. of Iowa Press, 1999) 44. 根據胞兄喬治（George）的說法，惠特曼有時會前來幫忙，其他時候則「很晚才起床，起床後，如果有靈感，會寫東西寫好幾個鐘頭，不然就整天在外頭閒晃。我們都在工作——除了華特」。（44）

58. Horace Traubel, *With Walt Whitman in Camden*, 4 vols. (New York: Mitchell Kennerley; Philadelphia: Univ. of Pennsylvania Press, 1914–1915, 1953), 2:502。

59. 同上，3:13。

60. 同上，2:412。

61. Whitman, "Song of Myself," *Leaves of Grass*, 29。

62. 引用於 in James K. Wallace, "Whitman and *Life Illustrated: A Forgotten 1855 Review of Leaves*," *Walt Whitman Review* 17 (Dec. 1971): 137。

63. Traubel, *With Walt Whitman*, 4:150。

64. 引用於 Folsom, "Appearing in Print," 137。

65. Traubel, *With Walt Whitman*, 2:503。

66. 引用於 Ted Genoways, "'One Goodshaped and Wellhung Man': Accentuated Sexuality and the Uncertain Authorship of the Frontispiece to the 1855 Edition of Leaves of Grass," in *Leaves of Grass: The Sesquicentennial Essays*, ed. Susan Belasco, Ed Folsom, and Kenneth M. Price (Lincoln: Univ. of Nebraska Press, 2007), 87。

67. Genoways, "'One Goodshaped,'" 87–123。

68. Walt Whitman, "One Hour to Madness and Joy," in *Leaves of Grass* (New York: W. E. Chapin, 1867), 112–13，可上 Walt Whitman Archive 網站查詢，ed. Matt Cohen, Ed Folsom and Kenneth M. Price, https://whitmanarchive.org/published/LG/1867/poems/10。

69. Robert de Valcourt, *The Illustrated Manners Book: A Manual of Good Behavior and Polite Accomplishments* (New York: Leland, Clay, 1854), 54。

70. Claire Perry, *Young America: Childhood in Nineteenth Century Art and Culture* (New Haven: Yale Univ. Press, 2006), 12。「鄉下男孩」的形象出現在肖像畫、插圖、廣告和產品中。

71. [Walt Whitman], "Walt Whitman and His Poems," *United States Review 5* (Sept. 1855): 205–12, 可上 Walt Whitman Archive 網站查詢，ed. Matt Cohen, Ed Folsom, and Kenneth M. Price, https://whitmanar-

chive.org/criticism/reviews/lg1855/anc.00176.html。

72. Traubel, *With Walt Whitman*, 3:13。

73. Valcourt, *Illustrated Manners Book*, 463。瓦庫爾告誡那些穿著「破舊上流衣服」、手插在口袋裡溜達的「不幸紳士」，應當受到讀者「最嚴厲的譴責」。

74. Eliza Cook, "The Active and the Idle Man," in *Eliza Cook's Journal*, vol. 7 (London: Charles Cook, 1852), 126。

75. "Trouser Pockets," *The Saturday Review of Politics, Literature, Science, and Art*, Mar. 8, 1879。

76. Katherine Mullin, *James Joyce, Sexuality and Social Purity* (Cambridge: Cambridge Univ. Press, 2003), 101。

77. Emily Post, *Etiquette in Society, in Business, in Politics and at Home* (New York: Funk Wagnalls, 1922), 261。

78. "The Frock Coat Toilet," *Philadelphia Inquirer*, Jan. 7, 1900。

79. "From the New York Press: Hands in Pockets," *Kansas City Star*, Sept. 1, 1903, 2。

80. "No Bar Now to Women's Emancipation," *New York Tribune*, Mar. 11, 1913。

81. Jonathan Bonner, *Front Pockets* (Providence, RI: Museum of Art, Rhode Island School of Design, 2001)。

82. David McNeil, *Gesture and Thought* (Chicago: Univ. of Chicago Press, 2005), 15。

83. "Tales of Fashionable Life," *Select Reviews, and Spirit of the Foreign Magazines 2* (Dec. 1809): 373。敘事者表示，這種坐姿會讓那個人「私底下放肆的傲慢」一覽無遺。

84. Adam Kendon, *Gesture: Visible Action as Utterance* (Cambridge: Cambridge Univ. Press, 2004), 10–12。

85. Mark Johnson, *The Body in the Mind: The Bodily Basis of Meaning, Imagination and Reason* (Chicago: Univ. of Chicago Press, 1987)。根據強森的說法，「我們會在許多**置身其中**的經驗中尋找共有的結構。」他指出，我們的身體會被感受為我們放置食物飲水的容器；我們周遭都是容納我們的容器（例如，衣物、交通工具、房間和屋子）；而我們也把各式各樣的物品放進容器裡（例如，杯子和包包）。「遭遇封阻和局限，是我們體感經驗最普遍的特徵之一」。他寫道（21）。而他主張，正是我們的體感經驗「組織我們較抽象的思維」，因為我們「投射了一個經驗場域的模式，來建構另一種經驗的場域」（xiv）。我們理解封阻的物理效應——例如盒子裡的物體無法取用——並將此轉移到其他範疇，包括情緒。

86. Georg Simmel, *The Sociology of Georg Simmel*, ed. and trans. Kurt H. Wolff (Glencoe, IL: Free Press, 1950), 413, 416。

87. Pierre Bourdieu, *The Logic of Practice*, trans. Richard Nice (Stanford, CA: Stanford Univ. Press, 1990), 69。布赫迪厄主張，經由「尊重形式」所表現出的服從，是「尊重既有秩序最自然的表現」。

88. Kate Irvin and Laurie Anne Brewer, *Artist, Rebel, Dandy: Men of Fashion* (New Haven, CT: Yale Univ. Press in association with Museum of Art, Rhode Island School of Design, 2013), 68。

89. Joel Dinerstein, *The Origins of Cool in Postwar America* (Chicago: Univ. of Chicago Press, 2017), 37–40, 43, 50。

90. Joel Dinerstein and Frank H. Goodyear III, *American Cool* (Washington, DC: National Portrait Gallery, 2014), 10。

CHAPTER 4 ｜口袋的性別歧視

1. *Ammi Phillips: Portrait Painter, 1888–1865* (New York: C.N. Potter for the Museum of American Folk Art, 1969), 12。

2. Helen Dare, "Now Dragging the Pocket into Female Emancipation Problem," *San Francisco Chronicle*, Apr. 16, 1913, 7。

3. Claire Wilcox, *Bags* (London: V & A Publications, 1999), 49。

4. Harold Koda, *Goddess: The Classical Mode* (New York: Metropolitan Museum of Art; New Haven: Yale Univ. Press, 2003), 58。

5. Barbara Burman and Ariane Fennetaux, *The Pocket: The Hidden History of Women's Lives, 1660–1900* (New Haven: Yale Univ. Press, 2019)。兩位作者在書中指出，有些女性在這個時期改造了紮綁式口袋，製作出更窄的白色口袋。他們強調，紮綁式口袋延續了整個十九世紀。

6. Vanda Foster, *Bags and Purses* (New York: Drama Book Publishers, 1982), 33。

7. "Letters from London," *Atheneum; or, Spirit of the English Magazines* 1, no. 7 (July 1, 1817), 467。

8. 這篇文章轉載為 "The Wardrobe of the Nations" in *Rhode-Island American and Providence Gazette*, May 9, 1828, and the *Ladies Garland* (Harper's Ferry, Virginia), April 5, 1828, 1。

9. Female Dress," *Weekly Visitor; or, Ladies Miscellany* 4, no. 52 (Oct. 25, 1806), 409。

10. 同上。

11. Burman and Fennetaux, *Pocket*, 40。

12. Foster, *Bags*, 33。

13. 為廣告詞：一本「可裝進老太太的口袋和年輕女性工作包裡攜帶」的書。*People's Friend & Daily Advertiser*, 1807。

14. Jedediah Oldbuck, "Lament for an Extinct Article of Female Dress," *Artist; A Monthly Lady's Book*, Nov.

1842, 124。

15. Mabel Lloyd Ridgely, ed., *What Them Befell: The Ridgelys of Delaware and Their Circle in Colonial and Federal Times: Letters, 1751–1890* (Portland, ME: Anthoensen Press, 1949), 94。

16. Edith E. Mecalf, "The Greatest Lack in the World—Pockets," *Congregationalist* 73, no. 42 (Oct. 19, 1893), 530。

17. Mazy Whirl, "Society Notes," *Courier* (Lincoln, NE), Aug. 23, 1902, 4。

18. "A Boy's Pockets," *Harper's Bazaar* 27, no. 13 (Mar. 31, 1894), 257。

19. T. W. H., "Women and Men: Concerning Pockets," *Harper's Bazaar* 26, no. 44 (1893), 902。

20. 同上。

21. 同上。

22. "The World's Use of Pockets," *New York Times*, Aug. 28, 1899, 7。

23. 同上。

24. 同上。

25. Kenneth Grahame, *Wind in the Willows* (Oxford: Oxford Univ. Press, [1908] 2010), 86。

26. 同上，87。

27. 同上。

28. 同上。

29. "A New Agitation," *New York Times*, June 10, 1880, 4。

30. "Give Woman Equality in Pockets," *Baltimore Sun*, Feb. 23, 1894, 4。

31. "Fashions Against Suffrage: Elizabeth Cady Stanton's Opinion of Women Who Wear Gowns without Pockets," *New York Tribune*, June 14, 1899, 7。

32. Pockets and Purses," *Harper's Bazaar* 15, no. 42 (1882), 663。

33. Mecalf, "Greatest Lack," 530。

34. Charlotte Perkins Gilman, "If I Were A Man," *Physical Culture* (July 1914): 32。

35. Charlotte Perkins Gilman, *The Dress of Women: A Critical Introduction to the Symbolism and Sociology of Clothing*, ed. Michael R. Hill and Mary Jo Deegan (Westport, CT: Greenwood Press, 2002), 17–18。

36. 吉爾曼在她擔任主筆與主編的《先驅》（*Forerunner*）月刊，連載了《女裝》（*The Dress of Women*）與《她鄉》（*Herland*）。Carol Farley Kessler, *Charlotte Perkins Gilman: Her Progress towards Utopia* (New York: Syracuse Univ. Press, 1995), 275。

37. Charlotte Perkins Gilman, *Herland* (New York: Pantheon Books, 1979), 36。

38. 同上。

39. Dare, "Now Dragging," 7。

40. "Superiority in Their Pockets: Woman Discovers Wherein Man Is in Advance of the Gentler Sex," *Detroit Free Press*, Feb. 19, 1907, 7。

41. Helen Campbell, "The Ethics of Pockets," *Boston Cooking-School Magazine* 12, no. 5 (Dec. 1907), 260。

42. Alice Duer Miller, "Why We Oppose Pockets for Women," in *Are Women People? A Book of Rhymes for Suffrage Times* (New York: George H. Doran, 1915), 44。

43. 這不是米勒杜撰的：一九〇一年，反婦女參政的勢力確實在他們的季刊《反婦女參政》（*Anti-Suffragist*）中提出「口袋是男性的天賦權利」的論點。「男性是完美的有袋動物。他是擁有口袋的生物。對他而言，袋包的必要性自然產生了口袋。這是演化法則。一開始，我們把男性視為和袋鼠平起平坐的有袋動物。然後他將把袋包繫在腰帶上。現在看看他，拿他跟女人比較。女人不是按照自然法則，而是聽從更嚴格的裁縫命令演化的。沒有口袋和有一大堆口袋是天壤之別！」引用於 "Women and Pockets," *Chicago Daily Tribune*, Mar. 16, 1901, 6。

44. Maya Salam, "How Queer Women Powered the Suffrage Movement," *New York Times*, Aug. 19, 2020。

45. "Pockets in Evening Gown Her Fad," *St. Louis Star and Times*, July 18, 1919。

46. 同上。

47. 同上。

48. Bettina Friedl, ed., *On to Victory: Propaganda Plays of the Woman Suffrage Movement* (Boston: Northeastern Univ. Press, 1987), 246。

49. "Mrs. Belmont in Suffragette Costume," *Nashville Tennessean and the Nashville American*, Oct. 8, 1910, 8。

50. "No Bar Now to Women's Emancipation," *New-York Tribune*, Mar. 11, 1913。

51. "Taxation without Pockets: This, Not Lack of Representation, the Real Grievance of the Female Sex," *New-York Tribune*, Oct. 23, 1910, C5。

52. "The Question of the Pocket," *Harper's Bazaar* 23, no. 50 (Dec. 13, 1890), 997。《紐約觀察家報》（*New York Observer*）一位供稿人主張，女性較喜歡把錢包拿在手上，「以便透過觸覺確認自己一直擁有它。」他斷言「女性沒有口袋的情況，正好為這項指控提供了根據」。"A Serious Defect," *New York Observer*, Dec. 27, 1894, 722。

53. Marla Miller, *The Needle's Eye: Women and Work in the Age of Revolution* (Amherst: Univ. of Massachusetts Press, 2006), 請參見 chap. 7。

54. Elizabeth Cady Stanton, "The Pocket Problem," *Utica Sunday Journal*, May 26, 1895。

55. 同上。

56. Nancy Martha West, *Kodak and the Lens of Nostalgia* (Charlottesville: Univ. Press of Virginia, 2000), 121–29。

57. Theodore Dreiser, *Sister Carrie*, ed. Neda M. Westlake (New York: Penguin Books, 1994), 69。

58. "Fashion: What She Wears," *Vogue*, Oct. 2, 1909, 500。

59. "The New Apron and Pocket Dresses: How Fashion's Most Useful Fancy Is Applied to Cool Summer Suits and Gorgeous Evening Robes," *Washington Post*, July 18, 1913, M6。

60. "Taxation without Pockets," C5。

61. Rebecca Arnold, *The American Look: Fashion, Sportswear and the Image of Women in 1930s and 1940s New York* (London: I. B. Tauris, 2009), 4。

62. "Taxation without Pockets," C5。

63. "Pockets," *Independent*, Sept. 12, 1912, 629。

64. "Military Lines and Military Capes," *Women's Wear Daily*, Aug. 21, 1918, 3。

65. "Vogue Points: Decorative Little Guideposts to Point the Traveler on the Right Road to Smart Spring Fashions," *Vogue* 47, no. 3 (Feb. 1, 1916), 36。

66. "Fashion: First Fruits of the Paris Openings," *Vogue*, Mar. 15, 1915, 32。

67. Virginia Yeaman, "Pockets for Women," *Vogue*, Sept. 1, 1918, 114。

68. 同上。

69. 同上。

70. 同上。

71. 同上。

72. 同上。

73. Wilcox, *Bags*, 73–74。

74. 同上。

75. Fred Cheounne, ed., *Carried Away: All about Bags* (New York: Vendome Press, 2005), 21。

76. Dare, "Now Dragging," 7。

77. Judith Halberstam, *Female Masculinity* (Durham, NC: Duke Univ. Press, 1998), 88。

78. 「陸軍婦女服務隊」創立於一九四二年，為美國陸軍提供額外的人力，擔任行政與資源的角色。一九四三年取消「服務」一詞，新命名的陸軍婦女隊取得官職、福利與薪酬。最後，二次世界大戰期間，共有十萬名陸軍婦女隊員、六萬名陸軍護理服務隊員和一千名女子航空勤務飛行隊員於陸軍服役。

79. Peggy LeBoutillier, "Women's Uniforms Are Made to Last," *New York Times*, Nov. 28, 1943。這樣的報告常美化紡織科學：用「高能量機器」檢查布料的抗章強度，用「強烈噴霧」評估防水性，讓耐寒服裝通過冰點以下的考驗。

80. Mattie Treadwell, *The Women's Army Corps* (Washington, DC: Center of Military History, United States Army, 1954), 36。

81. 同上，206。

82. 同上，37。

83. 審查單位攔截、抽檢並記錄的家書，流露了對軍中女性議題的強烈負面情感。「我寧願我們二十年見不到面，也不願妳加入陸軍婦女隊。」一名男性軍人這麼寫給他的情人。男性軍人會揚言提出離婚或不予經濟支持，並表達他們的憤怒和困惑。「我回家時想要見到我記得的女孩。」另一名男性軍人這麼寫。Treadwell, *Women's Army Corps*, 212。

84. 同上。這發生在腰帶上。最早的制服要繫腰帶，但因為陸軍婦女隊員傾向繫得過緊，主管單位決定乾脆省略腰帶。Treadwell, *Women's Army Corps*, 157。

85. 直到今天，美國陸軍給女性和「小個子」穿的綠色服務制服，在胸口仍保有翻蓋而沒附口袋。翻蓋是用來別上獎章和徽章。其他方面，軍方致力將制服中的性別差異減至最低；誠如陸軍官方網站小心陳述的，「全女性組成的陸軍制服委員會確定，除了在合身剪裁上有些非常小的差異，男性和女性的綠色服務制服基本上相同。」US Army, FAQ, Description of the Army Green Service Uniform, https://www.army.mil/uniforms/。

86. "Diana Vreeland Brainwaves!," *Vogue*, Apr. 1, 1984, 347。佛里蘭是在回憶錄《*DV*》於一九八四年上市前接受專訪，而《時尚》在專訪中稱她是「試圖消滅手提包——可惜失敗！」的女人。

87. 同上。

88. 同上。

89. 同上。

90. "Cottons at Morro Castle," *Harper's Bazaar*, Jan. 1947, 100。

91. "Headlines for the South," *Harper's Bazaar*, Jan. 1940, 43。同年，《哈潑時尚》報導，「時尚圈仍喜歡巨大的口袋。幾個月前，特別是夏帕瑞麗和巴黎世家（Balenciaga）開始提醒我們，口袋可不只是淑女偶爾放一條手帕的藏物室。」"Pockets," *Harper's Bazaar*, July 1940, 76。

92. Richard Martin, *American Ingenuity: Sportswear, 1930s–1970s* (New York: Metropolitan Museum of Art, 1998), 51。

93. Kohle Yohannan and Nancy Nolf, *Claire McCardell: Redefining Modernism* (New York: Harry N. Abrams,

1998), 67。

94. Capella, “Confidential Chat: Don’t We Dress Up for Ourselves?,” *Boston Globe*, Jan. 24, 1941。

95. Martin, *American Ingenuity*, 52。

96. 同上。

97. Stephanie Lake, *Bonnie Cashin: Chic Is Where You Find It* (New York: Rizzoli, 2016), 198。

98. 同上。

99. 同上，43。

100. Yeaman, “Pockets for Women,” 114。

101. “Dear Future, If You Have a Moment,” *Harper’s Bazaar*, Feb. 1958, 116。

102. 同上。

103. 同上。

104. “Pockets for No Purpose Are Fashion’s Newest Decoration,” *Life*, Jan. 22, 1940, 32。

105. 同上。

106. Gilman, *Dress of Women*, 3。

107. “A Plea for the Bloomers: A Bicycle Costumer Talks of Women’s Cycling Apparel,” *New York Times*, Aug. 4, 1895。

108. 同上。

109. “Her Feminine Way,” *Kansas City Daily Journal*, Apr. 8, 1896, 4。

110. 引用於 Chelsea G. Summers, “The Politics of Pockets,” *Vox*, Sept. 16, 2016。

111. 同上。

112. Yohannan and Nolf, *Claire McCardell*, 51。

113. Adriana Gorea, Katya Roelse, and Martha L. Hall, *The Book of Pockets: A Practical Guide for Fashion Designers* (London: Bloomsbury Visual Arts, 2019), 174。

114. Jan Diehm and Amber Thomas, “Someone Clever Once Said Women Were Not Allowed Pockets,” *Pudding*, August 2018, https://pudding.cool/2018/08/pockets/。

115. 同上。

116. 十九世紀時，作家們確實進行過想像「沒有口袋的男人」的思想實驗，而那些實驗就從這個問題的若干變化型開始：「沒有口袋，他還能是男人嗎？」在提出否定的答案後，這類記述常話鋒一轉，想像男人以各種方式喪失行為能力：「絕望之中，他只好在手上綁一條繩子，把袋子吊起來……

他整個事業生涯完全癱瘓！」Mecalf, "Greatest Lack," 530。

117. BuzzFeed Motion Pictures, "Men Experience Pocketless Pants for the First Time: Men, Why Do You Think Ladies Get Excited over Pockets?" July 2017, https://www.buzzfeed.com/bfmp/videos/21406。

118. 同上。

119. Heather Kaczynski (@Hkaczynski), Apr. 20, 2018, www.twitter.com/Hkaczynski。

120. Ed Mazza, "A Mom's Plea for One Simple Change to Girls' Clothing Goes Viral," *HuffPost*, Apr. 23, 2018, https://www.huffpost.com/entry/mom-wants-pockets-in-girls-pants_n_5add5c45e4b089e33c896af0。

121. Heather Marcoux, "Viral Plea for Girls' Pockets Reaches Reese Witherspoon," *Motherly*, May 6, 2018。

122. Hattie Gladwell, "Little Girl Writes Letter to Fat Face Asking for Bigger Pockets on Girls' Clothes," *Metro UK*, May 15, 2018。

123. 同上。

124. 同上。

125. 同上。

126. Cathy Free, "First-Grader Wrote Old Navy Asking for Girls' Jeans to Have Pockets," *Washington Post*, April 9, 2021。

127. 請參閱 Petition for Writ of Certiorari to the Supreme Court of Ohio for a discussion of *Mercier v. Ohio* and *Wyoming v. Houghton*，兩起案件探討了《第四修正案》是否需要有相當理由才能搜查汽車乘客隨身或持有的皮包，查詢網址：https://law.yale.edu/sites/default/files/documents/pdf/Clinics/Mercier_yale.pdf。多數州會將女性的皮包視為其人身的一部分，給予保護；少數州則規定，可以在搜索車輛時一併搜索女性的皮包，包括俄亥俄州、蒙大拿州和懷俄明州。問題在於，在這種情況下，有口袋的男性比拎皮包的女性得到《第四修正案》更多保障。因此請願書作者寫道，該法會「造成不合邏輯、武斷、根本不公平的後果」（15）。

128. 同上。請願書寫道，「就社會對隱私的期望而言，皮包跟可能裝有個人物品的背包或公事包等其他攜物用具截然不同。汽車乘客身上通常不會有這些攜物用具；汽車駕駛通常會把乘客的公事包、背包和其他較大的包包放在後行李箱或後座上，但一般狀況下，不會請女性把皮包放進後行李箱，就像駕駛不會問男性要不要清空他口袋裡的東西，放在後行李箱。」（15 n2）

129. 史卡利亞法官指出，「即便將搜身限制在外衣」也會嚴重侵犯人身安全。但警方檢查個人財產物品，例如，皮包、公事包或箱子等「容器」時不會如此。

130. Emily Dickinson, "Let Me Not Thirst," in *The Complete Poems of Emily Dickinson*, ed. Thomas H. Johnson (Cambridge: Harvard Univ. Press, [1945] 1983)。「讓我唇裡沾著霍克，不再口渴／擁有口袋裡的領土，不再乞求——」

131. Dan Chiasson, "Emily Dickinson's Singular Scrap Poetry," *New Yorker*, Nov. 27, 2016。

132. Emily Dickinson, *The Gorgeous Nothings* (New York: Christine Burgin/New Directions, 2013), 1。

CHAPTER 5 ｜口袋的存貨

1. "Speaking of Pictures: One Year's Dungaree Debris," *Life*, Apr. 8, 1957, 21。
2. 同上。
3. 同上。
4. 同上。
5. "Speaking of Pictures: A US Family of Four Eats 2½ Tons in One Year," *Life*, Sept. 9, 1946, 18。
6. 同上，21。
7. 阿嘉莎・克莉絲蒂一九五三年《黑麥滿口袋》（*A Pocket Full of Rye*）裡商人口袋的內容物，是她最知名的煙幕彈之一：是兇手故意放的假線索——引導人聯想到失敗的商業投資「黑鳥礦產」，以及另一位嫌疑犯。
8. 間諜會放置可信的「口袋垃圾」來支持偽造的身分，例如，第二次世界大戰「肉餡行動」（Operation Mincemeat）期間，英國特務曾在一具被沖上岸的屍體口袋裡，放入一張假女友照片和偽造文件。請參閱 Ben Macintyre, *Operation Mincemeat: How a Dead Man and a Bizarre Plan Fooled the Nazis and Assured an Allied Victory* (New York: Harmony Books, 2010)。
9. 「你吃了什麼，就是什麼樣的人。」這句諺語衍生自法國學者讓・安泰姆・布里亞—薩瓦蘭（Jean Anthelme Brillat-Savarin）在他一八二五年著作《味覺生理學》（*The Physiology of Taste*）裡的一番話，「告訴我你吃了什麼，我就可以告訴你，你是什麼樣的人。」布里亞—薩瓦蘭將民族刻板印象與食物攝取連在一起。他指出食物的偏好往往跟文化有關，主張不同的食物類型會孕育出不同類型的人。這句諺語帶有分類和說教的弦外之音。Daniel, *Voracious Children: Who Eats Whom in Children's Literature* (New York: Routledge, 2006), 13。
10. "A Boy's Pocket," *New England Farmer; a Monthly Journal*, Nov. 1861, 536。
11. Scott Way, "A Few Random Remarks about Pockets," *Puck*, Jan. 7, 1885, 294。
12. "The Contents of a Boy's Pocket," *Every Saturday: A Journal of Choice Reading*, Aug. 6, 1870, 499。
13. "What Boy's Pockets Contain," *Maine Farmer*, Apr. 3, 1862, 4。
14. "Contents of a Boy's Pocket," 499。
15. Pyngle Layne, "What's in a Pocket?," *Home Journal*, May 17, 1851, 1。
16. "What Boy's Pockets Contain," 4。

17. 同上。

18. Robert Belknap, *The List: The Uses and Pleasures of Cataloging* (New Haven: Yale Univ. Press, 2004), 31。七年後，馬克．吐溫在處理湯姆的口袋內容物時，設法用簡單的四種物品營造失序混亂的感覺。這個關於男孩口袋東西的比喻，顯然在吐溫利用且精進之前就已存在。「一截粉筆、一顆橡膠球、三支魚鉤，還有一顆十之八九是水晶的彈珠」塞滿湯姆的口袋。Mark Twain, *The Adventures of Tom Sawyer* (Hartford, CT: American Publishing [1884] 1892), 154。

19. Belknap, *List*, 18。

20. 放在口袋裡的東西面臨哲學家安伯托．艾可（Umberto Eco）所謂的「情境壓力」——因空間有限而被迫進行某種互動。Umberto Eco, *The Infinity of Lists* (New York: Rizzoli, 2009), 116。

21. *Monroe City Democrat*, Feb. 24, 1916。

22. Frank H. Cheley, "The Job of Being a Dad: What Is in Your Son's Pockets?," *Boston Daily Globe*, Nov. 20, 1923, 14。

23. 同上。

24. "A Boy's Pockets," *Harper's Bazaar*, Mar. 31, 1894, 257。

25. 同上。

26. 同上。

27. Steven Mintz, *Huck's Raft: A History of American Childhood* (Cambridge, MA: Belknap, 2006), 187。

28. William Dean Howells, *A Boy's Town* (New York: Harper & Brothers, 1890), 1。

29. Mark Twain, *Mark Twain's Sketches, New & Old* (Hartford, CT: American Publishing, 1875), 56。馬克．吐溫嘲諷的「好男孩」是南北戰爭前小說裡的呆板角色，他永遠聽媽媽的話、絕不說謊、喜歡學校的課程，且熱中主日學校（53）。

30. "For the Children: A Lost Type," *Watchman*, Sept. 26, 1901, 22。

31. Howells, *Boy's Town*, 67。「父母親無法穿透（男孩）的世界殊為可惜；但他們就是沒辦法，只能偶然瞥見一些在裡面發生的事。」豪威爾寫道。

32. "Contents of a Boy's Pocket," *Every Saturday*, 499。

33. "For the Children," 22。

34. Cheley, "Job of Being a Dad"。

35. Twain, *Tom Sawyer*, 154。

36. "The Diet of Boys," *New York Times*, Oct. 21, 1883, 8。

37. "Contents of a Boy's Pockets," *Every Saturday*。

38. Igor Kopytoff, "The Cultural Biography of Things: Commoditization as Process," in *The Social Life of Things*, ed. Arjun Appadurai (Cambridge: Cambridge Univ. Press, 1986)。如人類學家柯匹托夫主張，文化所為最重要的一件事是建立和延續有共識的類別。在這個有無數種事物的世界，文化將事物分門別類，並「標明（某些）事物具有重要性」（64）。

39. Twain, *Tom Sawyer*, 35。

40. "Boys," *Democratic Enquirer*, Mar. 7, 1867。

41. Howells, *Boy's Town*, 210。豪威爾筆下的男孩就像是自然學家，不過是有暴力衝動的自然學家。當男孩沿路散步並聽到各種鳥叫時，男孩會想，要是他們身上有一把槍就好了，「他們可以殺死好多東西」（162）。

42. Bill Brown, *The Material Unconscious: American Amusement, Stephen Crane, and the Economics of Play* (Cambridge, MA: Harvard Univ. Press, 1996), 177。

43. John C. Whittaker, *American Flintknappers: Stone Age Art in the Age of Computers* (Austin: Univ. of Texas Press, 2004), 39。

44. Twain, *Tom Sawyer*, 50。

45. 同上。

46. Advertisement for Remington, "Your Robinson Crusoe—A Remington Scout Knife Is Your 'Man Friday,'" *Boy's Life*, Feb. 1924, 31。

47. "Pockets," *Independent*, Sept. 12, 1912, 629。

48. 同上。

49. 同上。

50. Henry William Gibson, *Boyology or Boy Analysis* (New York: Association Press, 1922), 141。

51. "A School Girl's Pocket," *Wilmington Daily Commercial*, May 6, 1876。

52. Iona Opie and Peter Opie, *The Oxford Dictionary of Nursery Rhymes* (Oxford: Oxford Univ. Press, 1951; 2nd ed., 1997), 279–80。

53. 同上。艾歐娜和彼得·歐派指出，有許多歷史人物被認為是露西·洛克和凱蒂·費雪影射的對象，但皆無根據。一八五六年《匹茲菲太陽報》（*Pittsfield Sun*）一篇討論，明白顯示十九世紀的評論家非常清楚這首童謠的出處，而那解釋了這首童謠原本是「一首描寫某位水性楊花知名女士的小曲子」。"Yankee Doodle," *Pittsfield Sun*, Jan. 17, 1856。

54. "A Boy's Pockets," *Harper's Bazaar*, 257。

55. Sarah Sherwood, "The First Pocket," *Friend's Intelligencer*, May 5, 1894, 286。

56. 同上。美國作家蘿拉·英格斯·懷德（Laura Ingalls Wilder）描述了她有多興奮地把口袋塞滿卵石，然後在口袋從接縫裂開、石頭通通掉出來時有多沮喪。她覺得氣餒是因為「姊姊瑪莉絕對不會發生這種事。瑪莉是個乖巧的小女孩，總能維持衣物乾淨整齊，且留意自己的言行舉止……蘿拉認為這不公平」。*Little House in the Big Woods* (New York: Harper & Row, [1932] 1971), 174。

57. 同上。

58. Lewis Carroll, *Alice's Adventures in Wonderland* (New York: MacMillan, 1898), 34。

59. 同上。

60. 同上。

61. Asa Briggs, *Victorian Things* (Harmondsworth, UK: Penguin, 1990), 209。

62. Theresa Tidy, *Eighteen Maxims of Neatness and Order* (London: J. Hatchard and Son, Piccadilly, 1838), 25。

63. Lynne Vallone, *Disciplines of Virtue: Girls' Culture in the Eighteenth and Nineteenth Centuries* (New Haven: Yale Univ. Press, 1995), 16–17。慈善之舉是家庭理想的延伸，被視為女性的家庭責任，也在兒童的教化小說中有廣泛的描述。

64. Louisa May Alcott, *Little Women* (Boston: Roberts Brothers, 1880), 519。

65. 同上。

66. Emily Hamilton-Honey, *Turning the Pages of American Girlhood: The Evolution of Girls' Series Fiction, 1865–1930* (Jefferson, NC: McFarland, 2013), 59–60。

67. Opie and Opie, *Oxford Dictionary of Nursery Rhymes*, 100–101。

68. "Contents of a Boy's Pocket," *Every Saturday*。

69. Cheley, "Job of Being a Dad"。

70. "Pockets," *Independent*, 629。

71. 敘述男人愛在口袋裡塞東西的諷刺文學，在二十世紀捲土重來。辛克萊．路易斯（Sinclair Lewis）一九二二年的著作《巴比特》（*Babbitt*），批評美國中產階級百依百順，其敘事者描述了容易激動、穿著 BVD 內衣的喬治．巴比特，決定把他口袋的內容物從褐色西裝換到灰色西裝，認為這是件「轟動的大事」。那些物品很少可稱為必要，例如，「巴比特從中汲取觀點」的報紙社論，和「確保他會去做他不想去做的事情的筆記」，但巴比特「對這些東西可認真了。這些東西就像棒球和共和黨，永遠重要」。Sinclair Lewis, *Babbitt* (New York: Harcourt Brace, 1922), 9。

72. Helen Sheumaker, *Love Entwined: The Curious History of Hairwork in America* (Philadelphia: Univ. of Pennsylvania Press, 2007), 50。

73. Alexander Gardner, "A Harvest of Death," in *Gardner's Photographic Sketch Book of the War* (New York: Dover, [1865–66] 1959), plate 36。

74. 同上。

75. James Madison Stone, *Personal Reflections of the Civil War: By One Who Took Part in It as a Private Soldier in the 21st Volunteer Regiment of Infantry from Massachusetts* (Boston, 1918), 143。

76. 同上。

77. Library of Congress, "Artifacts of Assassination," American Treasures, https://www.loc.gov/exhibits/treasures/tr11b.html。

78. Nardi Reeder Campion, "The Contents of Lincoln's Pockets, and What They Suggest About Him," *New York Times*, Mar. 29, 1986。

79. 這樣的遺物包括林肯臨終時所躺的床、夫人瑪莉・陶德（Mary Todd）染血的披肩、據說位於子彈射入點附近的頭髮標本。Richard Wightman Fox, *Lincoln's Body: A Cultural History* (New York: W. W. Norton, 2015), chap. 3。

80. "Lincoln Carried His Insurance," *New York Times*, Feb. 13, 1976, 70。

81. 同上。

82. Library of Congress, "Artifacts of Assassination"。

83. 同上。

84. "Huck Finn Era Gone, Boys' Pockets Show; Cash and Bankbooks Crowd Out Eels, Gum," *New York Times*, May 13, 1950。

85. J. L. Harbour, "What Was In It," *Puck*, July 7, 1905, 11。

86. 同上。亦請參見 "Boy's Pockets Not in It with a Handbag," *Sun*, May 11, 1913, L7：「那些認為男孩的口袋什麼都裝的人，該改變他們原本的觀點，看看女人的手提包了。」

87. Alfred J. Waterhouse, "Women and Pocket Equilibrium," *New York Times*, Mar. 22, 1903, SM5。

88. 同上。

89. 同上。

90. P. L. Travers, *Mary Poppins* (New York: Harcourt Brace [1934] 1962), 10。

91. 同上，11。

92. Bill Walsh, dir., *Mary Poppins* (Burbank, CA: Walt Disney Productions, 1964)。

93. "Beauty in the Bag," *Vogue*, May 15, 1935, 87。

94. 同上，86。

95. "An X-Ray Penetrates the Messy Interior of a Woman's Handbag," *Life*, Nov. 6, 1939, 48–49。

96. 同上。

97. 同上。

98. 引用於 Marsha Francis Cassidy, *What Women Watched: Daytime Television in the 1950s* (Austin, TX: Univ. of Texas, 2005), 85。

99. Art Linkletter, *Confessions of a Happy Man* (New York: Random House, 1960), 191。林克萊特曾大膽探查一只「紅得像停車標誌」的手提包，結果被裡面暗藏的大捕鼠器夾到，痛得要命。他事後承認，若換成他，也「會討厭我的手提包被像我這樣的小丑查看」。

100. 同上。

101. "Women Cram Handbags Full of Many Odd Things," *Life*, Jan. 15, 1945, 90。

102. 童軍團的丹・貝爾德（Dan Beard）說他的妻子宣稱，她只需倚賴皮包裡的髮簪，就可以在荒地因應緊急情況。他斥之為裝腔作勢，只是女性為了將皮包裡的東西合理化所散播的生存神話。Dan Beard, "The Scout and his Equipment," *Boy's Life*, Feb. 1934, 35。

103. Franklin Adams, "Handbagitis," *Atlantic Monthly* 172, no. 6 (Dec. 1943): 15–17。

104. 同上。

105. 同上。亞當斯非常擔心自己又開始發表「那種對女性的誹謗」，並指出如果女性有像樣的口袋，就不需要那麼大的手提包。

106. "Secrets in a Woman's Handbag," *Los Angeles Times*, Dec. 1, 1957。

107. Daniel Harris, "Accessory in Crisis," *Salmagundi* (Spring 1997): 123。

108. 同上。

109. 同上，127。

110. 同上，123、130。

111. "Secrets in a Woman's Handbag," *Los Angeles Times*。紐約大學心理學教授艾莎・羅賓森博士（Dr. Elsa Robinson）並未進一步思考這句話的脈絡——女性為什麼會背負看起來盛裝打扮的壓力？

112. 富蘭克林・亞當斯好奇，女性可以如此自由地進行這些儀式、可以進行「所有化妝事宜」而不假思索地馬上「上工」，背後究竟有何意義。他承認這勾起他叛逆的渴望，想依樣畫葫蘆——「從口袋裡掏出刮鬍工具，把刷子浸在玻璃杯裡，然後在桌上刮鬍子」。Adams, "Handbagitis," 15。

113. Beard, "Scout," 34–35。

114. Katherine Mansfield, "The Escape," in *Bliss, and Other Stories* (New York: Alfred A. Knopf, 1920), 273。

115. Glenna Whitely, "Purse-onally, A Handbag is a Necessity," *Chicago Tribune*, May 8, 1985, 11。

116. Shirley Lord, "The Private World of the Pocketbook," *Vogue*, Dec. 1, 1973, 186。

117. Whitely, "Purse-onally," 11。

118. 同上。

119. 引用於 Susan Reimer, "Carried Away," *Baltimore Sun*, Sept. 17, 2000。

120. Valerie Steele and Laird Borrelli, *Bags: A Lexicon of Style* (London: Scriptum Editions, 2005), 35–37。

121. Howells, *Boy's Town*, 2。對皮包的好奇似乎歷久不衰：希拉蕊・柯林頓（Hillary Clinton）在擔任紐約州參議員時，有次被參加「帶妳女兒來上班」活動的年輕女孩問，她的手提包裡帶了什麼。英國王室攝影師在二〇〇七年出版的《女王手提包裡有什麼，以及其他王室祕辛》（*What's in the Queen's Handbag and Other Royal Secrets*）一書中承諾，將帶領讀者洞悉王室最矜持的祕密。至少就媒體所報導，沒有人問過比爾・柯林頓和菲利浦王子口袋裡有什麼。

122. "Madonna Auctions Contents of Handbag at AIDS Benefit," AP, May 26, 2008。

123. Candice Chan, "Pockets and Purses Give Up Their Secrets," *New York Times*, Mar. 15, 2010。

124. Lisa Miller, "Men Know It's Better to Carry Nothing," *The Cut*, July 17, 2019, https://www.thecut.com/2019/07/if-men-carried-purses-would-they-clean-up-messes.html。米勒寫道，女性「吃力地拖著奴役的工具包到處跑」。這話聽起來彷彿是二十世紀初美國婦女參政權支持者說的。

125. Vincent M. Mallozzi, "How They Proposed," *New York Times*, Jan. 21, 2021。

CHAPTER 6 ｜口袋的玩耍

1. Paul Johnson, "The Power of a Pocket: Why It Matters Who Wears the Trousers," *Spectator*, June 4, 2011。英國作家保羅・強生保存了迪奧這句話，他記得迪奧在很久以前一次對話時說了這句話。強生沒有透露兩人會面的其他細節，因此我們無從確定迪奧是否承認他喜歡活潑生動的口袋。
2. "Fashion: Plotted in Paris," *Vogue*, Apr. 15, 1949, 99。
3. 同上。
4. "Fashion: The News in Paris," *Vogue*, Mar. 15, 1949, 74。
5. 迪奧對有用的口袋不感興趣。沒有人注意到這個事實：迪奧一九四七年的 Bar day suit，也就是向世界展示迪奧奢華女性「新風貌」的服裝，連一個口袋都沒有。可比較收藏於服裝學院的一九四七年套裝（無口袋）和收藏於維多利亞與亞伯特博物館的套裝（一九五五年製，有口袋）。
6. Fred Davis, *Fashion Culture and Identity* (Chicago: Chicago Univ. Press, 1990), chap. 1, "Do Clothes Speak?"。服裝的意義僅限於詮釋布料的視覺和觸覺特性；一件衣物是相對正式、保守、年輕或性感，取決於我們對於布料的處理方式有何聯想。除了帽T和圖案T恤會顯示某種從屬關係或格言，服裝通常不會用象徵性的語言來裝飾。這就是裝飾品可能發揮巨大效果的原因之一。

7. Ann Hollander, *Sex and Suits: The Evolution of Modern Dress* (New York: Alfred A Knopf, 1994), 15。

8. "Les Modes créées à Paris," *Harper's Bazaar*, Mar. 1915, 34。

9. Stella Blum, *Designs by Erté: Fashion Drawings and Illustrations from "Harper's Bazaar"* (New York: Dover Publications, 1976), preface and v–vi。一九一〇年代，伊德設計的服裝僅供紐約的 B. Altman 和 Henri Bendel 出口，這使他成為一名「僅供出口的時裝設計師」。一九一五至一九二六年間，他為《哈潑時尚》提供時裝設計稿，稿件被該雜誌的編輯團隊整理成跨頁報導。他的一些時裝設計似乎從來沒有製作為成品；他的產出有限，甚少作品流傳下來。他被人記得的反而是他的插圖，特別是他為《哈潑時尚》繪製的封面（持續至一九三六年）、戲裝設計和舞台設計。

10. "Vogue Points: Decorative Little Guideposts to Point the Traveler on the Right Road to Smart Spring Fashions," *Vogue*, Feb. 1, 1916, 36。

11. "Les Modes créées," 34。

12. *Women's Wear Daily*, Mar. 23, 1920, 22。

13. 引用於 Blum, *Designs by Erté*, xi。

14. "Vogue Points," 36。

15. "Fashion May Desert the Riviera but Erté Is Stimulated by Monte Carlo's Summer Skies," *Harper's Bazaar*, Aug. 1920, 49。

16. 同上。伊德自己也從蒙地卡羅寄信給《哈潑時尚》，記錄他對當地時尚和場景的觀察。伊德有時會用第三人稱稱呼自己，不過這封信的作者不是伊德。

17. 引用於 Blum, *Designs by Erté*, 42。

18. Elsa Schiaparelli, *Shocking Life* (New York: Dutton, 1954), 59。夏帕瑞麗寫道，「附帶一提，女裝設計於我並非一種職業，而是一門藝術。」而到生涯尾聲時，她不由得懷疑「要是純粹機率使然，我沒有成為女裝製作者，我會成為什麼呢？雕塑家嗎？」。（249）

19. 引用於 Ghislaine Wood, ed., *Surreal Things: Surrealism and Design* (London: V & A Publications, 2007), 15。

20. Schiaparelli, *Shocking Life*, 67。

21. 同上。

22. 同上，114。

23. 同上。

24. Dalí's drawing is titled *The City of Drawers: Study for Anthropomorphic Cabinet*, 1936。

25. Sigmund Freud, *The Interpretation of Dreams*, trans. A. A. Brill (New York: Modern Library, [1899] 1920), 72。佛洛伊德寫道，「小容器、箱子、首飾盒、衣櫥和火爐都對應女性部位，空心物體也是。」

（chests, boxes, pouches, &c）

26. Richard Martin, *Fashion and Surrealism* (New York: Rizzoli, 1987), 109。馬汀認為達利對於如何進入女性的身體充滿焦慮，而他一九三六年「米洛的維納斯」中的一系列抽屜，正提供可能的途徑。達利談到各種與抽屜有關的「象徵」，以及嗅出「每一個抽屜所散發無窮自戀氣息」的必要性（120）。

27. Schiaparelli, *Shocking Life*, 115。

28. 同上。

29. 同上。

30. Martin, *Fashion and Surrealism*, 120。

31. Gaston Bachelard, *The Poetics of Space* (New York: Orion Press, 1964), 84。

32. 同上，78。

33. 同上，82。

34. Bachelard, *Poetics of Space*, 82。

35. Janet Flanner, "Profiles: Comet," *New Yorker*, June 18, 1932, 23。

36. Schiaparelli, *Shocking Life*, 114。夏帕瑞麗的粉紅色比塞夫爾的淺粉紅更加鮮豔，後者被稱為「龐巴度粉紅」，以紀念這間工廠的首要投資人和推廣人，即法王路易十五的情婦龐巴度夫人。夏帕瑞麗很可能是在向其他於各種權力遊戲和謀略中運用裝飾的女性致敬。龐巴度夫人與國王合資拯救了一家瀕危的私人瓷器企業，創立了塞夫爾瓷器廠，並將之打造成法國製造業的範本，足以與德國的麥森瓷器廠媲美。龐巴度夫人會對瓷器產生興趣並大力支持，是因為她想尋找標的，在她與國王的性關係結束後，繼續鞏固她的影響力。

37. "Les Modes créées," 34。

38. Robyn Gibson, "Schiaparelli, Surrealism and the Desk Suit," *Dress: The Journal of the Costume Society of America* 30, no. 1 (2003): 52。

39. 例如，當迪奧設置胸前口袋時，他會「讓它們遠離乳房，製作出袒胸的性感領口」。《哈潑時尚》在一九四九年報導。"Paris: The Day-Length Dinner Dress," *Harper's Bazaar*, Apr. 1949, 111。

40. Caroline Evans and Minna Thornton, *Women and Fashion: A New Look* (London: Quartet, 1989), 125。

41. Gianfranco Ferre, "Fashion: Impeccable, Untouchable; Karl Lagerfeld's Version of Dress-for-Success," *Vogue*, Jan. 1, 1985, 209。

42. "Chanel Designs Again," *Vogue*, Feb. 15, 1954, 83。

43. 同上。

44. 同上。

45. 同上。

46. 同上。

47. Sally Dee, "Shortages: You Can Dodge Them," *Evening Star*, Apr. 4, 1943, 21。

48. "The Trompe-L'Oeil Resort Dress," *Vogue*, Dec. 1, 1952, 154。

49. 同上。

50. 同上。

51. Evans and Thornton, *Women and Fashion*, 143。夏帕瑞麗首件大受歡迎的突破之作，是一九二七年的手工針織毛衣，領口以視覺陷阱的蝴蝶結裝飾，而如我們所見，夏帕瑞麗的「五斗櫃抽屜」套裝也混用了視覺陷阱和真實的口袋。不過，錯覺的裝飾（假領結）和虛假的機能是兩回事。

52. 一個例子是一件一九五九年的泳裝用口袋修飾腰圍。《時尚》在圖說裡不怎麼認真地提醒想穿那件泳裝的人，那些口袋「其實是假的——把妳手上的貝殼放下來」。"Fashion: 1959 Beach Changes; The Scene Brightens," *Vogue*, Jan. 1, 1959, 109。

53. "Point of View: Style that Works," *Vogue*, Aug. 1, 1989, 267。

54. 例如請參閱 Jane Kramer, "The Chanel Obsession," *Vogue*, Sept. 1, 1991, 512–19, 608, 610。

55. "Point Of View," 267。

56. "Chanel Designs Again," 83。

57. Philadelphia Museum of Art, "Patrick Kelly: Runway of Love," Apr. 27, 2014–Dec. 7, 2014, https://www.philamuseum.org/exhibitions/799.html。

58. 引用於 Dilys E. Blum "Patrick Kelly and Paris Fashion," in *Patrick Kelly: Runway of Love* (San Francisco: Fine Arts Museums of San Francisco; New Haven, CT: Yale Univ. Press, 2021), 24。

59. "Pocket Picking," *Esquire*, Jan. 1, 1955, 82。

60. 同上。

61. 同上。

62. 同上。

63. Levi Strauss and Co. advertisement, ca. 1890，轉載於 Emma McClendon, *Denim: Fashion's Frontier* (New Haven, CT: Yale Univ. Press, in association with FIT, New York), 12。

64. James Agee, *Let Us Now Praise Famous Men: Three Tennent Families* (Boston: Houghton Mifflin, 1969), 265。

65. 同上，266。

66. 同上，265。

67. 引用於 John Mollo, *Military Fashion: A Comparative History of the Uniforms of the Great Armies from the 17th Century to the First World War* (New York: Putnam, 1972), 207–8。英國陸軍元帥沃爾斯利子爵（Lord Wolseley）是效率的擁護者，在一八八九年一封信裡陳述他的怨言。

68. Nick Foulkes, *Mogambo: The Safari Jacket* (Milan: Skira, 2011), 16。

69. 同上，9。有人認為狩獵外套是源於東非，出自像厄尼斯特・海明威（Ernest Hemmingway）那樣的人，但福克斯強調更早以前起源於印度。他寫道「絕頂獵人的形象是在印度開始成形，狩獵外套也是在印度開始演化」。

70. 有些歷史學家認為諾福克狩獵裝是現代軍裝的原型；但諾福克狩獵裝一般沒有胸前外口袋。

71. William F. Ross and Charles F. Romans, *The Quartermaster Corps: Operations in the War Against Germany* (Washington, DC: Office of the Chief of Military History, Dept. of the Army, 1965), 195。

72. 同上，559。艾森豪擔心軍服看來「有點棘手」，而考慮到「美國士兵的天生習性」，穿軍服的士兵不用多久就會「迅速製造烏合之眾的印象」（559）。

73. "American Informal," *Apparel Arts*, Dec. 1949, 61–69。

74. 同上。

75. 同上。

76. "Outerwear Is Everywhere," *GQ*, Sept. 1955, 98–99。

77. 同上。

78. 同上。

79. 同上。

80. "How to Dress in the Worst of Taste," *GQ*, Feb. 1964, 61。

81. "Casual Fridays without Tears," *GQ*, July 1995, 75。

82. Foulkes, Mogambo, 24。

83. "Suited for the Non-Occasion," *GQ*, Feb. 1972, 104–5。

84. 同上。

85. 同上。

86. "Casual Check on California," *Apparel Arts*, June 1949, 66。

87. "Jeaneology: A Fitting Tribute to Fashion's Hot Pants," *GQ*, Apr. 1977, 110。

88. 同上。

89. McClendon, *Denim*, 106。

90. 女裝也會幹這種事。例如，請參見晚禮服的袋鼠帽 T 口袋。

91. "How to Dress," 61。

92. "The Splashy Seventies," *GQ*, Oct. 1980, 210。

93. 根據《君子》雜誌傑．李（Jay Lee）的文章，世人之所以再次發掘工裝褲的酷，一九五八年切．格拉瓦（Che Guevara）被拍到在一場棒球賽穿工裝褲投球，是一大關鍵。兩種截然不同的反文化：龐克和嘻哈，立刻跟進。Abercrombie and Fitch 和 Old Navy 等主流品牌，隨後便增加工裝褲系列。Jay Lee, "Amazing Stories: The Intrepid Histories of Three Style Icons. Part 2: Cargo Pants," *Esquire*, Spring 2010。

94. "Pants," *GQ*, Feb. 1973, 97。

95. Peter Carlsen, "Clotheslines," *GQ*, Oct. 1980, 15。

96. "What's Hot!," *GQ*, Sept. 1977, 172。

97. James Sherwood, "The Nineties Utility Movement: Prime Suspect in the Death of Designer Fashion," in *Uniform: Order and Disorder*, ed. Francesco Bonami, Maria Luisa Frisa, Stefano Tonchi (Milan: Charta, 2000), 176。

98. Jennifer Jackson, "Vogue's View: Working Class," *Vogue*, May 1, 1994, 119。

99. "Moderate Report: Utility Chic; A Quick Interpretation," *Women's Wear Daily*, Nov. 25, 1998, 25。

100. "Fabric for Fighters: Life-saving Research for Military Uniform Designs," *Made to Measure Magazine*, Aug. 8, 2012, https://www.madetomeasuremag.com/fabric-for-fighters-life-saving-research-helps-latest-military-uniform-designs。

101. 同上。

102. 「軍服就像牛仔布，是全球設計最棒的衣服，」蕭志美（Anna Sui）在一九九五年接受專訪時這麼說。「沒辦法更好了。既具機能，又耐風雨；一切都經過深思熟慮，而那正是我們深受吸引的原因。」引用於 Amy Spindler, "Design Review: From Lethal Cause to Artistic One," *New York Times*, Sept. 15, 1995, C23。

103. Shelby Stanton, U.S. Army Uniforms of World War II (Mechanicsburg, PA: Stackpole Books, 1991), 110。

104. 一九八〇年代時，《*GQ*》的彼得．卡森（Peter Carlsen）抱怨，「好多正牌的剩餘服裝……早就沒有了。」不過，很多品牌仍持續標榜旗下服裝為正牌剩餘品。Peter Carlsen, "Express Male," *GQ*, May 1981, 108。

105. Frank van Lunteren, *Spearhead of the Fifth Army* (Philadelphia: Casemate, 2016), 245。

106. Sherwood, "Nineties Utility," 177。

107. 同上。

108. 誰能說（薛伍德似乎想說）誰有權利採用這種防禦性服裝呢？自古以來，公共街道對女性向來是比較危險的地方，因此譴責努力展現威嚇性的女性——即便是富有、享特權的女性——似乎是不公平的。

109. "Urban Uniform," *Harper's Bazaar*, Nov. 2002, 210。

110. "Military Issue," *Vogue*, Mar. 1, 2010, 447。

111. "Urban Uniform," 214。

112. Richard Martin and Harold Koda, *Swords into Ploughshares* (New York: Metropolitan Museum of Art, 1995)。《化劍為犁》展覽檢視了軍裝對時尚的衝擊，從一九九五年九月七日展示到十一月二十六日。馬汀在開場時引用了門克斯的話。

113. Suzy Menkes, "Fashion's Unsettling Reflection: Designers Focus on 1940s," *International Herald Tribune*, May 9, 1995。

114. "The No-Bro Car Go—," *GQ*, May 2011, 128。

115. 同上。

116. "In the Pocket," *Women's Wear Daily*, Nov. 16, 2016, 22。

117. "Fashion: Marine Serre, Glenn Martens Look To Fashion's Future," *Women's Wear Daily*, July 6, 2020, 14。

118. Chris Gayomali, "Errolson Hugh Sees the Future," *GQ*, May 2019, 86。

119. Russell Smith, *Men's Style: The Thinking Man's Guide to Dress* (New York: Thomas Dunne Books, 2007), 232–33。

120. "In the Pocket," 22。

121. Schiaparelli, *Shocking Life*, 67。

122. 普拉達的透明雨衣彰顯了視覺陷阱的傳統，類似愛馬仕一九五二年的絲網印刷洋裝，那以畫家的筆觸勾勒出袖口、領口、鈕釦和口袋（見本章圖 8）。

CHAPTER 7 ｜口袋的烏托邦

1. Elyssa Dimant, *Minimalism and Fashion: Reduction in the Post-modern Era* (New York: Collins Design, 2010), 11。

2. “The World of Now,” *Harper’s Bazaar*, Feb. 1960, 77。

3. 同上。

4. 同上。

5. 同上。

6. 這部電影的討論請參閱 James Chapman and Nicholas J. Cull, *Projecting Tomorrow: Science Fiction and Popular Cinema* (London: I. B. Tauris; New York, NY: Palgrave Macmillan, 2013)。戲服設計是由歐尼爾（Alice O’Neil）和楚利（Dolly Tree）負責。因為製片廠制度的關係，一九三〇年代電影哪些個人分別有哪些貢獻，我們所知甚少。

7. 引用於 Howard Mandlebaum and Eric Myers, *Screen Deco: A Celebration of High Style in Hollywood* (Santa Monica: Hennessy and Ingalls, [1985] 2000), 169。

8. 在一條主要支線中，一個來自一九三〇年的時間旅人試著適應未來的衣裝。在一個場景，來自禁酒令時代，未洗心革面的「O 先生」醉醺醺地在街上搖晃，尋找可以代替酒精的藥丸。他反射性地搜尋口袋，用力拍遍全身上下，營造出好一段肢體喜劇，但遍尋不著。「O 先生」深深依戀過去的需求和憂慮——他發現現在食物和飲料都變成藥丸，忍不住悲嘆，「美好的舊日過去了。」「O 先生」是劇中唯一深深體會過兩個時代的人物，而顯然只有他感覺到缺少口袋的事實——《五十年後的世界》暗示未來的民眾不會思念口袋。

9. R. D. Haynes, *H. G. Wells: Discoverer of the Future* (London: Macmillan, 1980), 2。威爾斯年輕時曾擔任布店老闆的助理；儘管當時的工作情況讓那段經歷成為威爾斯一生中的低谷，但威爾斯對布料和服裝重要性的興趣，在他所有作品都顯而易見：他對服裝付出相當大的關注。在威爾斯的作品裡亦相當明顯的是，他出身中低階層的匱乏，以及對於那些努力追求體面外表的人所懷抱的同情。

10. H. G. Wells, *A Modern Utopia*, ed. Gregory Claeys and Patrick Parrinder (London: Penguin Books, [1905] 2005), 13。

11. “Fashion,” in *The Greenwood Encyclopedia of Science Fiction and Fantasy*, vol. 1, ed. Gary Westfahl (Westport, CT: Greenwood Press, 2005), 284。

12. Christopher Frayling, *Things to Come* (London: BFI Publishing, 1995), 36。

13. H. G. Wells, “Rules of Thumb for Things to Come,” *New York Times*, Apr. 12, 1936, X4。

14. 同上。

15. 同上。

16. Giacomo Balla, “The Antineutral Suit: Futurist Manifesto,” Sept. 11, 1914, reprinted in Emily Braun, “Futurist Fashion: Three Manifestos,” *Art Journal* (Spring 1995): 39。

17. 引用於 Don Glassman, “H. G. Wells, Film-maker, Considers the Future,” *New York Times*, Sept. 22, 1935, X5。

18. 同上。

19. H. G. Wells, “Wells Sees Man Better Off in ’88,” *New York Times*, Jan. 16, 1938, 41。

20. 同上。

21. Wells, “Rules of Thumb,” X4。

22. H. G. Wells, *Men Like Gods* (New York: Macmillan, 1923), 279。

23. Wells, “Rules of Thumb,” X4。

24. 同上。

25. 同上。

26. Wells, “Rules of Thumb,” X4。

27. Wells, *The Shape of Things to Come* (New York: Macmillan, 1933), 402。

28. 同上，403。

29. 同上。

30. Michael Chabon, “Secret Skin: An Essay in Unitard Theory,” *New Yorker*, Mar. 10, 2008, reprinted in Andrew Bolton, *Super Heroes: Fashion and Fantasy* (New Haven, CT: Yale Univ. Press, 2008)。

31. Jeffrey Meikle, *Twentieth Century Limited: Industrial Design in America, 1925–1939* (Philadelphia: Temple Univ. Press, 1979), 197。

32. 同上。

33. “Industrial Designers Dress Woman of the Future,” *Life*, Jan. 30, 1939, 34。

34. “Donald Deskey Foresees a Great Emancipation,” *Vogue*, Feb. 1, 1939, 137。

35. 同上。這個構想本身非原創；混搭是當時運動服飾設計師正在探究的概念。

36. 同上。

37. 同上。

38. 同上。

39. Wells, *Modern Utopia*, 159。

40. Wells, “Rules of Thumb,” X4。

41. Wells, “Wells Sees Man Better Off,” 41。

42. 一九九〇年代的極簡主義時尚沒有那麼明顯的未來主義氣息，人們普遍認為那是經濟衰退時期對一九八〇年代時裝過剩現象的回應，「九〇年代初期，人們想要簡單的服裝，通通刪掉。」普拉達這麼告訴《時尚》。引用於 James Sherwood, “The Nineties Utility Movement: Prime Suspect in the Death of Designer Fashion,” in *Uniform: Order and Disorder*, ed. Francesco Bonami, Maria Luisa Frisa, Stefano Tonchi (Milan: Charta, 2001), 177。

43. “Minimalist No More: Jil Sander,” *Harper's Bazaar*, Mar. 1993, 307。

44. 同上。

45. 同上。

46. Madeline Fass, “5 Trends Every Minimalist Should Try This Spring,” *Vogue*, Mar. 5, 2020。

47. Susan Elizabeth Ryan, “Re-Visioning the Interface: Technological Fashion as Critical Media,” *Leonardo* 42, no. 4 (Aug. 2009): 307。

48. Susan Elizabeth Ryan, *Garments of Paradise: Wearable Discourse in the Digital Age* (Cambridge, MA: MIT Press, 2014), 20。

49. Steve Mann with Hal Niedzviecki, *Cyborg: Digital Destiny and Human Possibility in the Age of the Wearable Computer* (Toronto: Doubleday Canada, 2001), 55。

50. 引用於 Ryan, *Garments of Paradise*, 63。

51. Philips Design, *New Nomads: An Exploration of Wearable Electronics by Philips* (Rotterdam: 010 Publishers, 2000), 4。

52. 引用於 Ryan, *Garments of Paradise*, 63。

53. 同上。

54. Philips Design, *New Nomads*, 28。

55. 同上，28–29。這一切的運作方式相當模糊，且沒有明顯的能源。列在袖珍鍵盤上的裝置，包括電話、傳呼器、語音轉文字工具和無線電；它們被當成「隱藏在服裝裡的祕密」看待，「要到穿者決定使用的時候，其他人才會看見。」（28 - 29）。

56. Joseph Gleasure, “An Expanded History of Levi's ICD+ and Philips,” *Shell Zine*, July 20, 2020, https://shellzine.net/levis-icd/。ICD 是工業服裝部（Industrial Clothing Division）的頭字語。

57. 同上。例如，「環場音效外套」的「智慧型口袋」用接頭將數位播音器連到介面。

58. Rose Sinclair, *Textiles and Fashion: Materials, Design, and Technology* (Amsterdam: Elsevier, 2014), 367–68。

59. Philips Design, *New Nomads*, 121。「我們可以研發整合各種材料，透過誘使身體細微、持續地放鬆來幫助穿者減輕壓力；這與按摩裝置等器具形成對比，按摩裝置一般是以直接、週期性的方式施用於疲勞的肌肉……生物感測器則是監測放鬆程度，據以調整感官刺激等級。」（124 - 25）

60. 例如，喬安娜・柏佐斯卡解釋她的作品「暗中減損我們對技術的期望。這些作品的目的不是解決問題，而是提出設計可能如何運作的問題」。引用於 Ryan, *Garments of Paradise*, 162。

61. Samuel Beckett, *Molloy, in Samuel Becket, The Grove Centenary Edition*, vol. 2, Novels, ed. Paul Auster (New York: Grove Press, 2006), 68。

62. 同上，68。

63. 同上，65。莫洛瓦明白他不能「增加口袋數量或減少石頭數量」，而必須揚棄「修整」的概念。一個口袋空了，其他口袋裝滿，便是完成這一回合；現在他確定自己能取得「完美的順序，沒有哪一顆石頭會被吸兩次，也沒有哪一顆會漏掉」。然而，這個辦法固然「可以讓他擺脫所有焦慮」卻「有欠優雅」，因為那讓他重心不穩，被石頭的重量拖垮。「這裡存在著兩種不相容的身體需求，勢如水火。這種事情難免會發生啦。」

64. i-Wear 是好幾家公司合資的計畫，這些公司分別對融資、分享專業，以及開發穿戴式裝置或智慧服裝（故稱 i-Wear，i 為智慧之意）領域的產品感興趣。i-Wear 為 Starlab 的一部分，是藍天計畫，而非以 Bell Labs、MIT Media Lab 或 Xerox Parc 的模型驅動議程的研究計畫。Starlab 在二〇〇一年突然破產，飛利浦公司後來買下 i-Wear 的智慧財產權。

65. Andrew Bolton, *Supermodern Wardrobe* (London: V & A Publications, 2002), 18。

66. Ivan Poupyrev, "More Than Just a Jacket: Levi's Commuter Trucker Jacket Powered by Jacquard Technology," *Keyword* (blog), Sept. 25, 2007, https://blog.google/products/atap/more-just-jacket-levis-commuter-trucker-jacket-powered-jacquardtechnology/。

67. Manuel De Landa, *War in the Age of the Intelligent Machine* (New York: Zone Books, 1991), 159。

68. Cooper Hewitt, "Interaction Design: Ivan Poupyrev," National Design Awards, 2019, https://www.cooperhewitt.org/national-design-awards/2019-national-design-awards-winners/。

69. 同上。

70. Rafftraff, "Great Jacket-Limited Functionality," product review, https://www.levi.com/US/en_US/apparel/clothing/tops/levis-commuter-x-jacquard-by-google-trucker-jacket/p/286600000（二〇二二年一月十六日查詢）。

71. Rachel Arthur, "Project Jacquard: Google and Levi's Launch the First 'Smart' Jean Jacket For Urban Cyclists," *Forbes*, May 20, 2016。

72. 同上。

73. Sherry Turkle, *Alone Together: Why We Expect More from Technology and Less from Each Other* (New York: Basic Books, 2011), 17。

74. Bridget Cogley, "The Arrivals Designs Aer Parka with Pocket That Blocks Mobile Phone Signal," *Dezeen*, Nov. 26, 2019, https://www.dezeen.com/2019/11/26/the-arrivals-aer-jacket-blocks-signal/。

75. 同上。

76. Steven Zeitchek, "Futurist Amy Webb Says Babymaking Could Get Crazy and the Smartphone Will Die," *Washington Post*, Jan. 10, 2022。

77. J. C. Flugel, *Psychology of Clothes* (New York: International Univs. Press, [1930] 1966), 187。「需要隨身攜帶很多小物品，是文明較嚴重的弊端之一。」心理分析師福祿格爾（Flugel）在他一九三〇年的著作中多少有點戲劇性地抱怨道。熟讀烏托邦小說（包括 H. G. 威爾斯的小說）的他，認為人類的未來會是裸體，但仍需不完美地佩戴「某種穿戴型挽具」，因為人們仍需要用來攜帶所有小物品，而他見不到其他替代方案。

78. 引用於 Rachel Tashjian, "Let's Never Go Back to the Runway," *GQ*, July 10, 2020。

79. Linda Welters, "Introduction: Folk Dress, Supernatural Beliefs, and the Body," in *Folk Dress in Europe and Anatolia* (Oxford: Berg, 1999), 8。

80. Dmitriy Khavin, Ainara Tiefenthäler, Christoph Koettl, and Brenna Smith, "Videos show Ukrainian Citizens Confronting Russian Troops," *New York Times*, Feb. 26, 2022。

81. Michael Marder, "Vegetable Redemption: A Ukrainian Woman and Russian Soldiers," *Philosophical Salon*, Feb. 26, 2022, https://thephilosophicalsalon.com/vegetal-redemption-a-ukrainian-woman-and-russian-soldiers/。

82. Jim Sabo of Dresseswithpockets.com，個人通訊，二〇二二年四月五日。沙寶指出，為忠於他提倡口袋的使命，他甚至列出沒有給他佣金的網站。

83. 同上。

84. Spring 2022 Catalog, Title Nine。

85. 例如請參見 Radian's 的產品細節："Deep Pocket Skinny Jeans," https://radianjeans.com/products/deep-pocket-women-s-skinny-jeans-light-blue-mid-rise?variant=31629321732145（二〇二二年四月二十六日查詢。）

86. Julian Hawthorne, "Pochiastry," *Christian Union* 32, no. 12 (1885): 6。

87. Thomas Carlyle, *Sartor Resartus*, ed. Rodger L. Tarr (Berkeley: Univ. of California Press, 2000), 50。

圖片來源

作者和出版社衷心感謝下列藝術家、設計師、攝影師、公司、出版品、圖書館、博物館和個人提供必要的素材並允許複製轉載。我們已盡一切努力追蹤所有資料的版權所有人，並徵得他們授權。如有任何錯誤或遺漏，作者在此嚴正致歉，若能收到任何更正通知，將不勝感激。

MA0060

口袋沒你想得那麼簡單

從功能配件到文化象徵，小小口袋如何裝進性別、權力與身體政治

Pockets: An Intimate History of How We Keep Things Close

作　　者❖ 漢娜．卡爾森（Hannah Carlson）
譯　　者❖ 洪世民
封面設計❖ 井十二工作室
內頁排版❖ 李偉涵
總 編 輯❖ 郭寶秀
責任編輯❖ 林俶萍
編輯協力❖ 黃少璋
行銷企劃❖ 力宏勳

事業群總經理❖ 謝至平
發 行 人❖ 何飛鵬
出　　版❖ 馬可孛羅文化
台北市南港區昆陽街 16 號 4 樓
電話：886-2-2500-0888　傳真：886-2-2500-1951
發　　行❖ 英屬蓋曼群島商家庭傳媒股份有限公司城邦分公司
台北市南港區昆陽街 16 號 8 樓
客服專線：02-25007718；02-25007719
24 小時傳真專線：02-25001990；02-25001991
服務時間：週一至週五上午 09:30-12:00；下午 13:30-17:00
劃撥帳號：19863813 戶名：書虫股份有限公司
讀者服務信箱：service@readingclub.com.tw
城邦網址：http://www.cite.com.tw
香港發行所❖ 城邦（香港）出版集團有限公司
香港九龍土瓜灣土瓜灣道 86 號順聯工業大廈 6 樓 A 室
電話：852-25086231　傳真：852-25789337
電子信箱：hkcite@biznetvigator.com
馬新發行所❖ 城邦（馬新）出版集團
Cite（M）Sdn. Bhd.（458372U）
41, Jalan Radin Anum, Bandar Baru Seri Petaling,
57000 Kuala Lumpur, Malaysia.
電話：+6(03)-90563833　傳真：+6(03)-90576622
電子信箱：services@cite.my
輸出印刷❖ 前進彩藝有限公司
初版一刷❖ 2025 年 9 月
紙書定價❖ 700 元
電子書定價❖ 490 元
I S B N❖ 978-626-7747-20-9（平裝）
E I S B N❖ 9786267747193（EPUB）

國家圖書館出版品預行編目 (CIP) 資料

口袋沒你想得那麼簡單：從功能配件到文化象徵，小小口袋如何裝進性別、權力與身體政治 / 漢娜．卡爾森 (Hannah Carlson) 著；洪世民譯 . -- 初版 . -- 臺北市：馬可孛羅文化，2025.09
288 面；16.8×23 公分
譯自：Pockets : an intimate history of how we keep things close.
ISBN 978-626-7747-20-9(平裝)
1.CST: 文化人類學 2.CST: 服飾 3.CST: 文化研究
541.3　　114010962